RISK

MANAGEMENT

应用型本科保险学专业系列教材

风险管理 （第二版）

李鹏　张杰　主编

立信会计出版社
LIXIN ACCOUNTING PUBLISHING HOUSE

图书在版编目(CIP)数据

风险管理 / 李鹏,张杰主编.—2版. —上海:
立信会计出版社,2022.2(2024.7重印)
ISBN 978-7-5429-7057-2

Ⅰ.①风… Ⅱ.①李… ②张… Ⅲ.①风险管理—高
等学校—教材 Ⅳ.①F272.35

中国版本图书馆 CIP 数据核字(2022)第 027480 号

策划编辑　王艳丽
责任编辑　王艳丽

风 险 管 理（第二版）

FENGXIAN GUANLI

出版发行	立信会计出版社		
地　　址	上海市中山西路 2230 号	邮政编码	200235
电　　话	(021)64411389	传　　真	(021)64411325
网　　址	www.lixinaph.com	电子邮箱	lixinaph2019@126.com
网上书店	http://lixin.jd.com	http://lxkjcbs.tmall.com	
经　　销	各地新华书店		
印　　刷	浙江临安曙光印务有限公司		
开　　本	787 毫米×1092 毫米	1/16	
印　　张	16.5		
字　　数	355 千字		
版　　次	2022 年 2 月第 2 版		
印　　次	2024 年 7 月第 2 次		
书　　号	ISBN 978-7-5429-7057-2/F		
定　　价	48.00 元		

如有印订差错,请与本社联系调换

应用型本科保险学专业系列教材

编写委员会

总主编

徐爱荣

编 委

（按姓氏拼音排序）

陈　玲　杜　鹃　李　鹏　凌　云
沈　丹　万晴瑶　徐　英　杨青骥
张　杰　张　蕙　周佳妮

第二版前言

《风险管理》于2019年1月由立信会计出版社出版。该教材内容丰富,重视实践性应用,得到了诸多院校师生的认可。随着时间的推移和知识的更新,编者在吸取同行专家和读者反馈意见的基础上,结合近年来教学中的使用体会,对本书进行了全面的修改。

《风险管理》(第二版)在原书内容的框架基础上,依据最新的公开数据,对相关内容进行了以下更新和补充。

(1) 在新形势下,社会风险变得越来越突出,因此,我们在第二版中新增了"社会风险管理"一章的内容。

(2) 依据相关部门最新发布的数据信息,我们更新了部分内容和数据。

(3) 根据教学需要和使用院校的反馈,我们对第九章"市场风险管理"的内容进行了删减和修改。

(4) 对第一版的不妥之处进行了重新编写,使教材质量得到了进一步的提高。

本书共十三章,分为三篇。第一篇为基础篇,主要介绍风险管理的发展历史和基本原理,包括第一章风险原理和第二章风险管理概述,这是全书的基础知识。第二篇是理论篇,主要介绍风险管理的具体内容,包括第三章风险识别、第四章风险衡量、第五章风险管理技术和第六章风险管理决策。第三篇是实务篇,主要介绍风险管理原理在经济生活中应用,包括第七章个人与家庭风险管理、第八章企业纯粹风险管理、第九章市场风险管理、第十章信用风险管理、第十一章操作风险管理、第十二章巨灾风险管理和第十三章社会风险管理。

本书具有如下特点:①理论与实务相结合,在介绍具体理论知识的基础上,结合案例进行分析；②介绍了本学科最新的相关理论与知识，拓展了风险管理的应用；③每章开头新增了思政目标，将"思政育人"思想贯彻到教育教学中，以期培养学生正确的人生观和价值观；④每章都设置了专栏、本章小结、关键概念索引、复习思考题等模块，便于读者更好地掌握各章的主要内容。

本书可以作为本科院校经济、金融、管理类等专业的教学用书，也可以作为相关从业人员的参考读物。

本书由上海立信会计金融学院李鹏、张杰主编。各章分工为：第一章至第八章由李鹏执笔，第九章由刘倍宁执笔，第十一章由石安其琛执笔，第十章、第十二章由张杰执笔，第十三章由朱海龙执笔。

本书在编写过程中参考了大量已出版和已发表的研究成果，在此，我们向本书所用成果的作者致以诚挚的谢意。立信会计出版社的领导和编辑对本书的出版给予了大力的支持和帮助，我们在此表示衷心的感谢！

由于编者水平有限，本书可能存在不完善和疏漏之处，敬请各位专家和广大读者不吝赐教，提出宝贵意见和建议，以便我们在适当的时机再次对本书进行修正。

编　者

2021 年 12 月于上海

目　　录

第三篇　实务篇

第一篇　基础篇

第一章　风险原理

 **本章要点**

- 风险的基本含义
- 风险的本质
- 风险的特点和分类
- 风险的成本
- 风险度量的指标

 思政目标

(1) 帮助学生树立正确的世界观、价值观和人生观,以科学、严谨的态度认识风险。

(2) 科学认知风险和风险管理的内涵。

常言道:天有不测风云,人有旦夕祸福。现实生活存在着各种各样的风险,如人的生、老、病、死、伤、残,以及自然界的地震、台风、洪水等灾害。无论哪一事件的发生,都会给人类造成一定的损失,从而影响人们的生命和财产安全。但我们不能坐待风险的降临,应主动加强风险意识,在熟悉风险的含义、性质和分类的基础上,熟练地运用风险管理的基本原理和技术,对风险实施有效的控制和管理,从而达到控制风险、减少损失的目的。

第一节　风险概述

人类的生存和生活环境中存在着各种各样的风险。人们不但面临地震、台风、洪水等自然灾害对自身财产造成的损失,还面临着生、老、病、死、伤、残等对身体或生命造成的威胁。因此,正确认识人类面临的风险对减少损失具有重要的现实意义。

一、风险与不确定性

风险的特点是损失发生的不确定性,它包含两层含义:一是可能存在的损失;二是损失的不确定性。

(一)风险的不确定性

人们在从事某种活动时总是希望能事先知道结果。例如,该活动是否会造成损失;采取哪种方案可以降低风险,获得足够大的收益;未来环境的变化是否会导致活动结果的变化等。但是,由于人们对客观世界的认识受到各种条件的限制,人们不可能准确预测风险的发生与否。从这个意义上讲,风险是不确定的。或者说,风险的存在是客观的、确定的,但风险的发生是不确定的。但是我们绝不能说,不确定性事件就是风险事件。

(二)不确定性的水平

不确定性是指人们对未来事件的结果所持的怀疑态度,即人们难以准确预测未来某事件的结果。从长期来看,不确定与确定是特定时间下的概念,不确定的未来是驱动人类进步的原动力。

不确定性水平,一方面与活动本身的性质有关,另一方面与人们的认知程度有关。下面我们把不确定性分为三级水平(图1-1)。

第三级	不确定性最高
第二级	主观不确定
第一级	客观不确定
无	完全确定

图1-1　不确定性水平图

在图1-1中,对于完全确定的事物,其风险与不确定性均等于零。在不确定性水平中,第一级是不确定性的最低水平,这一层次的不确定性只是指不能确定最终的结果,但每种结果发生的概率是确定的;第二级的不确定性更高一些,即不清楚每种结果发生的概率;第三级的不确定性最高,即未来发生的结果和概率均无法确定。

二、风险的主要学说及定义

通过实践活动,人类对风险的认识与理解也在不断地深入与发展。一是风险与人有目的的活动有关,人类从事某项活动时总是希望能够趋利避害,获得一个好的结果。二是风险同行动方案的选择有关,对于一项活动,总是有多种行动方案可供选择,不同的行动方案所面临的潜在风险是不同的。三是风险与事物的未来变化有关,当客观环境或者人们的思想意识发生变化时,面临的风险也会发生变化,其活动的结果也会有所不同。

(一)风险客观说

风险客观说理论认为,首先,风险是客观存在的,风险的损失是不确定的;其次风险是客观存在的,风险是可以预测的。根据这一理论,在对风险事故进行观测的基础上,我们可以用统计学等知识对其不确定性加以测量,如事故发生的概率和事故造成的损失等。

在实践中,由于应用领域不同,风险客观说又分为以下几种学说。

1. 损失可能性学说

这一学说的着眼点在于损失发生的可能性,并用概率作为可能性的表达。这一学说认为,损失发生的可能性越大,风险就越大。在实践中,很多工程项目的风险评估就是从这一角度出发的。例如,江河防洪系统的水灾风险评估就将工程在使用期间的失事概率定义为风险。

2. 损失不确定性学说

这一学说强调的是损失的不确定性。它将概率作为度量风险的指标,认为当概率为 0~0.5 时,随着概率的增加,不确定性也随之增加,风险也就越大;当概率为 0.5 时,风险最大;当概率为 0.5~1 时,随着概率的增加,不确定性随之减少,风险也就越小;当概率为 0 或 1 时,不确定性也就消失了,意味着事故肯定发生或不发生,也就无风险了。

3. 损失差异性学说

这一学说强调不确定事件所造成结果之间的差异。它认为差异越大,风险越大。如果结果只有一种可能,即没有差异,这一事件就是确定的,也就不存在风险;如果可能的结果越多,变动越大,则风险也就越大。

4. 未来损失学说

这一学说的代表观点是,风险为不同概率水平下的危险性,在某一概率水平下,危险越大,风险越大。在实践中,以此作为风险定义的实例就是洪水风险图。洪水风险图就是不同概率水平下洪水及洪水灾害损失特性的制图表达,它与洪水发生频率相关联。

(二)风险主观说

自 20 世纪 80 年代开始,部分学者对风险客观说提出了异议,并提出了风险主观说理论。他们认为,风险客观说存在两个主要问题:第一,有些方面的客观是相对的;第二,人们在进行风险评估时势必要加入自身的价值观与偏好。风险主观说并不否认风险的不确定性,但它认为个人对未来不确定性的认识与估计与个人的知识、经验、精神和心理状态有关,不同的人面对相同的事物会有不同的判断。因此,所谓风险的不确定性来源于主观的判断。心理学、社会学、文化人类学与哲学等领域的学者都支持这一观点。由于风险主观说的思维更贴近于实际决策,这种观点日益得到重视。

(三)国际标准化组织对"风险"的定义

2009 年 11 月 15 日,国际标准化组织(International Organization for Standardization, ISO)召开会议,有 130 多个国家和地区的代表参加,对经过 4 年多讨论并四易其稿的"风险"定义进行投票表决,并正式发布了《风险管理——原则与实施指南》(ISO31000:2009)等三个标准,明确指出"风险是指不确定性对目标的影响"。该定义是人类对"风险"这一古老概念的最新认识和理解的总结与概括。对这一最新、最权威的"风险"定义,我们可以从以下五方面加以理解:①影响是指偏离预期目标的差异,影响可能是正面的也可能是负面的,前者称为"机会",后者称为"威胁",这颠覆了风险全是负面性影响的传统观念;②目标包括多方面和多层面,前者如财务、健康、安全、环境等,后者如战略、组织、项目、产品和过程等;③风险具有潜在性不确定性特征,在风险没有充分暴露出来时,人们很难预测风险对目标的影响;④风险的大小通常用事件后果和事件发生的可能性来表示,即风险＝事件后果×事件发生的可能性;⑤不确定性是指对事件的后果及可能发生的信息及完整状态缺乏了解。

新的风险定义与原来的含义有所不同,主要表现在以下三个方面。

1. 风险与目标的关系

长期以来,人们很少将目标与风险联系在一起。而 ISO31000：2009 标准的定义是将"目标"作为风险定义不可或缺的一项重要内容：风险是影响目标实现的不确定性因素,目标是风险主体的目标。该定义将"目标""不确定性""影响与风险主体"有机地结合为一体。风险与目标是相伴终生、形影不离的,一个目标会受多种潜在风险因素的影响;同样,一个风险事件又会影响多个目标。风险对目标的影响具有二重性、多样性及延伸性。风险管理就是要管理未来的"不确定性"对目标的影响,尽可能抓住机会、规避威胁,为实现目标提供保障。

2. 风险对目标的影响

自古以来,人们总认为风险就是"危险",含有遭遇到损害或失败的可能性,是负面影响的意思。而 ISO31000：2009 标准彻底改变了这一观念。它认为风险具有二重性,其既可能对目标的实现造成不利的负面影响,又可能对目标的实现产生有利的正面影响。这为风险管理指明了方向,从而改变了世人对风险的片面认知,使人们在面对风险时积极分析风险变化的环境条件,并创造条件消除不利因素,以促进目标的实现。

3. 风险与人的关系

风险与人的关系是客观与主观的关系,风险在一定条件下是可以被认知和改变的,其中人的主观能动性至关重要。比如,过去有些无法治疗的、危害人类健康的疾病随着技术进步现在能治疗了,有些危害人类生存的"瘟神"被送走了。但不是所有风险都能被改变。人对风险不是无能为力的,只有充分发挥人的主观能动性,创造条件,才能规避风险。

三、风险的组成要素

风险的组成要素包括风险因素、风险事故和损失。

(一) 风险因素

风险因素是指能增加或产生损失频率和损失程度的条件,它是风险事故发生的潜在原因,是造成损失的内在或间接原因。根据其性质,风险因素可分为物质风险因素、道德风险因素和心理风险因素。

1. 物质风险因素

物质风险因素是指有形的、能直接影响事物物理功能的因素,即某一标的本身所具有的足以引起或增加损失机会和损失程度的客观原因和条件,如地壳的异常变化、恶劣的气候、传染性疾病等。

2. 道德风险因素

道德风险因素是指与人的品德教育有关的无形的因素,即由于个人不诚实、不正直或不轨企图促进风险事故发生、引起社会财富损毁和人身伤亡的原因或条件,如欺诈、故意伤害他人等。

3. 心理风险因素

心理风险因素是指与人的心理状态有关的无形的因素,即由于个人自身的不注意、不关心、侥幸等增加风险事故发生的频率和损失程度的因素。例如,企业或个人投保财产保险后放松对财产的保护措施,投保人在购买人身保险后忽视自己的身体健康,等等。

(二) 风险事故

风险事故是指造成生命、财产损失的偶发事件,它是造成损失的直接原因。风险事故的发生意味着风险的可能性转化为现实性。

(三) 损失

损失有狭义和广义之分。狭义的损失是指非故意的、非预期的、非计划的经济价值减少。广义的损失不但包括物质上的损失,而且包括精神上的耗损。例如,折旧、报废、记忆力减退、时间的耗费等都属于广义的损失。风险管理中所涉及的损失主要指狭义的损失。

四、风险因素、风险事故和损失三者之间的关系

风险是由风险因素、风险事故和损失三者构成的统一体,它们之间存在着一定的关系(图 1-2)。

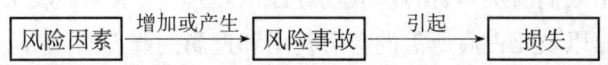

图 1-2 风险因素、风险事故和损失之间的关系

必须指出,风险因素、风险事故与损失之间的上述关系并不具有必然性,即风险因素并不一定会引起风险事故和损失,风险事故也不一定会导致损失。因此,尽管风险因素客观存在,人们还可以运用适当的方法来减少或避免事故的发生,或在事故发生后减少或避免损失。

 专栏 1-1

2017 年,全球因自然灾害和人为灾难造成的经济损失总额达到 3 370 亿美元,几乎是 2016 年损失的两倍,为有记录以来的损失第二高年份。全球因灾害事件造成的保险损失为 1 440 亿美元,巨灾保障缺口高达 1 930 亿美元,创历史最高纪录。据统计,2016 年全球灾害事件造成的经济损失总额为 1 750 亿美元,2015 年这一数据为 940 亿美元。由此可见,风险因素、风险事故和损失一直存在于我们的生活中。

(参考资料来源:瑞士 *Sigma* 杂志)

第二节　风险的特点与分类

一、风险的特点

（一）客观性

地震、台风、洪水、瘟疫、意外事故等，都不以人的意志为转移，都是独立于人的意识之外的客观存在。这是因为无论是自然界的物质运动，还是社会发展的规律，都是由超过人们主观意识所存在的客观规律所决定的。人们只能在一定的时间、空间内改变风险存在和发生的条件，降低风险发生的频率和损失程度，而不能彻底消除风险。旧的风险解除了，新的风险又产生了，风险始终存在，且与人们的工作、生活密切相关。

（二）普遍性

人们在生活中面临各种各样的风险，如自然灾害、疾病、意外伤害、战争等。随着科学技术的发展、生产力的提高、社会的进步、人类的进化，新的风险又产生了，且风险事故造成的损失也越来越大。总之，风险存在于社会、企业、个人生活的方方面面，时刻伴随着我们。

（三）损失性

风险的发生必然造成一定程度的经济损失或形成特殊的经济需要。没有造成经济损失、经济损失甚微或者损失不能用货币来计量的风险，都不是保险学所研究的风险。特殊的经济需要主要是指人们因疾病、伤残、失业等原因，暂时或永久地丧失劳动能力后所需要的医疗、生活等费用，以及死亡后所需的善后费用和遗属的赡养费用等。

（四）不确定性

风险的发生具有不确定性，是偶然和意外的。若某种随机现象没有发生的可能性或肯定会发生，那就不是风险。风险的不确定性通常包括以下几个方面。

（1）损失是否发生不确定。

（2）损失发生的时间不确定。

（3）损失发生的地点不确定。

（4）损失程度不确定。

（五）可变性

风险虽然是客观存在的，不以人的意志为转移，但在一定条件下风险是可以变化的，即风险性质、风险量、风险种类等在一定条件下是变化的，这种变化包括以下几个方面。

1. 风险性质的变化

当汽车还没有成为人们的代步工具时，因遭遇车祸而发生风险损失的可能性很小，这种风险仅仅是特定的风险。在现代社会，汽车已成为主要的交通工具，交通风险事故的发生成为非常普遍的事件，这使相当多的人在车祸中伤亡或财产受到损失，于是车祸就成为人类社会的基本风险。

2. 风险量的变化

随着人们对风险认识的增强和风险管理方法的完善,人们可以在一定程度上控制风险,降低其发生频率和损失程度。例如,利用防火性能好的建材修建房屋可以降低火灾发生的可能性,即使发生火灾,其火势也可以得到一定程度的控制,从而降低损失程度。

3. 风险种类的变化

随着科学技术的发展、社会生产力的提高,以及自然环境和社会环境的改变,某些风险会消失,但一些新的风险也会产生。例如,在电灯出现之前,人们使用煤油灯照明,人们面临的是燃烧着的煤油灯被打翻而发生火灾的风险;电灯出现之后,煤油灯引发火灾的风险消失了,但由于电源的不安全而导致的触电风险又产生了。

二、风险的分类

从不同的角度,运用不同的分类标准,风险可以分为不同的类别。

(一)按风险损害的对象分类

按风险损害的对象分类,风险可分为财产风险、责任风险、信用风险和人身风险。

1. 财产风险

财产风险是指因发生自然灾害或意外事故等而使个人或单位占有、控制或照看的财产遭受损失、灭失或贬值的风险。例如,个人因火灾、水灾等自然灾害而造成的财产损失就是财产风险的典型表现形式。

2. 责任风险

责任风险是指团体或个人因疏忽或过失造成他人人身伤害和财产损失,依照法律应承担经济赔偿的风险。例如,公共场所存在的缺陷、产品的质量问题、专业技术人员的疏忽等导致他人遭受损失,这些责任主体将面临责任风险。

3. 信用风险

信用风险是指在经济交往中,权利人或义务人由于一方违约或犯罪而造成对方经济损失的风险。例如,合同双方在货物交易的过程中,合同中的某一方破产、片面毁约等造成另一方损失,这就属于信用风险。

4. 人身风险

人身风险是指生、老、病、死、伤、残等导致的风险。人身风险主要包括经济主要来源人的死亡造成其生活依赖人的生活困难,以及个人由于年老而丧失劳动能力,或由于疾病、残疾而增加医疗费用支出等风险。

(二)按风险事故的后果分类

按风险事故所产生的后果分类,风险可分为纯粹风险和投机风险。

1. 纯粹风险

纯粹风险是指只会产生损失而不会产生收益的风险,其所致结果有两种,即损失和无损失,如水灾、火灾、车祸、疾病、意外事故等。

2. 投机风险

投机风险是指既可能产生收益又可能造成损失的风险,其所致结果有三种,即损失、无损失和盈利,如赌博、股票买卖等。

有时,同一标的可能既面临纯粹风险又面临投机风险。例如,一个工厂既面临火灾、水灾等纯粹风险,又面临技术改造、经营转型等投机风险。尽管如此,区别纯粹风险和投机风险仍非常重要,纯粹风险的后果对人类是不利的;而投机风险则不同,由于其具有盈利的可能性,有些人会心甘情愿地去冒险。在一般情况下,只有纯粹风险才可以投保,投机风险不能投保。

(三)按风险产生的原因分类

按风险产生的原因分类,风险可分为静态风险和动态风险。

1. 静态风险

静态风险是指在社会经济结构不变的条件下发生的风险。在我们日常生活中,自然力的不规则运动和反常以及人的过失、故意行为都可能导致风险并产生损失。这些损失是在社会经济结构未发生变化的条件下发生的,因此它们是静态风险。例如,由自然力不规则运动引起的地震、暴风等自然风险以及由人的故意行为(盗窃)及过失行为(医疗事故)所致的人为风险都属于静态风险。

2. 动态风险

动态风险指由政治、经济、科技发展等社会经济结构的变化引致的风险。例如,政府经济政策的改变、新技术的运用、产业结构的调整、人们消费观念的改变、军事政变等所导致的风险都属于动态风险。

这两种风险都具有不确定性。但是静态风险的变化比较规则,能较好地适用大数法则,因此它能比较好地被预测;而动态风险的运动极不规则,规律性较差,难以预测。一般来讲,静态风险所波及的面较动态风险要小,它只对个别经济单位发生作用,所致损失也相对较低;而动态风险所涉及的面较大,它是对社会整体或几个行业发生作用。另外,静态风险多属纯粹风险,动态风险既可能是纯粹风险,也可能是投机风险。

(四)按损失产生的原因分类

按损失产生的原因分类,风险可分为自然风险和人为风险。

1. 自然风险

自然风险是指由自然现象和意外事故所致财产毁损和人员伤亡的风险,如地震、台风、洪水等。

2. 人为风险

人为风险是指造成物质损毁和人员伤亡的直接作用力与人的活动有关的风险。根据人们的不同活动,人为风险又可以分为社会风险、经济风险、政治风险和技术风险。社会风险是指由个人反常行为或不可预测的团体过失、疏忽、侥幸、恶意等不当行为所致的风险,如盗窃、抢劫、罢工、暴动等。经济风险是指在产销过程中,由有关因素变动或估计错误而导致的产量减少或价格涨跌的风险,如市场预期失误、经营不善、消费需求变化、通货膨胀、汇率变动等所致的经济损失风险等。政治风险是指由政局的变化、政权的更替、政府法令和决定的颁布实施,以及种族和宗教冲突、叛乱、战争等政治原因引起的社会动荡风险。技术风险是指伴随着科学技术的发展、生产方式的改变而发生的风险,如核辐射、空气污染、噪音等。

(五) 按风险是否可以承保分类

按风险是否可以承保分类,风险可分为可保风险和不可保风险。

1. 可保风险

可保风险是指符合承保条件的特定风险。一般来说,理想的可保风险应具备以下几个条件:①风险不是投机性的;②风险必须具有不确定性,就每一个具体单独的保险标的而言,投保当事人事先无法预测其是否发生损失、发生损失的时间和发生损失的程度;③风险必须是大量标的的均有遭受损失的可能性;④风险必须是意外的;⑤风险可能导致较大的损失;⑥在保险合同期限内预期的损失是可计算的。

2. 不可保风险

不可保风险是指不符合承保条件的风险。

可保风险与不可保风险间的区别并不是绝对的。例如,地震、洪水这类巨灾风险在保险技术落后、保险公司财力不足和再保险市场规模较小时,保险公司根本无法承保这类风险,它的潜在损失一旦发生,就可能给保险公司带来毁灭性的打击。随着保险公司的资本日渐雄厚、保险新技术的不断出现以及再保险市场的扩大,这类原本不可保风险也被一些保险公司列在保险责任范围之内。可以预见,随着保险业和保险市场的不断发展,可保风险提供的保障范围将越来越大。

(六)《巴塞尔协议》对风险的分类

《巴塞尔协议》通常将风险分为信用风险、市场风险和操作风险。

1. 信用风险

信用风险一般是指受信方拒绝或无力按时全额支付所欠债务时,给信用提供方带来的潜在损失。但在有些情况下,信用风险的受损对象可能是受信方。例如,购买者或借款方也可能遭受供货方或银行带来的风险。这种风险主要表现为供货方或银行无法提供商品、服务或融资活动而使受信方遭受损失。信用风险一般分为商业信用风险和银行信用风险。

2. 市场风险

市场风险是指市场价格(如利率、汇率、股票价格和商品价格等)的不利变动而使银行表内和表外业务发生损失的风险。市场风险包括利率风险、外汇风险、股票价格风险和商品价格风险等。这类风险与金融市场本身的成熟程度相关,市场越成熟,市场风险就越小。市场风险一旦大规模发生,不仅会给投资者带来极大的损失和伤害,而且会给整个金融市场带来灾难性的破坏。一般来说,市场风险必须由政府来规范和管理,以打击恶意操纵市场的各种违规行为,使市场交易在公开、公平、有序的条件下进行。

3. 操作风险

操作风险是指由不完善或有问题的内部程序、人员及系统或外部事件而造成损失的风险。操作风险主要包括内部欺诈风险、外部欺诈风险、就业政策与工作场所安全风险、客户产品和业务操作风险、灾害和其他事件导致的业务中断与系统失败风险、执行交割和内部流程管理风险。

（七）其他分类

中国国家标准《风险管理原则与实施指南》对风险的分类如下：任何类型和规模的组织都面临风险，组织的所有活动也都涉及风险。风险会影响组织目标的实现，这些目标可能关系到组织中从战略决策到运营的各种活动，包括各个过程和具体项目，表现在领导、战略、经营、财务、环境、社会、声誉等各个方面。

国务院国有资产监督管理委员会在《中央企业全面风险管理指引》中，把企业风险分为战略风险、财务风险、市场风险、运营风险、法律风险。

第三节　风险成本与风险度量

一、风险成本

风险成本的概念最早由美国著名的保险业组织——风险与保险管理协会前任主席道格拉斯·巴娄（Douglas Barlow）于 1962 年提出。风险与保险管理协会及其战略伙伴安永公司在其发布的报告中将风险成本界定为与风险相关的如下费用：保费、风险损失、内部管理费用；对外服务费用，包括咨询费、管理费和其他销售服务费；融资担保费、税费和其他类似费用。由上可见，风险成本的概念源于保险业，其范围广泛，包含了因风险发生的支出以及管理风险所发生的费用。

20 世纪 80 年代末，美国的哈林顿和尼豪斯在其所著的《风险管理与保险》一书中将风险成本定义为由风险导致的公司价值的减少。风险成本是一个对所有类型风险都适用的概念。

（一）风险成本的特征

1. 不确定性

不确定性是风险成本的重要特性。尽管风险成本也包含确定性风险成本，如为控制和管理风险而发生的成本，但不确定性仍然是风险成本的主要特性，因为大多数风险成本都是不确定的。例如，期望损失成本、损失融资成本、内部风险抑制成本和残值不确定性带来的成本，都属于不确定性成本。风险的不确定性导致风险成本的不确定性。这一主要特性决定了风险成本管理的重点是不确定性风险成本管理。

2. 分散性和转移性

风险成本的分散性和转移性是由风险本身的特性所决定的。风险的客观存在决定了风险成本的必然发生，风险成本的多少与风险大小成正相关，风险虽然不可避免，但防范与控制风险是可能的，而分散和转移风险成本也是可能的。在风险发生之前或发生时，我们采用专门的手段和方法，可以避免或减少风险损失，增加风险收益。例如，我们可以通过风险管理技术的选择,如采用控制型技术(包括风险分散、风险转移、损失回避、损失预防、分散和转移、损失减轻等)或财务型技术(包括自承担技术与财务转移技术),来分散和转移风险损失。显然,这一特性决定了风险成本管理的关键所在,即这一特性导致投资组合、期权、远期、货币互换等工具在风险成本管理中的具体应用。

3. 决策性

从某种意义上讲,风险成本是一种决策成本,风险成本信息是风险决策的重要依据。为风险决策提供有用的信息是风险成本管理的目标之一。风险成本既可以在事后确认,也可以在事前进行估计,绝大多数风险管理决策都必须依赖于事前风险成本的估计,这就是风险成本的决策性。这一特性决定了事前风险成本估计是风险成本决策管理的重要内容。

4. 目的性

风险成本是一种有意成本,是基于获取未来风险收益而有意付出的代价,这一目的性要求通过风险代价与收益的权衡实现风险成本最小与风险收益最大。从这个意义上讲,风险成本是一种投资性成本,它的发生一方面要考虑收益,另一方面要考虑补偿的渠道和方式。

(二) 风险成本的构成

如前所述,风险成本是指人们为了预防风险或在风险发生后所花费的代价。由于风险是客观存在的,不管人们是否有意识,都在为风险的存在和风险事故的发生支付成本。风险成本一般包括风险损失的有形成本和风险损失的无形成本(图1-3)。

$$\boxed{风险成本} = \boxed{风险损失的有形成本} + \boxed{风险损失的无形成本}$$

图1-3 风险成本的组成

1. 风险损失的有形成本

风险损失的有形成本是指风险管理所产生的经济资源耗费,它包括以下几种类型。

1) 损失成本

损失成本包括直接损失成本和间接损失成本。直接损失成本主要包括对损毁资产进行修理或重置的成本,支付遭受伤害的员工提出的赔偿、诉讼的成本,以及对其他法律诉讼进行辩护和赔偿的成本。间接损失成本是指所有直接损失而导致的可得利益的减少。

2) 风险控制成本

风险控制成本是指人们为降低损失频率和损失程度,采取一定的手段来提高风险防范能力、减少风险行为所产生的成本。

3) 内部风险抑制成本

内部风险抑制成本包括与实现分散经营相关的成本以及与管理这些分散行为相关的成本,也包括对数据以及其他类型的信息进行收集、分析以进行更精确的损失预测而产生的成本。

4) 残余不确定性成本

残余不确定性成本是指通过损失控制、保险、套期、其他合约化风险转移合同以及内部风险抑制措施并不能完全消除风险损失的不确定性成本。

5）风险管理部门费用

风险管理部门费用主要包括管理人员的薪资和行政费用。

2. 风险损失的无形成本

风险损失的无形成本是指由风险发生的不确定性引起经济单位所付出的各种经济代价及当事人精神上的忧虑成本。例如，人们为了应付可能发生的风险事故，必须提留或保存大量损失准备金，这些准备金游离于社会再生产之外，处于备用状态而无法增值，以及人们由于担心风险事故的发生而出现精神和生理上的各种疾病，这些都是风险损失的无形成本。

二、风险的度量

在现实生活中，我们通常会评论一个企业或个人面临的风险大小，这实际上就是风险的度量。例如，某一地区经常发生交通事故，那么这个地区的人遭受车祸并产生意外伤害的风险就大，反之就小。因此，风险发生的损失频率、造成的损失程度以及波动性就是风险度量的基本指标。

（一）损失频率

损失频率是指一定时期内风险损失发生的次数，反映的是风险事故发生的经常性和损失呈现的概率。其一般根据时间和空间的不同而有多种表示方法。例如，某个企业仓库发生火灾的概率为 10%，既可以理解为该企业仓库每十年发生一次火灾，又可以理解为该企业每十个类似的仓库就有一个发生火灾。

（二）损失程度

损失程度是指损失价值的大小或损失的严重程度。在一般情况下，损失程度反映的是一定时期内风险损失价值的平均程度。需要注意的是，损失程度是一个相对概念。例如，50 万元的火灾损失对大型企业来说可能是小数目，但对一个资产价值只有 50 万元的小企业来说就是灭顶之灾了。

（三）损失的波动性

损失的波动性是指各种损失结果之间的差异程度。人们经常用概率统计中的标准差、方差、差异系数等来反映损失的波动性。例如，标准差越大，表明随机损失对期望损失的偏离程度越大，风险也就越大；反之，风险就越小。

本 章 小 结

（1）风险的特点是损失发生的不确定性。风险的组成要素包括风险因素、风险事故和损失。

（2）风险具有客观性、普遍性、损失性、不确定性和可变性等特点。风险的分类非常广泛，按风险损害的对象分类，风险可分为财产风险、责任风险、信用风险和人身风险；按风险事故所产生的后果分类，风险可分为纯粹风险和投机风险；按风险产生的原因分类，风险可分为自然风险和人为风险。

（3）风险成本具有不确定性、分散性和转移性、决策性、目的性等特点。风险成本包括风险损失的有形成本和风险损失的无形成本。风险度量的基本指标包括损失频率、损失程度以及损失的波动性。

关键概念索引

风险　风险因素　风险事故　损失　纯粹风险　投机风险　自然风险　人为风险
风险成本　有形成本　无形成本　风险度量　损失频率　损失程度　损失的波动性

复习思考题

1. 简述风险的含义及特点。
2. 简述纯粹风险与投机风险的区别。
3. 简述风险成本的特征及组成。
4. 简述风险的组成要素。
5. 简述自己生活中曾经遇到的风险。
6. 简述衡量风险大小的指标。

第二章 风险管理概述

 **本章要点**

- 风险管理的基本含义
- 风险管理的目标
- 风险管理的流程
- 风险管理的技术
- 风险管理的组织

 思政目标

（1）将风险管理的目标与美丽中国建设以及社会主义核心价值观紧密联系在一起。

（2）科学认知风险管理的基本原理，培养学生理性思维的习惯。

> 风险管理是社会发展到一定阶段的必然产物，风险管理的意识由来已久，但直到20世纪50年代，风险管理才在美国得到了蓬勃发展，而且最初的风险管理仅指危害性的风险管理。20世纪90年代以来，面对风险的发展与变化，风险管理在新的高度和整体化层面上得到了飞速发展，其范围既包括危害性风险管理，又包括金融性风险管理，风险管理的思想和内容得到了提升和充实。

第一节 风险管理的起源与发展

风险管理不是与生俱来的，而是随着人类社会的不断发展而逐步产生和发展的，是社会发展的必然产物，是人类为了生存而必然采取的措施。风险管理意识的形成和增强是风险管理产生的思想基础，高度的物质文明是风险管理产生的物质基础，动荡的局势和社会矛盾的尖锐化是风险管理产生的社会基础，概率论和数理统计为其产生提供了理论基础，近代管理思想为其产生作了最后的准备。

一、风险管理意识的形成

从风险管理形成的历史角度来看,风险管理意识的形成分为两个阶段,即古代风险管理意识的形成和近代风险管理意识的形成。

(一) 古代风险管理意识的形成

人类很早以前就有风险意识的萌芽。远古时期,社会处于原始阶段,社会生产力极其低下,人类面临毒蛇猛兽、自然灾害和疾病等威胁。为了生存,人们不得不联合起来、利用一些原始工具来抵抗野兽的攻击,但因无法解释和控制自然灾害和疾病这些现象,人们就时常拜祭,祈求神灵的庇护,这些都渗透着风险管理的意识。

后来,人们产生了原始的保险意识,即互助共济的思想。春秋战国时期,墨子就曾提出"有力者疾以助人""有力以劳人"等观念。公元前1776年,古巴比伦国王汉谟拉比制定了被认为是世界上最早的一部比较系统的法典——《汉谟拉比法典》。这部决典对火灾救济基金的收集及货物运输中的风险转嫁作了一些规定。公元前916年,路德岛国王制定的《罗地安海商法》及后来的罗马法典都把共同海损分摊的做法以法律的形式确定下来,规定"为了全体利益,凡因减轻船只载重投弃入海的货物,须由全体分摊归还"。这是海上保险制度的萌芽,也是风险管理的雏形。

(二) 近代风险管理意识的形成

随着工业革命的出现,社会生产力飞速发展,社会生产规模不断扩大,现代企业风险管理的意识开始萌芽。1916年,法国科学管理大师亨利·法约尔(Henri Fayol)在他的代表作《一般管理与工业管理》中提出了企业经营有经营职能、营业职能、财务职能、安全职能、会计职能和管理职能六种职能,并认为安全职能是所有职能的基础和保证,它能控制企业及其活动所遇到的风险,维护财产和人身安全,从而创造最大的长期利润。学术界普遍认为,法约尔是率先把早期朴素的风险管理思想,即安全管理的思想与方法,正式引入企业经营的学者,因此,法约尔也被称为"现代经营管理之父",但他并未能形成相对完整的安全管理或风险管理的系统理论体系。1921年,马歇尔(Marshall)在《企业管理》一书中提出了风险分担管理的观点,并提出了风险处理的方法有风险的排除和风险的转移。其中,风险转移主要有保险、保证、合同上的除外责任和套购交易等手段。

二、风险管理的发展阶段

风险管理作为一门系统性的管理科学,还只有几十年的发展历史,人们普遍认为它起源于20世纪50年代的美国。从风险管理的理论发展以及涉及的核心内容来看,风险管理的发展大致经历了以下几个阶段。

(一) 20世纪50年代至20世纪70年代,风险管理首次出现并且深受关注

1948年,美国钢铁工人工会欲与厂方就养老退休金和团体人寿保险进行谈判,但厂方认为这两项福利应该属于厂方的资源,拒绝谈判,这导致工人罢工长达半年之久。1953年

8 月 12 日,通用汽车公司在密歇根州的一个汽车变速箱工厂因火灾而遭受损失达 5 000 万美元,成为美国历史上损失最为严重的 15 起重大火灾之一。上述事件与 20 世纪 50 年代其他一些偶发事件一起,推动了美国风险管理活动的兴起。

1949 年,美国审计程序委员会下属的内部控制专门委员会经过两年研究发表了题为《内部控制、协调系统诸要素及其对管理部门和注册会计师的重要性》的专题报告,第一次对内部控制作出了权威性的定义。1955 年,美国的全国保险经济人协会(National Association of Insurance Brokers,NAIB)更名为美国保险管理协会(American Society or Insurance Management,ASIM)。1956 年,拉塞尔 · 格拉尔在《哈佛经济评论》杂志上发表的《风险管理——成本控制的新时期》中明确提出了"风险管理"这个名词。1962 年,美国保险管理协会出版了第一本关于风险管理的专著——《风险管理之崛起》,进一步推动了风险管理的发展。1963 年梅尔和赫奇斯编写的《企业风险管理》(*Risk Management in the Business Enterprise*)及 1964 年威廉姆斯和汉斯编写的《风险管理与保险》(*Risk Management and Insurance*)这两本教材的出版,标志着风险管理研究系统化、专业化的开始。在美国保险管理学会的推动下,风险管理教育在美国盛行起来,不少大学将传统的保险系改名为风险管理与保险系,有关保险团体也纷纷改名,如全美大学保险学协会改名为全美风险与保险学协会。

(二) 20 世纪 70 年代至 20 世纪 90 年代,全方位的风险管理逐渐形成

1971 年,布雷顿森林体系(Bretton Woods System)崩溃,经济实体面临空前的金融风险,金融风险管理日益受到重视。1979 年 3 月,美国三里岛核电站发生爆炸事故;1984 年 12 月 3 日,美国联合碳化物公司在印度的一家农药厂发生毒气泄漏事故;1986 年,苏联切尔诺贝利核电站发生核泄漏事故。这一系列事件大大推动了风险管理在世界范围内的发展。风险管理出现了革命性的转变,即从传统的以保险为核心的风险管理转向全方位的风险管理。

1975 年,美国保险管理协会更名为风险与保险管理协会,该协会于 1983 年通过了《101 条风险管理准则》,使风险管理更加规范化。同时,风险管理普及的范围也越来越广,其概念、原理及实践已从美国传播到加拿大、欧洲、亚洲、拉丁美洲的一些国家和地区,并得到了蓬勃发展。1992 年 9 月,美国反虚假财务报告委员会下属的发起人委员会(Committee of Sponsoring Organizations of the Treadway Commission,COSO)发布了《企业内部控制整合框架》,这份框架此后被纳入政策和法规之中,并被各国数千家企业用于对为实现既定目标所采取的行动加以更好的控制。1995 年,由澳大利亚和新西兰联合制订的 AS/NZS 4360 明确定义了风险管理的标准程序,这标志着第一个国家风险管理标准的诞生。

(三) 20 世纪 90 年代至今,整体风险管理应运而生

20 世纪 90 年代以后,因金融衍生性商品使用不当而引发的金融风暴开始增多,并且对全球经济造成非常大的损失。例如,1995 年的英国巴林银行倒闭、日本大和银行事件以及 2008 年的全球金融危机促使人们对金融风险管理的认识更加深入。同时,由于保险理财与衍生性金融商品的整合,保险业本身的创新打破了保险市场与资本市场的界限,出现了一些新型的风险管理工具,如财务再保险和保险期货。此外,在纯粹风险与投机风险的融合、影响下,整体风险管理应运而生。

2002 年 7 月,美国国会通过了《萨班斯法案》(Sarbanes-Oxley Act),要求所有在美国上市的公司必须建立并完善内控体系。《萨班斯法案》被称为自 1934 年以来美国最重要的公司法案,在其影响下,世界各国纷纷出台类似的方案,以加强公司治理和内部控制规范,加大信息披露的要求,加强企业全面风险管理。接着在 2004 年 9 月,COSO 发布《企业风险管理整合框架》,该框架拓展了内部控制的内涵,更加关注企业全面风险管理这一更为宽泛的领域,并随之成为世界各国和众多企业广为接受的标准规范。2009 年,国际化标准组织出台了《风险管理标准》(ISO31000)。由此,风险管理在许多发达国家已从单纯转嫁风险的保险管理发展为以经营管理为中心的整体风险管理。

第二节 风险管理的思想

一、风险管理的含义

风险管理作为一门学科被系统地关注和研究源于 20 世纪 60 年代,在其发展过程中,由于风险管理的出发点、性质以及运用范围等强调的侧重点不同,风险管理的定义和相应的学说理论,随着时代的变化与发展不断演化和深化。

根据魏迎宁主编的《简明保险词典》中风险管理的概念,风险管理是研究风险发生规律和风险控制技术的一门新兴管理学科,各经济单位通过风险识别、风险估测、风险评价,并在此基础上优化组合各种风险管理技术,对风险实施有效控制并妥善处理风险所致的后果,期望达到以最小成本获得最大安全保障的目标。该定义包含以下几层含义。首先,风险管理不是一种专门的管理方法,而是一门新兴的管理学科。它具有自己的理论、方法和过程,它以观察、实验和分析损失资料为手段,以概率论和统计为数学工具,以系统论为科研方法,研究风险管理的理论、组织、技术和决策。其次,风险管理的主体是各经济单位,包含个人、家庭、企业、政府和跨国集团等组织。再次,风险管理的对象不仅包含纯粹风险,也包含投机风险。最后,风险管理的内容包括风险管理的程序和目标,其核心在于通过最佳的风险管理组合作出决策。此外,风险管理是一个动态过程,随着风险的不断发展变化,风险管理者必须根据实际情况修改风险管理方案,以达到风险管理的目标。

二、风险管理的原则

风险管理的目标是以最小的成本获得最大的安全保障,达到最佳的效益。风险管理的原则是指以管理原理为依据,结合管理者、管理对象、管理环境及管理任务的要求而制定的进行管理活动应遵循的准则。根据《风险管理标准》(ISO31000),组织的风险管理应遵循以下十一项原则。

（一）风险管理创造并保护价值

风险管理以控制损失、创造价值为目标，有助于组织实现目标、取得具体可见的成绩并改善各方面的业绩，包括人员健康和安全、合规经营、环境保护、财务绩效、产品质量、项目管理、运行效率和公司治理等方面。在组织的运营活动中，机遇和风险并存，风险管理就是要趋利避害，创造价值。例如，从风险管理的角度来看，金融业中的币值波动既能造成潜在损失，又能产生可能盈利的机会。因此，风险管理既要关注不确定性因素带来的消极影响，又要关注这些不确定性因素带来的积极影响。也就是说，风险管理既要识别风险，又要规避风险，这样才有助于目标的顺利实现。

（二）风险管理嵌入组织的管理过程

风险管理不是一项独立于组织主要活动和各项管理过程的单独活动，而是组织管理过程中不可缺少的重要组成部分，包括战略规划、变更管理过程。风险管理是一门管理学科，风险管理工作应与其他管理工作紧密结合，把风险管理的各项要求融入企业管理和业务流程中，与企业战略规划、产品研发、投融资、市场运营、财务内部审计、变更管理、法律事务、人力资源、采购、加工制造、销售、物流、安全生产、环境保护等各方面相结合。

（三）风险管理支持决策过程

组织中的管理者在进行所有决策时都应考虑风险和风险管理。风险管理旨在将风险控制在可接受的范围内，具体程序包括风险目标的确定、风险识别、风险衡量、风险评价和风险控制等。其中，风险识别和风险评价是为了认识、评价风险管理单位的风险状况，解决风险管理中的各种问题，以控制风险的发生。总之，风险管理目标的确定、风险识别、风险衡量、风险评价和风险控制等，都是为了确定最终的风险管理方案。从这一角度来看，风险管理过程实际上是一个管理决策过程。

（四）明确风险管理涉及的不确定性

风险管理者应考虑到相关风险的不确定性、风险的性质以及解决方案。风险是不确定的，否则就不能称之为风险。风险管理的目的就是要针对这些不确定风险制定解决方案，降低风险的影响，确保目标的实现。风险是不确定的，但其是有规律可循的。例如，火灾风险必须具备可燃物、助燃物和着火源三个条件才可能发生，我们只要控制其中一个条件不让它达到临界点，那么火灾就不会发生。

（五）风险管理是系统的、有组织的

系统的、结构化的方法有助于风险管理效率的提升，并产生一致、可比、可靠的结果。风险管理是一个过程，符合过程管理的原则。风险管理活动是由许多风险管理过程组成的，我们在实际工作中，要将多个风险管理过程按照系统的、有组织的方式来管理，这样才能够取得最优的效率和结果。

（六）风险管理必须基于最可用的信息

风险管理要以有效的信息为基础。这些信息可通过经验、反馈、观察、预测和专家判断等多种渠道获取，但我们在使用信息时要考虑数据、模型和专家意见的局限性。我们在风险管理的各个过程中都要收集大量的信息,以确保风险识别的充分性和风险决策的有效性。此外,我们在利用收集到的各种信息时,要考虑各种信息来源的局限性,确保信息对决策的有效支持。

(七) 不同组织的风险管理措施不同

风险管理不仅要与组织的内外部环境及风险状况相匹配,而且要与组织的行业、产品、经营模式、客户、竞争对象风险水平等相适应。风险管理受组织的文化、地域、历史、信仰、人员等人文因素的影响,不同组织的风险偏好不一样,其风险标准也不一样,相应的风险管理决策就不一样。也就是说,风险管理措施是需要量身定做的,一个企业不同于另外一个企业,因为它们的过程、产品和管理习惯不同,而且遇到的风险也不同。例如,危险化学品企业、建筑企业、电力企业面临的风险不同,其风险管理措施也就不同。

(八) 风险管理应考虑到文化因素

风险管理意识与组织内部和外部人员的观念和意图密切相关。组织应该在内部营造一种具有风险意识的企业文化,培育风险管理文化,树立正确的风险管理理念,增强员工的风险管理意识,将其转化为员工的共同认识和自觉行动,从而促进企业建立系统、规范、高效的风险管理机制。组织应通过多种形式向全体员工尤其是各级管理人员和业务操作人员努力传播企业风险管理文化,使其牢固树立风险无处不在、风险无时不在、严格防控纯粹风险、审慎处置机会风险的意识。《中央企业全面风险管理指引》针对风险管理文化做了很好的阐述。

(九) 风险管理是透明的和包容的

组织各层面的决策者应适当、及时地参与风险管理,也要允许利益相关方适当地发表意见,并将其观点融入风险准则的制定中。风险管理不是一个人的事情,也不是一个风险管理部门的事情,是全体风险利益相关者的活动。因此,所有的风险利益相关者要在各自职责的基础上,广泛参与组织的风险管理活动,表达自己的风险诉求,确保组织的风险管理和风险决策顾及全体员工的利益。相关人员在风险管理过程中要进行充分的协商和沟通,确保各方的观点都能被采纳,确保各方的利益都能得以保障。在重大风险事件的风险决策过程中,各方尤其要进行充分沟通,以确保决策的正确性和针对性。

(十) 风险管理是动态的、迭代的和适应环境变迁的

风险管理是适应环境变化的动态过程,随着内部和外部环境的改变以及监督检查的执行,原有的风险可能会发生变化甚至消失,一些新的风险可能会出现。因此,组织应持续不断地对各种变化保持敏感并作出恰当反应。例如,风险管理者可以通过绩效考核、检查和调整等手段,使风险管理体系得到持续改进。

(十一) 风险管理有利于组织持续改进

有效的风险管理可以帮助组织持续改进和发展。例如,风险管理者通过制定和实施相关战略,可以改善组织各个方面的风险管理水平,提高组织的风险管理意识,有效配置组织资源,改善运营效果和效率,增强组织的竞争力和持续发展的能力。

三、风险管理的分类

风险管理既是一门艺术也是一门科学,它是一门研究风险发生和风险控制规律的学科。现实生活中的风险是非常复杂和不断变化的,而且随着社会的变化,新的风险也在不断地产生,因此,风险管理的范围也在不断地扩大。根据不同的标准,我们可以对风险管理进行以下分类。

(一)按风险管理的主体划分

按照风险管理的主体划分,风险管理可分为个人风险管理、家庭风险管理、企业风险管理、国家风险管理和国际风险管理五大类。

1. 个人风险管理

个人风险管理是指个人为实现生活和工作的稳定与安全,对可能遭遇的种种不测在经济上所做的各种准备和处理。

2. 家庭风险管理

家庭风险管理是指一个家庭为保障其收入和生活的稳定与安全,对可能遭受的自然灾害或意外事故所采取的有效措施。

3. 企业风险管理

企业风险管理是指企业为实现生产、经营和财务的稳定与安全,对可能遭受的各种风险损害所采取的有效措施。

4. 国家风险管理

国家风险管理是指一个国家为了应对经济、政治、战争、社会以及巨灾风险损害而采取的各种处理措施。

5. 国际风险管理

国际风险管理是指跨国公司、国际企业、国际组织为了应对国际上的各种风险而采取的各种处理措施。

(二)按风险事故发生的原因划分

按照风险事故发生的原因划分,风险管理可分为火灾风险管理、水灾风险管理、地震风险管理、人身意外事故风险管理、技术风险管理等。

(三)按受损失的对象划分

按照风险事故发生时受损失的对象划分,风险管理可分为财产风险管理、人身风险管理、责任风险管理和利润风险管理等。

第三节　风险管理原理

一、风险管理目标

风险管理是一种目的性很强的工作,没有管理目标的话,风险管理工作就无从开展。风险管理人员只有先确定管理目标,才能确定风险管理的方向,并且对风险管理的结果作出评价。风险管理作为风险主体经营管理的一部分,其根本目标应该与风险主体的总目标一致,即以最小的成本获得最大的安全保障。

以风险事故的实际主要发生为界,风险管理的目标分为损失发生前的风险管理目标和损失发生后的风险管理目标。前者主要是避免或减少风险事故的形成,包括降低损失成本、减轻和消除精神压力;后者重在考虑最大限度地补偿和挽救风险带来的后果及其影响,包括维持企业的生存、保证企业生产能力与利润计划的实现、保持企业的服务能力和履行社会职责等目标。两者的有效结合构成完整而系统的风险管理目标。

(一) 损失发生前的风险管理目标

1. 降低损失成本

风险事故的形成势必增加企业的经营成本,影响企业利润计划的实现。因此,企业必须根据自身运作的特点,充分考虑企业所面临的各项风险因素,并且对这些风险因素可能形成的风险事故进行处理,从而使风险事故对企业可能造成的损失降低到最小,达到最大保障企业安全的目标。

2. 减轻和消除精神压力

风险因素的存在对人们的正常生产和生活造成了各种心理和精神上的压力,我们在损失发生前通过制定切实可行的风险管理目标,可以减轻和消除这种压力,从而有利于社会和家庭的稳定。

(二) 损失发生后的风险管理目标

1. 维持企业的生存

在损失发生后,企业至少要在一段合理的时间内才能恢复部分生产或经营。维持企业生存是损失发生后企业风险管理工作的最低目标。企业只有在损失发生后能够继续维持运营,才能有机会减少损失所造成的影响,尽早恢复生产状态。

2. 保证企业生产能力与利润计划的实现

把风险事故对企业所造成的损失降低到最小,保证企业的生产能力与利润计划不会因为损失的发生而受到严重的影响,这是损失发生后企业风险管理工作的最高目标。为了保证这个目标的实现,企业在制定和设计损失发生后风险管理目标的过程中,必须根据企业的资本结构和资产分布状况确定消除风险事故影响的最佳技术方案。

3. 保持企业的服务能力

企业的社会责任之一就是正常履行其对社会和消费者所作出的服务承诺,这种责任的履行不仅是为了维护企业的社会形象,而且是为了保证企业发挥其作为整个社会正常运转的链条作用。这是损失发生后企业风险管理工作的社会义务目标。因此,对于企业来说,这个目标具有强制性和义务性的特点。例如,公共事业单位必须保证公共设施为大众提供不间断的服务,生产民用产品的企业必须在损失发生后保证继续履行其对客户承诺的售后服务。

4. 履行社会责任

履行社会责任即尽可能减轻企业受损对其他人和整个社会的不利影响,这是损失发生

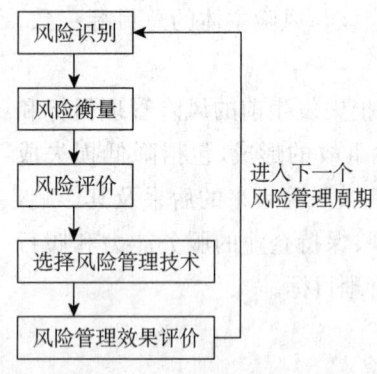

进入下一个
风险管理周期

图 2-1　风险管理的基本流程

后企业风险管理工作的社会责任目标。因为企业在遭受严重的损失后会影响到雇员、顾客、供货人、债权人、税务部门以至整个社会的利益。企业作为社会的一部分,其本身的损失可能还涉及企业员工的家属、企业的债权人和企业所在社区的直接利益,从而使企业面临严重的社会压力。因此,企业在制定自身的风险管理目标时,不仅要考虑企业本身的需要,还要考虑企业所负担的社会责任。

二、风险管理流程

在一定条件下,风险可以转化。风险管理作为一个连续的行为过程,它的基本流程包括风险识别、风险衡量、风险评价、风险管理技术选择和风险管理效果评价等环节,如图 2-1 所示。

(一) 风险识别

风险识别是风险管理的第一步,是指对尚未发生的、潜在的和客观存在的各种风险系统地、连续地进行识别和归类,并分析产生风险事故的原因。风险识别是风险管理的基础,只有先进行风险识别,才能对风险进行估测,才能有的放矢地选择和实施风险管理措施。存在于企业周围的风险多种多样、错综复杂:有潜在的,也有实际存在的;有企业内部的,也有企业外部的。因此,风险管理人员一方面要通过感知风险来调查、了解、识别风险,另一方面要通过分类分析来掌握风险产生的原因和条件,以及风险所具有的性质。同时,风险管理者还要持续不断地识别随时发生变化的新风险,以及可能出现的潜在风险。风险识别的方法主要有流程图分析法、财务报表分析法、保险调查法、头脑风暴法等。

(二) 风险衡量

风险衡量是指在风险识别的基础上,对所收集掌握的大量资料进行分析,利用概率统计方法,预测风险事故发生的频率和损失程度,从而得出相对准确的数据。风险管理者应将损失程度与损失频率结合起来,对风险进行重要程度的排序。风险衡量是一项极其复杂且困难的工作,但却是风险管理过程中不可缺少的一环,其不仅使风险管理建立在科学的基础上,而且使风险分析定量化,从而为风险管理者进行风险决策、选择最佳的风险管理技术提供可靠的科学依据。

(三) 风险评价

风险评价是指在风险衡量的基础上,对风险发生的频率、损失程度进行全面考虑,评估风险发生的可能性及其危害程度,并与公认的安全指标相比较,以衡量风险的程度,以及决定是否需要采取相应的措施。处理风险需要一定的费用,费用与风险损失之间的比例关系直接影响风险管理的效益。风险评价可以对风险性质进行定性、定量分析和比较,预估处理风险所需支出的费用,确定风险是否需要处理以及处理的程度,以判定为处理风险所支出的费用是否合理。风险评价对减少风险事故的发生,特别是重大恶性事故的发生,具有重要的意义。

（四）风险管理技术选择

为实现风险管理目标，根据风险评价结果选择最佳风险管理技术并实施是风险管理中最为重要的环节。风险管理技术一般分为控制型风险管理技术和财务型风险管理技术两大类。前者的目的是降低损失频率和减少损失程度，重点在于改变引起意外事故和扩大损失的各种条件，这种风险管理技术通常有风险回避、损失控制、风险分散等；后者的目的是以提供基金的方式降低损失发生的成本，即对无法控制的风险作出财务方面的安排，这种风险管理技术主要有风险自留、购买保险和财务型非保险转移等。此外，风险管理技术随着经济金融、现代信息技术以及其他新技术和方法的发展也在不断更新。从技术与方法的角度来看，自我保险计划、自我保险集合、从属保险公司、有限保险计划、自留风险团体、选择性风险融资市场和风险转移产品（如互换、自主基金、团体自保、风险购买集合等）的出现，以及风险的证券化，更加丰富和完善了风险管理技术与方法。

（五）风险管理效果评价

风险管理效果评价是指对风险管理技术适用情况及收益性情况的分析、检查、修正和评估。这是风险管理的最后一个环节，也是非常重要的一个环节。由于风险管理的过程是动态的，风险又是不断变化的，而且有时风险管理者的决策可能是错误的，风险管理效果评价可以使风险管理者及时发现错误、纠正错误、减少成本，总结经验，提高风险管理水平。

专栏 2-1

2017 年 COSO《企业风险管理框架》（正式版）解读

北京时间 2017 年 9 月 6 日晚，全球风险管理行业翘首以盼的 COSO《企业风险管理框架》（正式版）发布。其正文的内容除了摘要部分，分为了第一册（volume Ⅰ）和第二册（volume Ⅱ）。第一册包括本框架的应用环境、框架介绍和术语表，第二册包括项目背景和框架修订的方法、公共评论的总结、风险管理工作的角色和责任、风险状况图示等。《企业风险管理框架》的主要特点有以下六点。

1. 重新定义了风险及风险管理

风险被重新定义为：事项发生并影响战略和商业目标实现的可能性。对于风险的定义，原始版只强调风险的"负面性"，正式版已经将风险的范畴扩大到了对风险的积极影响。企业风险管理被定义为：组织在创造、保持和实现价值的过程中，结合战略的制定和执行，赖以进行管理风险的文化、能力和实践。正式版对企业风险管理的定义变化最为彻底，直接抛弃了原始版的定义，将风险管理工作直接从"一个流程或程序"提升到"一种文化、能力和实践"，用以实现组织创造，保持和实现组织价值。另外，正式版也从定义上撇清了风险管理和内部控制的模糊关系。

2. 是真正的管理型框架而不再是控制型框架

虽然原始版框架就强调对利益相关方价值的创造，但是其从内容上讲还是一个被放大了的控制型框架，无法直接为价值创造服务，只能间接地支持价值创造活动。正式版框架从企业使命、愿景和核心价值出发,以提升主体的价值和业绩为宗旨,强调嵌入企业管理业务活动和核心价值链。此外,其要素和内容也发生了翻天覆地的变化,从而形成了一个崭新的管理框架。这种视角是一种新型的企业管理视角,对企业管理界来说是一场理念的变革。如果说在原有控制型框架下,会计师事务所可以在实施内部控制框架的基础上协助企业加强风险管理工作,那么新的管理型框架则是企业决策者或企业管理咨询顾问更为关心的范畴。

近年来,随着风险导向的管理理念逐渐兴起,企业管理领域中常见的公司治理、企业文化、战略管理、卓越绩效、危机管理、高效沟通等都可以应用此框架实现更好的标准化和科学化流程,基于风险的管理理念将成为主流并渗透到企业管理的各个方面。

3. 更广泛的主体适用性

COSO 期望的主体适用性已经从企业转向了各类型的主体,这一点也体现在该框架正文部分的描述中,如有些内容通过故意回避"企业"一词来显示对不同主体的包容性。从理论上来讲,只要一个主体有明确的愿景、使命和核心价值观,设定了所要达到的目标,风险管理框架就具备了被实施的条件。

4. 突破了原有风险管理的局限性

COSO 于 1992 年和 2004 年发布的《企业内部控制框架》和《企业风险管理框架》,均列示了企业内部控制和风险管理工作的局限性,而且这两个框架的局限性基本一致,这也从另外一个角度印证了 2004 年版的《企业风险管理框架》还是一个控制型框架。正式版的框架中删除了关于风险管理局限性的章节,表明它是一套"管理体系"而非"控制体系",在很大程度上突破了原来的局限性。

5. 关于风险管理和内部控制的关系

在正式版第一册的框架应用环境中,第一部分内容描述了风险管理和内部控制的关系:内部控制主要聚焦在主体的运营和对相关法律法规的遵从性上,内部控制的一个基本作用是控制风险;而风险管理则强调在企业生产经营过程中对企业可能面临的风险进行识别、评估和控制,通过管理策略的实施来控制和规避风险。也就是说,风险管理是内部控制的发展,风险管理拓展了内部控制的内涵。总而言之,这两者之间并不是相互代替或取代的关系,而是侧重点各不相同、相互补充的关系。同时,正式版框架也强调了内部控制作为一种经历时间考验的企业控制体系,是企业风险管理工作的基础和重要组成部分。

6. 关于是否强制实施

实施风险管理工作的目的是为股东和利益相关方创造、保持和实现价值。这并不能通过外部监管机构用强制的方式来执行,所有需要监管机构强制要求的工作都是控制类而非价值创造类活动。所以,各类主体的利益相关方需要明确实施风险管理工作并不是为了满足监管和合规要求,真正的目的是实现价值和达成业绩,支持主体使命、愿景和核心价值的实现。

(参考资料来源:风险管理世界网)

三、风险管理方法

我们可以通过风险识别、风险衡量和风险评价发现系统存在的风险因素,但如果要有效地控制这些因素,达到减少事故发生的频率和降低损失程度的目的,就必须采用合理、可行的风险管理方法。我们通常根据损失频率的高低和损失程度的大小,将风险划分为不同的类型(表2-1),然后选择适当的风险管理方法。

表2-1 风险类型

风险的类型	损失频率	损失程度
1	低	小
2	高	小
3	低	大
4	高	大

在表2-1是,对于第1种风险,风险管理者采用风险自留的方法最为适宜,因为其造成的损失比较小,风险管理者可以承担。对于第2种风险,风险管理者应该加强损失管理,并辅之以风险自留和购买超额损失保险的方法。购买保险的方法最适用于第3种风险,因为损失程度严重意味着巨灾可能性存在,而低的损失频率表明购买保险在经济上承担得起,这种类型的风险包括火灾、爆炸、龙卷风、责任诉讼等。此外,风险管理者也可结合使用风险自留和购买商业保险的方法来应对这类风险。应对第4种风险的最好方法是风险回避,因为风险自留的办法不可行,风险主体也难以取得商业保险,而且即使能取得商业保险也必须支付高额保费。当然,风险管理者可以根据实际情况灵活采用各种风险管理方法,以达到以最小的成本获得最大安全保障的目标。

四、风险管理体系

风险管理体系是指风险主体为了实现风险管理的目标而设置的内部风险管理层次及管理机构,包括有关风险管理组织机构、组织活动以及相关规章制度。其中,风险管理组织活动是指风险管理组织机构制定和执行风险管理计划的全过程,包括风险管理目标制定、风险识别、风险衡量、风险评价、风险处理及效果评价等活动。规章制度包括风险管理主体的指导思想、政策纲要、方针政策以及有关的管理监督条例和规定。

风险管理体系对于单个风险主体或者整个社会的风险管理活动都具有重大意义。首先,它明确了风险管理职能,协调了人事、会计、信息、法律和生产等各部门之间的关系。其次,它明确了风险管理的地位和作用。风险管理专职人员的出现不仅体现了风险管理的职责和范围在不断扩大,而且也反映了风险管理组织在风险主体中不断得到认同。最后,它促进了风险管理方案的实施,保证了风险管理的效果。

风险管理工作具体的组织形式依国情和公司情况而不同,有直线型、职能型、直线—职能型等。此外,风险管理组织的规模也各不相同。国务院国有资产监督管理委员会在2006年出台的《中央企业全面风险管理指引》中明确指出:国有独资公司和国有控股公司应建立外部董事、独立董事制度,外部董事、独立董事人数应超过董事会全部成员的半数,以保证董事会能够在重大决策、重大风险管理等方面作出独立于经理层的判断和选择。董事会就全面风险管理工作的有效性对股东(大)会负责。具备条件的企业,董事会可下设风险管理委员会。该委员会的召集人应由不兼任总经理的董事长担任;董事长兼任总经理的,召集人应由外部董事或独立董事担任。该委员会成员中需有熟悉企业重要管理及业务流程的董事,以及具备风险管理监管知识或经验、具有一定法律知识的董事。

本 章 小 结

(1) 风险管理不是与生俱来的,而是随着人类社会的不断发展逐步产生和发展的,是社会发展的必然产物,是人类为了生存而必然采取的措施。风险管理意识的形成和增强是风险管理产生的思想基础,高度的物质文明是风险管理产生的物质基础,动荡的局势和社会矛盾的尖锐化是风险管理产生的社会基础,概率论与数理统计为其产生提供了理论基础,近代管理思想为其产生作了最后的准备。

(2) 风险管理是研究风险发生规律和风险控制技术的一门新兴管理学科,是指各经济单位通过风险识别、风险估测、风险评价,并在此基础上优化组合各种风险管理技术,对风险实施有效的控制和妥善处理风险所致的后果,期望达到以最小的成本获得最大安全保障的目标。按照风险管理的主体分类,风险管理可分为个人风险管理、家庭风险管理、企业风险管理、国家风险管理和国际风险管理五大类。按照风险事故发生的原因分类,风险管理可分为火灾风险管理、水灾风险管理、地震风险管理、人身意外事故风险管理、技术风险管理等。按照风险事故发生时受损失的对象分类,风险管理可以分为财产风险管理、人身风险管理、责任风险管理和利润风险管理。

(3) 以风险事故的实际发生为界,风险管理的目标分为损失发生前的风险管理目标和损失发生后的风险管理目标。在一定条件下,风险可以转化。风险管理作为一个连续的行为过程,它的基本流程包括风险识别、风险衡量、风险评价、风险管理技术选择和风险管理效果评价等环节。要有效地控制这些因素,达到减少事故发生的频率和降低损失程度的目的,就必须采用合理、可行的风险管理方法。风险管理体系是指风险主体为了实现风险管理的目标而设置的内部风险管理层次及管理机构,包括有关风险管理组织机构、组织活动以及相关规章制度。

关键概念索引

风险管理　风险识别　风险衡量　风险控制　风险评价　风险技术　损前目标
损后目标　风险管理组织

复 习 思 考 题

1. 简述风险管理的含义。
2. 简述风险管理的原则。
3. 简述风险管理的目标。
4. 简述风险管理的流程。
5. 结合风险管理的方法,思考自己生活中曾经遇到过哪些风险?你是如何应对这些风险的?

第二篇　理论篇

第三章 风险识别

 **本章要点**

- 风险识别的基本含义
- 风险识别的内容
- 风险识别的原则
- 风险识别的方法

思政目标

(1) 掌握各种风险识别方法的优缺点,帮助学生养成批判、辩证的思维意识。

(2) 科学运用风险识别的方法,培养学生理论联系实际的能力。

> 风险识别是风险管理的基础。风险主体在进行风险管理时首先要找出风险,这就是风险识别。风险识别是否正确与全面,是风险管理能否成功的关键。因此,风险主体必须先了解面临哪些风险,各自的风险因素是什么,会发生什么事故,会造成什么损失,等等。

第一节 风险识别概述

一、风险识别的概念与内容

(一) 风险识别的概念

风险识别是指在风险事故发生之前,人们运用各种方法系统、连续地认识其面临的各种风险以及分析风险事故发生的潜在原因。也就是说,风险主体在意识到自己所面临风险的基础上,从风险产生的原因入手,通过各种风险识别工具和方法找出自己面临的不确定性风险,然后建立详细的风险清单并进行风险分析,即考虑哪些风险应该重视,这些风险能引起什么事故,以及会造成多大的损失。

(二) 风险识别的内容

风险识别是风险管理过程的第一阶段,目的在于衡量风险的大小和选择最佳的风险处理方案。具体来讲,风险识别的内容包括:①有哪些风险;②能够引起损失的风险有哪些;③风险引起损失的严重程度;④这些风险的风险因素是什么;⑤识别这些风险的方法。概括来说,风险识别主要包括以下两方面的内容。

1. 感知风险

感知风险是指通过调查了解客观存在的各种风险,它是风险识别的基础。风险主体只有先感知风险,才能进一步在此基础上分析、寻找导致风险事故发生的条件因素,然后再拟定风险处理方案,并进行风险管理决策。例如,管理人员通过调查发现某企业面临一定的财产风险,包括存货仓库和库存货物的损失风险、机器设备的损失风险、机动车辆的损失风险等,而引起这些损失的风险事故有火灾、爆炸、洪水、地震、台风等。

2. 分析风险

分析风险是指分析引起风险事故的各种因素,它是风险识别的关键。风险主体在了解了风险的存在后,就必须明确风险存在的条件以及发生风险事故的原因。因为风险管理的根本目的是对客观存在的风险采取行之有效的措施,消除不利因素,减少风险带来的损失。例如,上述造成存货仓库火灾的风险因素有很多,如漏电、化学反应、自燃、邻近建筑物火灾的蔓延、人为纵火等。又如,导致人死亡的风险因素有自然灾害、意外事故、疾病等多种风险因素。

由以上分析可知,感知风险和分析风险是风险识别的基本内容,而且两者相辅相成,相互联系。风险主体只有感知风险的存在,才能进一步有意识、有目的地分析风险,并掌握导致风险事故发生的原因和条件。感知风险是风险识别的基础,分析风险是风险识别的关键。

 专栏 3-1

危 险 源

危险源是指可能造成人员伤害、职业病、财产损失、作业环境破坏的根源。危险因素是指能对人造成伤亡、对物造成突发性损坏的因素。

安全科学理论根据危险源在事故发生发展过程中的作用,把危险源划分为两大类。

首先,根据能量意外释放理论,能量或危险物质的意外释放是伤亡事故发生的物理本质。因此,人们把生产过程中存在的,可能发生意外释放的能量(能源或能量载体)或危险物质称作第一类危险源。为了防止第一类危险源导致事故,风险管理人员必须采取措施约束、限制能量或危险物质,控制危险源。正常情况下,生产过程中的能量或危险物质在受到约束和限制的情况下,不会发生意外释放,伤亡事故也就不会发生。但是,一旦约束和限制这些危险物质的措施受到破坏或失效(故障),则事故将发生。

其次,人们把导致约束和限制措施破坏或失效的各种因素称为第二类危险源。第二类危险源主要包括物的故障、人的失误和环境因素。

物的故障是指机械设备、装置、元部件等由于性能低下而不能实现预定功能的现象。从安全功能的角度来看,物的不安全状态也属于物的故障。物的故障可能是由于设计、制造缺陷而固有的,也可能是维修、使用不当或磨损、腐蚀、老化等原因造成的。人的失误是指人的行为结果偏离了被要求的标准,即没有完成规定功能的现象。人的不安全行为也属于人的失误。人的失误会造成能量或危险物质控制系统故障,使屏蔽破坏或失效,从而导致事故发生。环境因素是指人和物存在的环境,如生产作业环境中的温度、湿度、噪声、振动、照明或通风换气等,这些环境因素会促使人的失误或物的故障发生。

一起伤亡事故的发生往往是两类危险源共同作用的结果。第一类危险源是伤亡事故发生的能量主体,决定事故后果的严重程度;第二类危险源是第一类危险源造成事故的必要条件,决定事故发生的可能性。两类危险源相互关联、相互依存。第一类危险源的存在是第二类危险源出现的前提;第二类危险源的出现是第一类危险源导致事故的必要条件。因此,风险管理人员的首要任务是辨识第一类危险源,然后在此基础上再辨识第二类危险源。

传统的危险源辨识主要依据事故经验进行,主要采用与操作人员交谈、现场安全检查、查阅记录等方法。20 世纪 60 年代以后,国外开始根据法规、标准和安全检查表进行危险源辨识。随着系统安全工程的兴起,系统安全分析法逐渐成为危险源辨识的主要方法。系统安全分析法是一种从安全角度进行的系统分析方法,它通过揭示系统中可能导致系统故障或事故的各种因素及其相互关联来辨识系统中的危险源。系统中危险源的存在是绝对的,任何工业生产系统中都存在许多危险源。受实际技术、人力、物力等方面因素的限制,我们不可能彻底消除或完全控制危险源,只能集中有限的人力、物力消除或控制风险较大的危险源。当危险源的风险很小甚至可以忽略时,一般不必对其采取控制措施。风险管理人员应在风险评价的基础上,按其风险大小把危险源排序,为确定采取控制措施的优先次序提供依据。

(参考资料来源:《中央企业全面风险管理指引》)

二、风险识别的意义与注意事项

风险识别是风险管理的基础,风险管理人员在收集资料和调查研究之后,运用各种方法对潜在的各种风险进行系统的归类和识别,其中最重要也是最困难的工作就是去了解并寻找所有可能遭受造成的根源,即风险因素。风险识别直接影响风险管理的决策质量,进而影响整个风险管理的最终结果。只有全面、正确地识别风险主体所面临的风险,衡量风险和对付风险的方法才具有实际意义。任何一种风险因素在识别阶段被忽略,尤其是重大风险因素被忽略,都可能导致整个风险管理的失败,从而造成不可估量的经济损失。增强风险意识、认真识别风险,是衡量风险程度、采取有效风险控制措施以及进行风险管理决策的前提条件。

需要注意的是,风险识别实际上与风险衡量、风险评价以及风险控制都是密不可分的,并没有人为的界限,整个风险管理过程是相互衔接并持续进行的。此外,由于环境错综复杂,风险因素各种各样,风险识别的方法多种多样,每种方法都有各自的环境条件,风险识别要注意综合使用多种分析方法。

三、风险识别的原则

(一) 连续性

所谓的连续性就是定期性,是指风险识别不可能偶尔为之、一蹴而就,风险管理人员应该根据风险的性质,利用有效的风险识别方法,定期对风险进行识别和分析。在现实生活中,由于受到主客观环境的影响,风险会不断地变化。同时,风险识别是一个动态连续不断重复的过程,需要针对环境的变化持续进行。因此,风险管理人员要减少不可知风险,就必须持续不断地进行风险识别,使之成为一项长期的制度。

(二) 系统性

风险识别是风险管理的前提和基础,风险识别的准确与否在很大程度上决定了风险管理效果的好坏。为了保证风险识别的准确性,风险管理人员应该进行全面系统的调查分析,将风险进行综合归类,揭示其性质、类型及后果。如果不使用科学系统的方法来识别和衡量风险,我们就不可能对风险有一个总体的综合认识,就难以确定哪种风险是可能发生的,也不可能较合理地选择控制和处置风险的方法。因此,风险管理人员必须全面了解各种风险的存在和其将引起的损失情况,以便及时、准确地为决策者提供比较完备的决策信息。

(三) 经济性

风险识别的目的在于为风险管理提供决策依据,以保证企业、单位和个人以最小的支出获得最大的安全保障,减少风险损失。因此,在经费有限的条件下,企业必须根据实际情况和自身的财务承受能力,来选择效果最佳、成本最低的识别方法。企业或单位在风险识别和衡量的同时,应将该项活动所产生的成本列入财务报表,作综合的考察分析,以保证用较小的支出换取较大的收益。

风险识别是一个复杂的过程,主要是人为工作,其有效性除了与风险识别的程序和制度有关,还取决于参与风险识别人员的素质、所拥有的知识和责任等。

第二节　风险识别的方法

为了系统、全面地认识和发现人类所面临的各种各样的风险,人们不断研究和探索风险识别的规范和方法。由于风险识别存在不同的途径,加之研究目的和思维角度的不同,风险识别的方法有很多种,常见的方法有风险清单法、财务报表分析法、事故树分析法、专家调查法等。

一、风险清单法

风险清单是指由风险经理等专业人员设计的标准表格和问卷,上面非常全面地列出了一个企业可能面临的风险。风险清单法是指采用设计好的标准表格或问卷来识别风险的一种方法。风险清单法为那些缺乏专业风险管理人员的企业提供了非常有价值和适用的风险识别方法,使他们能按照系统化、规范化的要求去识别风险。但是标准的风险清单具有严重的局限性:一是由于这些清单都是标准化的,适合于所有企业,针对性不强,企业不可能都面临相同的风险;二是这些清单都是在传统风险管理阶段设计出来的,往往只考虑了纯粹风险,而忽视了投机风险,导致风险识别不全面。因此,风险管理人员在使用风险清单时要认识其优点与局限性,使用一些辅助手段来弥补风险清单的不足。

比较常见的风险清单有风险分析调查表、保单对照表和资产—损失分析表等。例如,根据风险清单法,洪水风险项下要考虑以下风险因素:客户主体部分所处的地理位置,发生海水倒灌、暴雨成灾、排水系统阻塞以及河堤决口等意外事件时,客户经营区有无被淹没的可能性。同样,在分析火灾或爆炸风险时,风险清单的内容主要包括以下两个方面。第一,房屋或场地内外有无引起火灾或爆炸的危险源,如电气风险、化学风险、发热风险和生产过程中的风险;屋内有无防止故意纵火的安全装置;相连或毗邻房屋和场所的占用情况。第二,影响灾害蔓延和加剧的特殊因素,主要包括建筑物的类型(如建筑材料、楼房屋数、防火间隔等)、建筑物是否安装自喷淋装置或其他灭火及警报设备、屋内存放物品的性质与最邻近公共消防警队的距离等。

风险管理人员可以从风险清单中找到许多问题的答案,但还有许多问题只有通过现场观察才能解决,如设备保养、房屋管理的标准等,这些标准对由于火灾、爆炸、生产事故和产品缺陷引起的损失有重要作用。应引起注意的是,风险管理人员不能仅把注意力集中在列入清单的各项风险因素上,而忽视其他潜在的风险因素。

二、财务报表分析法

(一)财务报表分析法的概念

财务报表分析的对象是企业的各项基本活动。财务报表分析法是指通过收集、整理企业财务会计报告中的有关数据,并结合其他有关补充信息,对企业的财务状况、经营成果和现金流量情况进行综合比较和评价,为财务会计报告使用者提供管理决策和控制依据的一种方法。财务报表能够全面反映企业的财务状况、经营成果和现金流量情况,但是单纯的财务报表数据还不能直接或全面地说明企业的财务状况,特别是不能说明企业经营状况的好坏和经营利润的高低,管理人员只有将企业的财务指标与有关的数据进行比较才能了解企业财务状况。因此,只有做好财务报表分析工作,才能正确评价企业的财务状况、经营成果和现金流量情况,揭示企业未来的报酬和风险,从而进一步检查企业预算完成情况,考核经营管理人员的业绩,为建立健全合理的激励机制提供帮助。

(二) 财务报表分析的内容

财务报表分析的主体不同,其分析和关注的重点就不同。但从总体来看,财务报表分析的基本内容主要包括以下三个方面:一是分析企业的偿债能力和企业权益的结构,估量其对债务资金的利用程度;二是评价企业资产的营运能力,分析企业资产的分布情况和周转使用情况;三是评价企业的盈利能力,分析企业利润目标的完成情况和不同年度盈利水平的变动情况。以上三个方面的分析内容互相联系,互相补充,可以综合地反映企业生产经营的财务状况、经营成果和现金流量情况,以满足不同使用者对会计信息的基本需要。其中,营运能力是企业财务目标实现的稳健保证,偿债能力是企业财务目标实现的物质基础,盈利能力则是前两者共同作用的结果,同时也对前两者的增强起推动作用。

(三) 财务报表分析的方法

通览财务报表虽然可以得到大量的财务信息,但很难获取各种直接有用的信息,有时甚至还会被会计数据引入歧途,被表面假象所蒙蔽。为了能使财务报表使用者正确揭示各种会计数据之间存在的重要关系,全面反映企业财务状况和经营成果,我们通常采用以下四种方法进行财务报表分析。

1. 财务报表纵向分析法

纵向分析又称动态分析或趋势分析。财务报表纵向分析法是指将不同时期财务报表间相同项目的变化进行比较分析的一种方法,即将企业连续两年(或多年)的财务报表的相同项目并行排列在一起,计算相同项目增减的绝对额和增减的百分比,并编制出比较财务报表,以揭示各会计项目在这段时期内所发生的绝对金额变化和百分比变化情况。在计算相同项目增减的绝对额和增减的百分比时,基期(被比较的时期)可以是固定的,也可以是变动的。若基期是固定的,则为定基趋势分析;若基期是变动的,则为环比趋势分析。

2. 财务报表横向分析法

横向分析又称静态分析。财务报表横向分析法是指将同一时期财务报表中不同项目进行比较和分析的一种方法。其主要通过编制共同比财务报表(或称百分比报表)对相关项目进行分析,即将财务报表中的某一重要项目(如资产负债表中的资产总额或权益总额,利润表中的销售收入,现金流量表中现金来源总额等)的数据作为 100%,然后将报表中其余项目的金额都以这个重要项目百分比的形式进行纵向排列,从而揭示出各个项目的数据在企业财务中的相对意义。不仅如此,采用这种形式编制的财务报表还使得在规模不同的企业之间进行经营和财务状况比较成为可能。因为把报表中各个项目的绝对金额都转化成百分数,在经营规模不同的企业之间就形成了可比的基础,这就是"共同比"的含义。当然,财务分析人员要在不同企业之间进行比较,其前提条件是这些企业应属于同一行业,它们所采用的会计核算方法和财务报表编制程序也必须大致相同,否则就不会得到任何有实际意义的结果。

3. 财务比率分析法

财务比率分析法是指通过分析相互联系的指标项目之间的比值,反映各项财务数据之间的相互关系,从而揭示企业的财务状况和经营成果的一种方法。财务比率包括同一张报表中不同项目之间的比率和不同财务报表相关项目之间的比率,其比值有的用系数表示,有的用百分数表示。

4. 因素分析法

因素分析法是指利用各种因素之间的数量依存关系,通过因素替换,从数量上测定各因素变动对某项综合性经济指标影响程度的一种方法。因素分析法包括差额分析法、指标分解法、连环替代法和定基替代法等。

三、事故树分析法

(一) 事故树分析法概念

事故树分析法是一种演绎的系统安全分析方法,是系统工程中最重要的分析方法。该方法是由美国贝尔实验室的维森(Wstson)提出的,最先运用于民兵式导弹发射控制系统的可行性分析,故又称为故障树分析法或失效树分析法。事故树分析法是指从分析特定事故或故障开始(顶上事件),层层分析其发生原因,直到找出事故的基本原因,即事故树的底事件为止。这些底事件又称为基本事件,它们的数据是已知的,或者已经有过统计或实验的结果。

(二) 结构函数

假定系统由 n 个单元(元部件)组成,且下列二值变量 X_i 对应于各单元的状态为:

$$X_i = \begin{cases} 1 & \text{表示单元 } i \text{ 发生(元部件故障)}(i = 1, 2, 3, \cdots, n) \\ 0 & \text{表示单元 } i \text{ 不发生(元部件正常)}(i = 1, 2, 3, \cdots, n) \end{cases}$$

同样,系统的变量用 y 表示,则:

$$y = \begin{cases} 1 & \text{表示顶上事件发生} \\ 0 & \text{表示顶上事件不发生} \end{cases}$$

y 完全取决于单元状态 x,因此,y 是 x 的函数,记为:

$$y = \phi(x)$$

或

$$y = \phi(x_1, x_2, \cdots, x_n)$$

其中,$\phi(x)$ 称为系统的结构函数。如果系统有 n 个变量,则 $\phi(x)$ 称为 n 阶的结构函数。

下面介绍两种系统的结构函数。

1. 与门的结构函数

图 3-1 表示事故树基本结构单元中的与门结构。由图 3-1 可知,只有当所有基本事件发生时,顶上事件才发生。

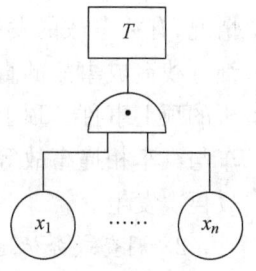

图 3-1　事故树与
　　　　门结构

根据布尔代数运算法则,与门是逻辑"与"(逻辑"乘")的关系,其逻辑式为:

$$Z = \bigcap_{i=1}^{n} x_i = x_1 \cap x_2 \cap \cdots \cap x_n$$

与门结构函数可以用代数算式表示为:

$$\phi(x) = \prod_{i=1}^{n} x_i = x_1 \cdot x_2 \cdots \cdot x_n$$
$$= \min(x_1, x_2, \cdots, x_n)$$

其中,$\min(x_1, x_2, \cdots, x_n)$ 表示在 $x_1, \cdots, x_n$ 中取最小值,即只要其中有一个最小值为"0"(正常),则整个系统就为"0"(正常);$\prod$ 表示连乘符号,也是布尔代数中的"交"($\cap$)。

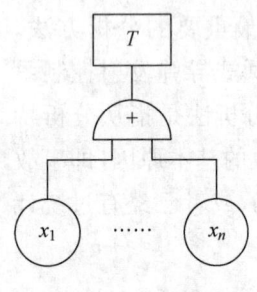

图 3-2 事故树或
门结构

2. 或门的结构函数

图 3-2 表示事故树基本机构单元中的或门结构。由图 3-2 可知,只要有一个以上基本事件发生,顶上事件就发生。

根据布尔代数运算法则,或门是逻辑"或"(逻辑"加")的关系,其逻辑式为:

$$Z = \bigcup_{i=1}^{n} x_i = x_1 \cup x_2 \cup \cdots \cup x_n$$

或门结构函数可以用代数算式表示为:

$$Z = x_1 + x_2 + \cdots + x_n = \sum_{i=1}^{n} x_i$$

当 x_i 仅取值为 0 和 1 二值时,或门结构函数可写为:

$$\phi(x) = 1 - \prod_{i=1}^{n} (1-x_i) = \bigcup_{i=1}^{n} x_i = 1 - (1-x_1)(1-x_2)\cdots(1-x_n) = \max(x_1, x_2, \cdots, x_n)$$

其中,$\max(x_1, x_2, \cdots, x_n)$ 表示在 $x_1, \cdots, x_n$ 中取最大值,即只要其中有一个最大值为"1"(故障),则整个系统就为"1"(故障)。

(三) 事故树的编制程序

1. 确定顶上事件

顶上事件是指所要分析的事故。相关人员在选择顶上事件时,一定要详细掌握系统情况、有关事故的发生情况以及事故的严重程度和事故发生概率等情况,而且事先要仔细寻找造成事故的直接原因和间接原因,然后根据事故的严重程度和发生概率确定要分析的顶上事件。顶上事件可以是在运输生产中已经发生过的事故,如车辆追尾、道口火车与汽车相撞事故等。我们通过编制事故树可以找出事故原因,制定具体措施,防止事故再次发生。

2. 调查或分析造成顶上事件的各种原因

顶上事件确定之后,为了编制好事故树,我们必须将造成顶上事件的所有直接原因找出来,尽可能不要漏掉。直接原因可以是机械故障、人为因素或环境因素等。为此,我们可以采取对造成顶上事件的原因进行调查、召开有关人员座谈会等方法找出直接原因,也可根据以往的一些经验进行分析,从而确定造成顶上事件的原因。

3. 编制事故树

在找出造成顶上事件的各种原因之后,我们就可以用相应事件符号和适当的逻辑门把它们从上到下分层连接起来,层层向下,直到最基本的原因事件,这样就构成一个事故树。在用逻辑门连接上下层之间的事件原因时,若下层事件必须全部同时发生、上层事件才会发生的话,就用与门连接。逻辑门的连接问题在事故树中是非常重要的,含糊不得,它涉及各种事件之间的逻辑关系,直接影响以后的定性分析和定量分析结果。

4. 认真审定事故树

事故树是逻辑模型事件的表达,其各个事件之间的逻辑关系必须相当严密、合理,否则在计算过程中将会出现许多意想不到的问题。因此,我们对事故树的编制要十分慎重,在编制过程中一般要进行反复推敲、修改,除了局部更改,有时甚至要推倒重来,有时还要反复进行多次,直到符合实际情况、比较严密为止。

(四) 事故树的分析

1. 事故树定性分析

首先,将事故树结构进行化简,求出事故树的最小割集(一般用 g 表示)和最小径集,确定各基本事件的结构重要度排序。当割集的数量太多时,可以通过程序进行概率截断或割集阶截断。其次,计算各基本事件的结构重要性。最后,得出定性分析结论。

2. 事故树定量分析

首先,根据所调查的情况和资料,确定所有原因事件的发生概率,并标在事故树上。其次,根据这些基本数据,求出顶上事件发生的概率。最后,将计算结果与通过统计分析得出的事故发生概率进行比较。

(五) 事故树分析法的优缺点

事故树分析法具有以下几个优点:①事故树分析法采用演绎方法分析事故的因果关系,能详细找出系统中各种固有的潜在危险因素,从而为安全设计、安全技术措施制定和安全管理提供依据。②事故树分析法能简洁、形象地表示出事故和各种原因之间的因果关系及逻辑关系。③在事故树分析中,顶上事件可以是已经发生的事故,也可以是预想的事故。这种方法可以通过分析事故发生的原因,并采取对策加以控制,从而起到预测、预防事故的作用。④事故树分析法既可以用于定性分析,也可用于定量分析。通过定性分析,我们可以确定各种危险因素对事故影响的大小,从而掌握和制定防灾控制要点;通过定量分析,我们则能计算出顶上事件(事故)发生的概率,并可从数量上说明危险因素的重要度,为实现系统最佳安全目标提供依据。

事故树分析法也存在以下一些缺点:①要编制好一棵事故树必须对系统非常熟悉,有丰富的经验,并且要准确地掌握好分析方法。即便如此,不同人编制的事故树也不会完全相同,因此其后的分析结果也就不同。②对于很复杂的系统,事故树的编制工作会非常庞大繁杂,有时甚至连计算机都难以胜任。③要对系统进行定量分析,必须知道事故树中各事件的故障率，如果这些数据不准确便不可能进行定量分析。

（六）应用案例

根据以往的数据，相应事故发生的概率如表3-1所示。

表3-1　事件及概率

事件	条件事件	事件分枝	概率
大暴雨	无	是	0.001
大暴雨	水位	水位高过堤顶 水位是堤顶高程的50%~100% 水位小于堤顶高程的50%	0.1 0.7 0.2
大暴雨	持续时间	大于一星期 小于一星期	0.25 0.75
透镜体	无	是	0.15
砂沸	有透镜体	是	0.5
管涌破坏	砂沸	是	0.2
软弱土	无	是	0.1
高孔隙水压力	持续时间	是	0.5
边坡失稳	软弱土、孔隙水压力	是	0.12

由此，我们可以编制事故树并计算得出大暴雨可能造成堤坝损毁情况的概率分布。例如，发生暴雨时，水位高过堤顶而造成漫顶的概率为 $0.001 \times 0.1 = 0.000\,1$，详见图3-3。

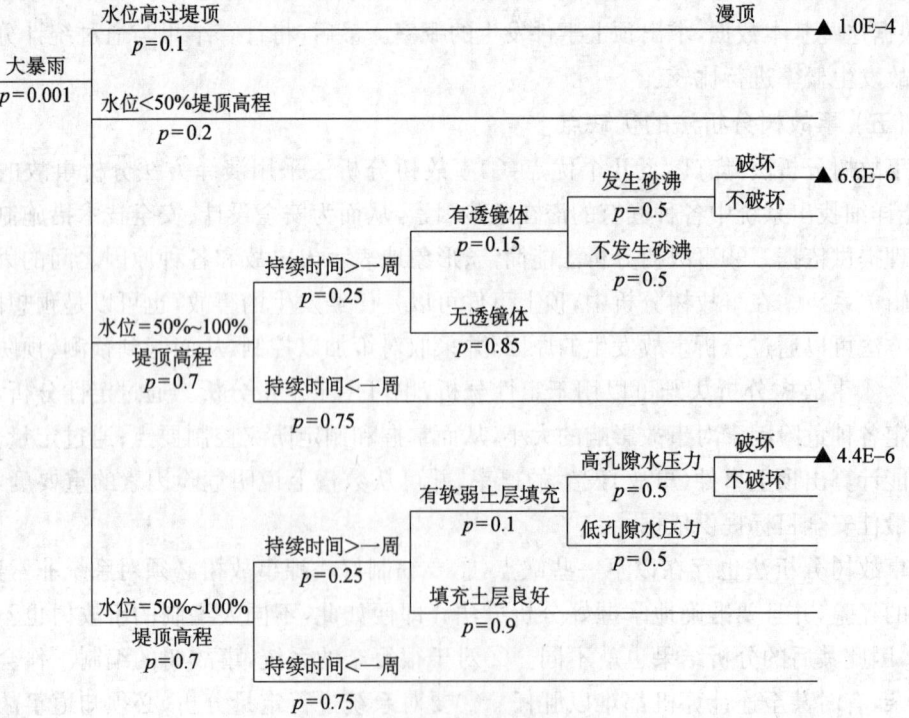

图3-3　大暴雨造成破坏的概率

四、专家调查法

专家调查法是指通过多位相关专家的反复咨询及意见反馈,确定影响项目投资的主要风险因素,然后制成项目风险因素估计调查表,再由专家和相关工作人员对各风险因素在项目建设期内出现的可能性以及风险因素出现后对项目投资的影响程度进行定性估计,最后通过对调查表的统计整理和量化处理获得各风险因素的概率分布和对项目投资可能的影响结果的一种方法。专家调查法包括德尔菲法和头脑风暴法。

(一) 德尔菲法

1. 德尔菲法的概念

德尔菲法是指采用背对背的通信方式征询专家小组成员的预测意见,经过几轮征询,使专家小组的预测意见趋于集中,最后作出符合市场未来发展趋势的预测结论的一种方法。德尔菲法又称专家意见法或专家函询调查法,它首先依据系统的程序,采用匿名发表意见的方式,保证团队成员之间不互相讨论,不发生横向联系,只能与调查人员发生沟通,然后通过反复的填写问卷来集结问卷填写人的共识及搜集各方意见,以应对复杂的任务难题。

2. 德尔菲法的基本程序

(1) 确定调研目标,拟订出要求专家回答问题的详细提纲,并同时向专家提供有关背景材料,包括预测目的、期限、调查表填写方法及其他要求等说明。

(2) 选择一批熟悉本问题的专家,一般至少为 20 人,包括理论和实践等各方面的专家。

(3) 以通信方式向各位选定专家发出调查表,征询意见。

(4) 对返回的意见进行归纳综合、定量统计分析后再将结果反馈给有关专家。

(5) 再次请相关专家提出意见和解决问题的方案。因为第一轮的结果常常会激发出新的方案或改变某些人的原有观点。

(6) 重复第(4)、第(5)两步,直到取得大体上一致的意见。

3. 德尔菲法的优缺点

德尔菲法同常见的召集专家开会、通过集体讨论得出一致预测意见的专家会议法既有联系又有区别。德尔菲法能发挥专家会议法的优点:能充分发挥各位专家的作用,集思广益,准确性高;能把各位专家意见的分歧点表达出来,取各家之长,避各家之短。同时,德尔菲法又能改进专家会议法的不足:权威人士的意见会影响他人的意见;有些专家碍于情面,不愿意发表与其他人不同的意见;出于自尊心而不愿意修改自己原来不全面的意见。

德尔菲法的主要缺点包括:缺少成员间的思想沟通交流,个人观点可能存在一定的主观片面性;易忽视少数人的意见,可能导致预测的结果因存在组织者的主观影响而偏离实际。

(二) 头脑风暴法

1. 头脑风暴法的概念

头脑风暴法又称智力激励法。它是一种通过小型会议的组织形式,让所有参加者在自由愉快、畅所欲言的气氛中自由交换想法，并以此激发与会者创意及灵感，使各种设想在相互碰撞中激起大脑创造性"风暴"的一种方法。头脑风暴法可以排除折中方案，对所讨论问题通过客观、连续的分析，找到一种切实可行的方案。其缺点是实施的成本(时间、费用等)很高，对参与者的素质要求较高，以及某些因素会在很大程度上影响头脑风暴法的实施效果。

2. 头脑风暴法的基本程序

头脑风暴法力图通过一定的讨论程序与规则来保证创造性讨论的有效性，其中，讨论程序是头脑风暴法能否有效实施的关键因素。从讨论程序上来说，头脑风暴法的组织与实施关键在于以下几个环节。

1) 确定议题

一个好的头脑风暴法从对问题的准确阐明开始，因此，组织者必须在会前确定一个目标，使与会者明确这次会议需要解决的问题，同时不要限制可能的解决方案的范围。一般而言，比较具体的议题能使与会者较快产生设想，主持人也较容易掌握；比较抽象和宏观的议题引发设想的时间较长，但设想的创造性也可能较强。

2) 会前准备

为了使头脑风暴畅谈会的效率较高、效果较好，组织者可以在会前做一点准备工作，如收集一些资料预先给大家参考，以便与会者了解与议题有关的背景材料和外界动态。对于参与者而言，在开会之前必须充分了解要解决的问题。此外，会场布置也很重要，座位排成圆环形往往比教室式更为有利。组织者在头脑风暴畅谈会正式开始前还可以提出一些创造力测验题供大家思考，以便活跃气氛、促进思维。

3) 确定人选

一般而言，与会者人数一般以 8～12 人为宜，也可略有增减，但与会者人数太少不利于交流信息。在特殊情况下，与会者的人数可不受上述限制。

4) 明确分工

会议要推定一名主持人和 1～2 名记录员(秘书)。主持人的作用是在头脑风暴畅谈会开始时重申讨论的议题和纪律，在会议进程中启发引导，掌握进程，如通报会议进展情况，归纳某些发言的核心内容，提出自己的设想，活跃会场气氛，或者让大家静下来认真思索片刻再组织下一个发言环节等。记录员应将与会者的所有设想都及时编号，简要记录，最好写在黑板等醒目处，让与会者能够看清。记录员也应随时提出自己的设想，切忌持旁观态度。

5) 规定纪律

组织者可规定几条纪律，要求与会者遵守。例如，要集中注意力积极投入，不要消极旁观；不要私下议论，以免影响他人的思考；发言要针对目标，开门见山，不要客套，也不必作过多的解释；与会者之间要相互尊重，平等相待，切忌相互褒贬等。

6) 掌握时间

会议时间由主持人掌握，不宜在会前定死。一般来说，整个会议时间应控制在 1 小时内为宜,时间太短的话与会者难以畅所欲言,时间太长则与会者容易产生疲劳感,从而影响会议效果。经验表明,创造性较强的设想一般会在会议开始10～15分钟后逐渐产生。美国创造学家帕内斯指出,会议时间最好为30～45分钟,倘若需要更长时间,组织者应把议题分解成几个小问题并分别进行专题讨论。

3. 头脑风暴法的优缺点

头脑风暴法的主要优点有:①激发了想象力,有助于发现新的风险和全新的解决方案;②让主要的利益相关者参与其中,有助于进行全面沟通;③速度较快并易于开展。

头脑风暴法的缺点有:①参与者可能因缺乏必要的技术及知识而无法提出有效的意见;②讨论的形式相对松散,因此较难保证过程的全面性;③可能会出现特殊的小组情况,导致某些有重要观点的人保持沉默而其他人成为讨论的主角;④实施成本较高,要求参与者有较好的素质。

本 章 小 结

(1) 风险识别是指在风险事故发生之前,人们运用各种方法系统、连续地认识其所面临的各种风险以及分析风险事故发生的潜在原因。感知风险和分析风险是风险识别的基本内容,两者相辅相成,相互联系。

(2) 由于风险识别存在不同的途径,加之研究目的和思维角度的不同,风险识别的方法有很多种。常见的风险识别方法有风险清单法、财务报表分析法、事故树分析法、专家调查法。

关 键 概 念 索 引

风险识别　感知风险　分析风险　风险清单法　财务报表分析法　事故树分析法
与门　或门　德尔菲法　头脑风暴法

复 习 思 考 题

1. 简述风险识别的含义及特点。
2. 简述风险识别的内容。
3. 简述风险识别的方法。
4. 举例说明事故树分析法的应用。

第四章　风险衡量

本章要点

- 风险衡量的概念
- 风险衡量的步骤
- 风险衡量的内容

思政目标

(1) 帮助学生熟练运用数学、统计等知识客观、系统地衡量风险。

(2) 科学认知风险衡量的内容,引导学生不断追求风险衡量方法的创新。

　　风险识别是通过各种方法对所面临的风险进行认识和辨别,回答了研究对象所面临的风险以及风险因素的问题,但只有这些是远远不够的,风险管理者还要进一步分析研究对象发生事故的概率以及可能造成的损失程度,这就需要风险衡量。风险衡量就是在风险识别的基础上,综合考虑损失频率、损失程度以及风险因素,分析该风险的影响并与安全指标进行比较,以确定系统风险等级的过程。

第一节　风险衡量概述

一、风险衡量的概念

　　风险衡量也称风险估测,是在识别风险的基础上对风险进行定量分析和描述,即在对过去损失资料分析的基础上,运用概率论与数理统计方法对风险事故的发生概率以及风险事故发生后可能造成损失的严重程度进行定量的分析和预测。

风险管理者通过风险衡量计算出较为准确的损失概率,可以在一定程度上消除损失的不确定性。换而言之,风险衡量可以使风险管理者了解风险所带来的损失后果,进而集中力量处理损失后果严重的风险。

二、风险衡量的数理基础

虽然风险的发生及其造成的损失是不确定的,但我们通过对大量风险的观察、分析可以发现,其结果在某种程度上是有一定规律的,因此,概率论与数理统计是风险衡量的数理基础。

(一)概率与概率分布

概率是对随机事件发生可能性的度量,一般以一个 $0 \sim 1$ 的实数表示一个事件发生的可能性大小。也就是说,概率越接近 1,该事件越可能发生;越接近 0,则该事件越不可能发生。这是客观论证,而非主观验证。在相同条件下进行 n 次重复试验,如果随机事件 A 发生的次数为 m,那么 m/n 称为随机事件 A 的频率(frequency)。随着试验重复次数 n 逐渐增大,随机事件 A 的频率越来越稳定地接近某一数值 p,那么我们就把 p 称为随机事件 A 的概率。这样定义的概率称为统计概率(statistics probability),或者称后验概率。

事件的概率表示在一次试验中某一个结果发生的可能性大小。若要全面了解试验,则必须知道试验的全部可能结果及各种可能结果发生的概率,即必须知道随机试验的概率分布(probability distribution)。概率分布是指随机变量 X 小于任何已知实数 x 这一事件的函数表达,用以表述随机变量取值的概率规律。对不同类型随机变量的描述有不同的概率分布形式。

(二)数理统计

数理统计是以概率论为基础,研究社会和自然界中大量随机现象数量变化基本规律的一种方法。数理统计研究的对象主要是带有随机性质的自然现象和社会现象。它通过对随机现象的观察收集一定量的数据,然后进行整理、分析,并应用概率论的知识作出合理的估计、推断、预测。其目的是认识研究对象的概率特征,为正确决策提供科学依据。

三、风险衡量的步骤

损失资料是风险衡量的基础,风险衡量的主要内容是通过对损失资料的整理、分析,找出风险的特征和发展规律,在此基础上建立起损失分布模型,并对其进行参数估计。风险衡量的主要步骤包括数据的采集、整理和分析。

(一)数据的采集

数据采集在风险管理中是非常重要的,是风险衡量的第一步。数据采集是指根据风险管理的目的要求,采用一定的组织形式和科学方法进行数据收集的过程。从使用者的角度来看,统计数据资料的来源主要有两种渠道。一种是通过直接调查获得原始数据,这是统计数据的直接来源。通过这种渠道获得的数据一般称为第一手统计数据或直接统计数据。另一种是通过对别人调查的数据进行加工、汇总来获得数据。通过这种方法获得的数据通常称为第二手统计数据或间接统计数据。一切间接统计数据都是从直接的、第一手数据过渡而来的。在互联网行业快速发展的今天,数据采集已经被广泛应用于各个领域。各类数据采集系统的数据采集过程基本相同,一般都包括以下几个步骤:①用传感器感受各种物理量,并把它们转换成电信号;②通过模数转换,把模拟量的数据转变成数字量的数据;③记录数据,将数据打印输出或存为电子文件。

数据采集的具体要求如下:第一,数据必须是完整的,即采集到的数据必须尽可能地充分、完整,而且要有与该数据相关的外部信息;第二,数据必须是一致的,即数据的来源必须一致,价格水平必须一致等;第三,数据必须是相关的,无关因素的数据要剔除;第四,数据必须具有系统性,相关人员要按照一定的方法对数据进行科学的整理,使之系统化。

(二) 数据的整理

数据整理是指对在调查、观察、实验等研究活动中所搜集到的资料进行检验、归类和数字编码。它是数据统计分析的基础,是根据统计研究的任务和要求,对通过统计调查搜集到的大量原始资料进行审核、分组、汇总,使之条理化、系统化,得出能够反映总体综合特征的统计资料的工作过程。需要注意的是,对已经整理过的资料(包括历史资料)进行再加工也属于数据整理。

数据整理是统计工作的中间环节,它是在统计调查的基础上进行的,是统计调查的继续,同时又是统计调查的前提。数据整理在统计工作中起着承前启后的重要作用,具有十分重要的地位。统计整理结果的好坏,是否科学、真实地反映客观实际,将直接影响统计分析的准确性和整个统计工作的质量。如果数据整理工作搞不好,将会使丰富、完备的资料失去价值,从而不能达到统计工作的目的和完成统计工作的任务。最简单的数据整理方法是先将数据按照降序(或升序)的方式排列,然后对数据进行分组,编制频数分布表,最后通过绘制统计图来反映数据的基本特征,以获得关于损失的直观印象。

(三) 数据的分析

数据分析是指用适当的分析方法对采集来的大量数据进行分析,提取有用信息,形成结论,对数据加以详细研究和概括总结的过程。其目的是把隐没在一大批看起来杂乱无章的数据中的信息集中、归类和提炼出来,以找出所研究对象的内在规律。大数据具有数据量大、数据结构复杂、数据产生速度快、数据价值密度低等特点,这些特点增加了对大数据进行有效分析的难度。目前,大数据分析已成为大数据技术发展的核心内容,因此,我们必须对大数据分析的内涵和外延进行深入剖析。典型的数据分析步骤包含以下三步。

1. 探索性数据分析

当数据刚取得时,可能杂乱无章,看不出规律,此时需要进行探索性数据分析,通过绘制图表、用各种形式的方程拟合、计算某些特征量等手段探索这些数据的规律性,即往什么方向和用何种方式去寻找和揭示隐含在数据中的规律性。

2. 模型选定分析

在探索性分析的基础上提出一类或几类可能的模型,然后通过进一步的分析从中挑选出符合要求的模型,这就是模型选定分析。

3. 推断分析

推断分析是指使用数理统计方法对所选定模型或估计的可靠程度和精确程度作出推断。

四、应用举例

某出租车公司车队 2016 年共发生事故 35 次,每次事故损失金额的原始数据如表 4-1所示,请将数据进行整理并分析。

表 4-1　某出租车公司车队 2016 年发生事故及损失金额　　　　单位:万元

事故	损失金额	事故	损失金额	事故	损失金额	事故	损失金额	事故	损失金额
1	3.1	8	12.9	15	1.2	22	6.6	29	4.6
2	3.3	9	21.3	16	2.2	23	1.1	30	7.2
3	10.9	10	11.8	17	0.3	24	0.9	31	7.9
4	6.7	11	10.5	18	5.0	25	22.5	32	12.5
5	6.8	12	2.3	19	18.1	26	17.7	33	8.1
6	19.2	13	9.1	20	8.8	27	4.1	34	4.0
7	17.0	14	14.0	21	13.2	28	1.9	35	15.3

(一) 数据整理

1. 升序排列

风险管理者将表 4-1 中的数据按损失金额由小到大的顺序进行排列,结果如表 4-2 所示。

表 4-2　某出租车公司车队 2016 年发生事故及损失金额(按金额升序排列)

单位:万元

事故	损失金额	事故	损失金额	事故	损失金额	事故	损失金额	事故	损失金额
1	0.3	8	3.1	15	6.7	22	10.5	29	15.3
2	0.9	9	3.3	16	6.8	23	10.9	30	17.0
3	1.1	10	4.0	17	7.2	24	11.8	31	17.7
4	1.2	11	4.1	18	7.9	25	12.5	32	18.1
5	1.9	12	4.6	19	8.1	26	12.9	33	19.2
6	2.2	13	5.0	20	8.8	27	13.2	34	21.3
7	2.3	14	6.6	21	9.1	28	14.0	35	22.5

2. 分组

将表 4-2 中的数据按照不同的损失规模进行分组，分组的目的是观察数据分布的特征，组数的多少应适中。如果组数太少，数据的分布就会过于集中；如果组数太多，数据的分布就会过于分散。组数的确定应以能够显示数据的分布特征和规律为依据，以便观察数据分布的特征和规律。在实际操作中，组数和组距可以按斯特奇斯(Sturges)提出的经验公式来确定：

$$组数＝1＋\lg n/\lg 2$$
$$组距＝(最大值－最小值)/组数$$

其中，n 表示数据的个数。

根据上述公式，我们可以将表 4-2 中的数据分为 6 组，并分别计算出每组的损失金额、频数和频率，可以进一步得到累计频数、累计频率和组中值数据，结果如表 4-3 所示。

表 4-3　某出租车公司车队 2016 年事故损失的频数分布表　　单位：万元

组别	损失金额	频数	频率	累计频数	累计频率	组中值
1	0.3～4.0	9	25.7%	9	25.7%	2.15
2	4.0～7.7	8	22.9%	17	48.6%	5.85
3	7.7～11.4	6	17.1%	23	65.7%	9.55
4	11.4～15.1	5	14.3%	28	80.0%	13.25
5	15.1～18.8	4	11.4%	32	91.4%	16.95
6	18.8～22.5	3	8.6%	35	100%	20.65

3. 画直方图

根据表 4-3 的频数分布，我们可以画出频数分布直方图，如图 4-1 所示，该图可以直观地展示车队事故损失的分布情况。

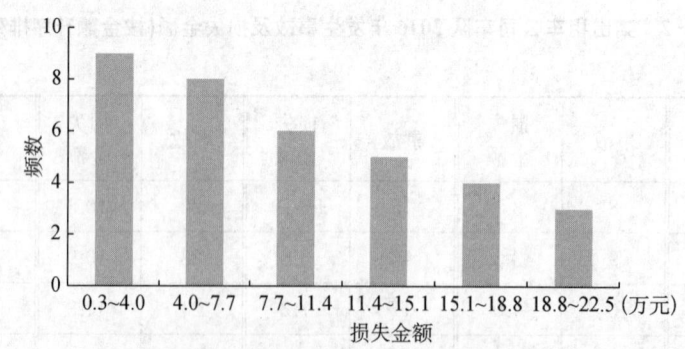

图 4-1　某出租车公司车队 2016 年事故损失频数分布直方图

（二）数据分析

我们从图 4-1 中可以清楚地看到，该车队事故损失金额主要集中在 0.3 万～7.7 万元，占比约为 48.6%。其中，小额损失的频数比高额损失的频数大，这也符合实际车险的损失分布情况。

第二节　风险衡量的内容

一、损失概率的估计

（一）损失概率的概念

损失概率是指风险损失在一定时间范围内实际发生损失或预期发生损失的数量与所有可能发生损失数量的比值。损失概率一般用来描述风险损失发生可能性的大小。按照大数定律，概率是事件发生的频率在观测次数或样本个数无限增加时的极限。在实际工作中，获得概率的准确值是比较困难的，只能用频率作为概率的近似值。

以汽车在 1 年内发生损失的可能性为例，假定 1 000 辆同类型汽车 1 年内有 9 辆汽车发生损失，则损失发生的频率为 9‰；如果汽车总量增至 10 000 辆，发生损失的汽车为 105 辆，则损失频率为 10.5‰；如果汽车总量为 100 000 辆，发生损失的汽车为 1 001 辆，则损失频率为 10.01‰。以此类推，当样本汽车总数越来越多时，损失频率趋于常数 10‰，故从统计意义上来说，我们可以认为汽车在 1 年内发生损失的概率为 10‰。

（二）损失概率在风险衡量中的两种说法

1. 时间性说法

时间性说法侧重于时间的观念。例如，假设某栋仓库遭受火灾损失的概率为 1/10，如果风险管理人员以"月"为单位进行统计，那么这栋仓库遭受火灾损失的概率为每 10 个月有 1 次损失；如果风险管理人员以"年"为单位进行统计，则这栋仓库遭火灾损失的概率为每 10 年 1 次。由此可见，时间性说法有两点值得注意。一是采用的时间单位不同，损失概率在直觉上的大小亦不同。如前述 10 年 1 次和 10 个月 1 次的表述，显然我们从直觉上会认为前者的表述概率较低。二是此种说法通常适用于经济单位并不拥有许多同类风险单位的情况，这是因为经济单位如不拥有许多同质风险单位，则难以在短期内预测有多少单位受损。

2. 空间性说法

空间性说法侧重于特定期内遭受损失的风险单位数，表达的是众多风险单位在空间上的平均结果。因此，风险管理人员不仅要考虑本组织内的风险单位损失情况，而且要考虑不同组织、甚至不同国家的风险单位损失情况。例如，民航飞机失事率不仅要考虑一个国家的民航失事情况，更重要的应考虑全球民航飞机失事情况。在实践中，飞机保险费率的制定依据之一就是全球民航失事率。当然，如果一个组织内部拥有很多独立的同质风险单位，其损失概率也可采用空间性说法。

我们在采用空间性说法时，应注意的是被观察的风险单位应该是相互独立的和同质的。"相互独立"是指风险单位之间存在绝对差异，此种差异可能来自各种原因，如所在地区、防护等级等，而且就某种风险而言，一个风险单位遭受损失的话对其他风险单位并无影响。"同质"指各风险单位不仅面临相同的风险,而且各风险单位所遭受的来自特定风险事故的损失概率和损失程度相同。例如,有 10 栋房屋,其中 1 栋房屋价值 200 万元,另外 9 栋房屋价值 50 万元。如果发生火灾,价值 200 万元的房屋损失幅度大于另外 9 栋,故价值 200 万元的房屋所面临的火灾风险与其他房屋是不同质的。

(三) 概率的计算

柯尔莫哥洛夫于 1933 年给出了概率的公理化定义:设 E 是随机试验,S 是它的样本空间。对于每一事件 A 赋予一个实数,记为 $P(A)$,称为事件 A 的概率。这里 $P(\cdot)$ 是一个集合函数,$P(\cdot)$ 要满足下列条件。

(1) 非负性,对于每一个事件 A,有 $P(A) \geqslant 0$。

(2) 规范性,对于必然事件 Ω,有 $P(\Omega) = 1$。

(3) 可列可加性,设 A_1,A_2,$\cdots$,A_n 是两两互不相容的事件,即对于 $i \neq j$,$A_i \bigcap A_j = \phi(i, j = 1, 2, \cdots, n)$,则有 $P(A_1 \bigcup A_2 \bigcup \cdots \bigcup A_n) = P(A_1) + P(A_2) + \cdots + P(A_n)$。

概率依其计算方法不同,可分为古典概率、试验概率和主观概率。

1. 古典概率

古典概率通常又叫事前概率,是指随机事件中各种可能发生的结果及其出现的次数都可以由演绎或外推法得知,无须经过任何统计试验即可计算各种可能发生结果的概率。古典概率的假设基础为:随机现象所能发生的事件是有限的、互不相容的,而且每个基本事件发生的可能性相等。例如,当我们抛掷一枚硬币时,硬币正面朝上与反面朝上是可能出现的两个基本事件,且互不相容。如果我们把硬币正面朝上的事件记为 E,出现事件 E 的概率记为 $P(E)$,则:

$$P(E) = \frac{1}{1+1} = 0.5$$

一般来说,如果在全部可能出现的基本事件范围内,构成事件 A 的基本事件有 a 个,不构成事件 A 的基本事件有 b 个,则出现事件 A 的概率为:

$$P(A) = \frac{a}{a+b}$$

我们从古典概率的定义中不难看出,古典概率的计算必须满足以下两个条件:一是所有事件发生的可能性都相同;二是所有可能的结果都是可知的。但是,在实践中,要满足这两个条件是不现实的。因为各种事件发生的可能性几乎很少相等,而且我们也无法知道所有可能造成的后果。因此,在实际生活中,古典概率并无太大的实用价值。

2. 试验概率

在实践中,人们通常根据大量的、重复的统计试验结果计算随机事件发生的概率,这种概率称为试验概率或频率概率。在一定条件下,重复做 n 次试验,m 为 n 次试验中事件 A 发生的次数,如果随着 n 逐渐增大,频率 m/n 逐渐稳定在某一数值 p 附近,则数值 p 为事件 A 在该条件下发生的概率,记做 $P(A) = p$。

从理论上讲,试验概率的定义是不够严谨的,因为它需要足够多的数据,如果关于过去的事故记录不存在或者不详细,就无法计算出试验概率。

3. 主观概率

在实践中,我们有时候只能依据主观判断来确定随机事件发生的概率,这种概率称为主观概率。特别是在充满不确定因素的经济问题中,不存在大量重复性过程,决策者面对的往往是仅发生了一次的事件或在相同条件下重复发生的事件,这种情况就只能使用主观概率。主观概率是一种心理评价,具有明显的主观性,不同人对同一事件的概率判断是不同的。主观概率的测定因人而异,受人的心理因素影响较大,其准确性主要取决于市场趋势分析者的经验、知识水平和对市场趋势分析对象的把握程度。

(四) 概率分布

概率分布是表示各种结果发生概率的函数,它可以反映各种损失发生可能性大小的分布情况。根据损失概率的分布情况,风险管理者可以获得更多的管理决策依据。例如,我们从表 4-3 中可知,损失金额为 0.3 万～4.0 万元的事故发生了 9 次,占总发生次数的 25.7%;损失金额为 4.0 万～7.7 万元的事故发生了 8 次,占总发生次数的 22.9%。概率分布是指随机变量 X 小于任何已知实数 x 的事件可以表示成的函数,它可以表示随机变量取值的概率规律。狭义地讲,它是指随机变量的概率分布函数。假设 X 是样本空间 (Ω, F) 上的随机变量,P 为概率测度,则如下定义的函数是 X 的分布函数,或称累积分布函数。

$$F_X(a) = P(X \leqslant a)$$

1. 二项分布

二项分布是最重要的离散概率分布之一,是由瑞士数学家雅各布·伯努利(Jokob Bernoulli)提出的。用二项分布来计算概率的前提为:每次抽出样品后再放回去,并且只能有两种试验结果,如黑球或红球、正品或次品等。二项分布是 n 次独立重复试验成功次数的离散型概率分布,且每次试验只有两种结果:成功或者失败。假设一次试验成功的概率为 p $(0 \leqslant p \leqslant 1)$,失败的概率为 $1-p$,那么在 n 次试验中成功 k 次的概率为:

$$f(n, k, p) = \binom{n}{k} p^k (1-p)^{n-k}$$

记作 $\xi \sim B(n, p)$,其中,数学期望为 $E\xi = np$,方差为 $D\xi = np(1-p)$。

在实际生活中,二项分布的应用应注意考察是否满足以下条件:①每次试验只有两类对立的结果;②n 次事件相互独立;③在相同试验条件下,某类结果的发生概率是一个常数。

2. 几何分布

在伯努利试验中,记每次试验中事件 A 发生的概率为 p,试验进行到事件 A 出现时停止,此时所进行的试验次数为 X,其分布列为:

$$P(X = k) = (1-p)^{k-1} p, \quad k = 1, 2, \cdots, n$$

此分布列是几何数列的一般项,因此称 X 服从几何分布,记为 $X \sim GE(p)$,其中,几何分布的期望为 $E[X] = \dfrac{1}{p}$,方差为 $DX = \text{Var}(X) = \dfrac{1-p}{p^2}$。

3. 泊松分布

泊松分布是统计与概率学里常见到的一种离散概率分布,是法国数学家西莫恩·德尼·泊松(Siméon-Denis Poisson)于 1838 年提出的。泊松分布的概率函数为:

$$P(X = k) = \frac{\lambda^k}{k!} e^{-\lambda}, \ k = 0, 1, \cdots, n$$

其中,参数 λ 是单位时间(或单位面积)内随机事件的平均发生率。

泊松分布在实际中有着广泛的应用,主要集中在三个领域:一是社会生活对某种服务的需求领域,如电话交换台在一段时间内的呼叫次数,公共汽车站在一段时间内的乘客数,某医院每天前来就诊的病人数等;二是物理学和生物学领域,如放射性物质的放射粒子落在某区域的质点数、显微镜下某区域中的细菌数等;三是统计学领域,泊松分布可以用于对大量试验中稀有事件出现的次数进行统计,如某路口在一段时间内发生事故的次数,某机器在一段时间内出现故障的次数,某城市在一段时间内出现火灾(或地震)的次数等。

[例 4-1]　假定某一城市每天发生火灾的次数 X 服从参数 $\lambda = 0.8$ 的泊松分布,求该城市 1 天内发生 3 次或 3 次以上火灾的概率。

解:由概率的性质及泊松分布的定义可得:

$$P(X \geqslant 3) = 1 - P(X < 3) = 1 - P(X = 0) - P(X = 1) - P(X = 2)$$

$$= 1 - e^{-0.8} \left(\frac{0.8^0}{0!} + \frac{0.8^1}{1!} + \frac{0.8^2}{2!} \right)$$

$$\approx 0.047\ 4$$

4. 正态分布

若随机变量 X 服从一个位置参数为 μ、尺度参数为 σ 的概率分布,且其概率密度函数为 $f(x) = \dfrac{1}{\sqrt{2\pi}\sigma} \exp \left[-\dfrac{(x - \mu)^2}{2\sigma^2} \right]$,则这个随机变量称为正态随机变量,正态随机变量服从的分布称为正态分布,记作 $X \sim N(\mu, \sigma^2)$。

当 $\mu = 0$、$\sigma = 1$ 时,正态分布就成为标准正态分布,即 $f(x) = \dfrac{1}{\sqrt{2\pi}} e^{-\frac{x^2}{2}}$。

正态分布是一种常见的连续型概率分布,正态分布的曲线是对称的。若连续型随机变量 X 服从 $N(\mu, \sigma^2)$,则正态分布的图形由 μ 和 σ^2 决定。μ 是随机变量 X 的均值,它决定正态曲线峰值的位置。σ^2 是随机变量 X 的方差,它决定正态曲线的形状,σ 越大,曲线越平坦;反之,曲线越陡峭。正态分布以 $X = \mu$ 为对称轴,左右完全对称。正态分布的期望、均数、中位数、众数相同,均等于 μ。

正态分布有极其广泛的实际应用背景,在生产与科学实验中有很多随机变量的概率分布都可以近似地用正态分布来描述。例如,产品的抗压强度、口径、长度等指标,同一种生物体的身长、体重等指标,同一类种子的重量,同一物体的误差,弹着点沿某一方向的偏差,某个地区的年降水量,以及理想气体分子的速度分量等。一般来说,如果一个量是许多微小的独立随机因素影响的结果,那么我们就可以认为这个量具有正态分布。从理论上看,正态分布具有很多良好的性质，一些常用的概率分布都是由它直接导出的，如对数正态分布、t 分布、F 分布等。

二、损失程度的估计

损失程度估计是指致损事故一旦发生，其可能造成的最大损失值。风险管理人员最基本的职能是估测单一风险单位遭遇单一风险事故所导致的最大可能损失和最大预期损失。

（一）最大可能损失

最大可能损失是指单一风险单位遭遇单一风险事故所导致的最大损失。最大可能损失是一种客观存在，与主观认识无关，是指损失的上限。例如，对价值 100 万元的建筑物火灾风险来说，其最大可能损失为 100 万元。

（二）最大预期损失

最大预期损失是指在一定的概率水平下，单一风险事故的发生可能对单一风险单位造成的最大损失。它与概率估算相关，随概率水平不同而不同。一般来讲，最大可能损失会大于等于最大预期损失。例如，对价值 100 万元的建筑物火灾风险来说，风险管理人员估测发生全损的概率为 1%，那么最大预期损失就是 1 万元。

在实践中，风险管理人员仅估测最大可能损失和最大预期损失是不够的，有时还需要估计年度最大可能损失和年度最大预期损失。年度最大可能损失与年度最大预期损失均可起因于单一风险，或者起因于多种风险，包括各种风险事故所致众多风险单位的所有类型损失。其中，年度最大预期损失是指面临风险的单个单位或单位群体在 1 年内可能遭受的最大总损失量。与最大预期损失一样，其估测值与风险管理人员选择的概率水平有关。但与最大预期损失不同的是，年度最大预期损失并不仅仅是指一次事故的损失，而是与风险事件的个数以及它们的严重性有关。

三、损失资料的数字描述

（一）算术平均数与加权平均数

在实践中，人们最常用的数值量数是算术平均数，简称平均数。其公式定义为：

$$算术平均数 = \frac{总体标志总量}{总体单位总量}$$

以本章第一节出租车公司车队损失为例，如表 4-1 所示，车队总共有 35 次损失，损失总额为 312.1 万元，则车队损失的平均金额约为 8.92 万元（312.1÷35）。由此，算术平均数的计算可以归纳为一个简单的计算公式：

$$\bar{x} = \frac{\sum_{i=1}^{n} x_i}{n}$$

但如果我们按照表 4-3 的结果计算，车队损失的总额应为 319.45 万元，则平均数约为 9.13万元（319.45÷35）。我们把这种情况下的平均数称为加权平均数，其计算公式为：

$$\bar{x} = \frac{\sum_{i=1}^{n} x_i f_i}{\sum_{i=1}^{n} f_i}$$

由此可见,算术平均数是一个良好的集中量数,具有反应灵敏、确定严密、计算简单、受抽样变化影响较小等优点。但是,算术平均数易受极端数据的影响,因为算术平均数反应灵敏,每个数据或大或小的变化都会影响到最终结果。而加权平均数主要受两个因素的影响,一个是各组数值的大小,另一个是各组分布频数的多少。在数值不变的情况下,某一组的频数越多,该组的数值对加权平均数的作用就越大,反之则越小。

(二) 几何平均数

几何平均数适用于对比率数据的平均,并主要用于反映数据的平均增长(变化)率。它是 n 个变量值连乘积的 n 次方根,包括简单几何平均数和加权几何平均数。

简单几何平均数的计算公式为:

$$G_n = \sqrt[n]{\prod_{i=1}^{n} x_i} = \sqrt[n]{x_1 x_2 x_3 \cdots x_n}$$

加权几何平均数的计算公式为:

$$G_n = \sum_{i=1}^{n} \sqrt[f]{\prod_{i=1}^{n} x_i^{f_i}} = \sum_{i=1}^{n} \sqrt{x_1^{f_1} x_2^{f_2} x_3^{f_3} \cdots x_n^{f_n}}$$

几何平均数要求各观察值之间存在连乘积关系。受极端值的影响,几何平均数较算术平均数小,它仅适用于对具有等比或近似等比关系的数据进行平均。例如,对比率、指数等进行平均,以及计算平均发展速度、复利下的平均年利率、连续作业车间中产品的平均合格率,等等。

[例4-2] 假定某地储蓄年利率(按复利计算)如下:5%持续 1.5 年,3%持续 2.5 年,2.2%持续 1 年。请计算 5 年内该地平均储蓄年利率。

解:

$$G_n = \sqrt[n]{\prod_{i=1}^{n} x_i} = \sqrt[n]{x_1 x_2 x_3 \cdots x_n}$$

$$G_5 = \sqrt[1.5+2.5+1]{1.05^{1.5} \times 1.03^{2.5} \times 1.022^1} \times 100\% = 103.43\%$$

故 5 年内该地平均储蓄年利率为:103.43%－100%＝3.43%。

(三) 中位数

中位数又称中点数或中值,是指按顺序排列的一组数据中居于中间位置的数,即在这组数据中,有一半的数据比它大,有一半的数据比它小,这里用 $m_{0.5}$ 来表示中位数。例如,有一组数据为:$X_1, \cdots, X_N$,将它们按从小到大的顺序排序为:$X_{(1)}, \cdots, X_{(N)}$。

当 N 为奇数时:

$$m_{0.5} = X_{(N+1)/2}$$

当 N 为偶数时:

$$m_{0.5} = \frac{N_{(N/2)} + X_{(N/2+1)}}{2}$$

在本章第一节出租车公司车队损失的例子中,按照表 4-2 计算,在 35 次损失中,第 18 个数 7.9 即为中位数。

中位数是通过排序得到的,是以它在所有标志值中所处的位置确定的代表值,不受该组数据中极大值或极小值的影响,这在一定程度上提高了中位数对分布数列的代表性。此外,部分数据的变动对中位数也没有影响,当一组数据中的个别数据变动较大时,中位数常被用来描述这组数据的集中趋势。

(四) 众数

众数是指一组数据中出现次数最多的数值。有时一组数据中会有好几个众数。简单地说,众数就是一组数据中占比最多的那个数。例如,在 1,2,3,3,4,5,7 这组数据中,众数就是 3。

用众数代表一组数据,可靠性较差,不过,众数不受极端数据的影响,并且计算方法简便。

(五) 极差

极差又称范围误差或全距,表示统计数据中最大值与最小值之间的差距,即最大观察值减最小观察值后所得的数据。

在本章第一节出租车公司车队损失的例子中,按照表 4-2 计算,车队损失金额的极差为 22.2 万元(22.5-0.3)。

极差常被用来刻画一组数据的离散程度,反映的是变量分布的变异范围和离散幅度。同时,它能体现一组数据波动的范围。极差越大,离散程度越大;反之,则离散程度越小。它的优点是计算简单,含义直观,运用方便,故极差在数据统计处理中有相当广泛的应用。极差的缺点是只指明了测定值的最大离散范围,而未能利用全部测量值的信息,不能细致地反映测量值彼此相符合的程度,它仅仅取决于两个极端值的水平,不能反映其间的变量分布情况,同时易受极端值的影响。

(六) 方差和标准差

概率论中的方差常被用来度量随机变量和其数学期望(均值)之间的偏离程度。总体方差计算公式为:

$$\sigma^2 = \frac{\sum(X-\mu)^2}{N}$$

其中,σ^2 为总体方差,X 为变量,μ 为总体均值,N 为总体例数。

标准差是方差的平方根,它反映组内个体间的离散程度。其计算公式为:

$$\sigma = \sqrt{\frac{1}{N}\sum_{i=1}^{N}(x_i - \mu)^2}$$

在本章第一节出租车公司车队损失的例子中，按照表 4-2 计算，车队损失金额的方差为40.07万元，标准差为 6.33 万元。

方差和标准差是用以反映离散趋势最重要、最常用的指标。方差是各变量值与其均值离差平方的平均数，它是表示数值型数据离散程度的重要指标。标准差是反映一组数据离散程度最常用的一种量化形式，是表示精确度的重要指标。标准差与方差的不同之处在于，标准差和变量的计算单位相同，比方差更直观。因此，很多时候我们更多使用的是标准差。

（七）变异系数

变异系数是标准差与平均数的比，一般用 C.V 表示。其计算公式为：

$$C.V = \frac{\text{标准偏差}\ SD}{\text{平均值}\ MD} \times 100\%$$

在本章第一节出租车公司车队损失的例子中，按照表 4-2 中的数据计算，车队损失金额的变异系数为 0.71。

当我们对两个或多个资料进行变异程度比较时，如果度量单位与平均数相同，可以直接利用标准差来比较；如果度量单位与平均数不同，就不能采用标准差的形式，而需采用变异系数来比较。变异系数可以消除度量单位与平均数不同对两个或多个资料变异程度比较的影响。变异系数的大小同时受平均数和标准差两个统计量的影响，因而我们在利用变异系数表示资料的变异程度时，最好将平均数和标准差也列出。

四、损失概率与损失程度的估测

（一）每年损失事故发生的次数

我们利用概率分布对每年发生损失事故的次数进行估测，不仅能计算出每年风险事故不同次数发生的概率和发生 n 次以上（或以下）事故的概率，而且可以把事故发生次数的概率分布转换为一定时期内总损失金额的概率分布。

1. 用二项分布估测损失次数

n 个风险单位遭遇同一风险事故的结果只有两个：发生与不发生。当其满足以下三个条件时即为二项随机分布：①风险事故发生概率相等；②风险事故之间互相独立；③同一风险单位一年中发生两次以上事故的可能性极小，其分布律为：

$$P(X = k) = C_n^k p^k q^{(n-k)}$$

两个或两个以上风险单位发生事故的概率为：

$$P(X \geqslant 2) = P(X = 2) + \cdots + P(X = n) = \sum_{i=2}^{n} P(X = i) = \sum_{i=2}^{n} C_n^i p^i q^{n-i}$$

或者通过下式计算：

$$P(X \geqslant 2) = 1 - P(X < 2) = 1 - P(X = 0) - P(X = 1)$$
$$= 1 - C_n^0 p^0 q^n - C_n^1 p^1 q^{n-1}$$
$$P(X = k) = C_n^k p^k q^{(n-k)}$$

[例 4-3] 某企业有 5 栋建筑物,根据过去的损失资料,其中任何一栋在 1 年内发生火灾的概率为 0.1,且每栋建筑物之间发生火灾是互不相关的,每栋建筑物发生 2 次以上火灾的概率为 0。请计算该企业次年一栋以上建筑物发生火灾的概率。

解:该企业建筑物发生火灾的概率服从二项分布,则:

$$P(X = k) = C_n^k p^k q^{(n-k)}, \ (k = 0, 1, 2, 3, 4, 5)$$

分别将 $k = 0, 1, 2, 3, 4, 5$ 代入上式,计算结果如表 4-4 所示。

表 4-4 某企业建筑物发生火灾的概率

发生火灾的栋数 k	发生火灾的概率 P
0	0.590 5
1	0.328 1
2	0.072 9
3	0.008 1
4	0.000 4
5	0.000 01

我们从表 4-4 中可以看出:

(1) 该企业次年不发生火灾的概率为 0.590 5。

(2) 两栋及以上建筑物不发生火灾的概率为:0.072 9+0.008 1+0.000 4+0.000 01=0.081 41。

(3) 该企业次年发生火灾次数的平均值为:5×0.1=0.5。

(4) 标准差为:$\sqrt{5 \times 0.1 \times 0.9} = 0.67$。

2. 用泊松分布估测损失次数

当每个风险单位在一定时期内可能发生多次风险事故时,二项分布就不适用了。另外,当在二项分布中 n 很大、q 很小时,计算会变得很复杂,此时采用泊松分布更适合风险损失次数的估测。假设每年有 λ 个风险单位发生事故且概率相等,则事故次数 X 为服从参数 λ 的泊松分布,其分布律公式如下:

$$P(X = k) = \frac{\lambda^k e^{-\lambda}}{k!}$$

该分布的期望值 $E(X) = \lambda$,方差 $Var(X) = \lambda$。其关键问题是通过损失资料获得 λ 的估计值。例如,一个车队在过去的 3 年内共发生 2 次碰撞事故,即每年平均发生碰撞事故约为 2/3 次,则 λ 估值为 2/3。

[例 4-4] 假定有一个 5 辆车组成的车队,该车队约每两年有一次撞车事故,试估算该

车队下一年发生撞车事故次数的分布状况。

解：记 X 为每年发生撞车事故次数，由于年平均撞车次数为 0.5，故 X 服从参数 $\lambda=0.5$ 的泊松分布，期望值 $E(X)=\lambda=0.5$。则下一年撞车次数的概率分布计算结果如表 4-5 所示。

表 4-5　车队发生撞车事故次数的概率

撞车事故次数	概率
0	0.606 5
1	0.303 3
2	0.075 8
3	0.012 6
4	0.001 6
5	0.000 2
6	0.000 0

我们从表 4-5 中可以看出：

(1) 该车队不发生撞车事故的概率为 0.606 5。

(2) 该车队发生一次以上撞车事故的概率为：$1-0.606\,5=0.393\,5$。

(二) 每次事故的损失金额

对于与正态分布相似的损失分布而言，其可以用正态分布来拟合。一些损失频率分布类似一个正态分布的密度函数图形，即图形只有一个峰且关于峰是近似对称的，这样的损失频率分布可用正态分布来拟合，并通过正态分布来估测损失额落在某区间内的概率，以及损失额超过某一数值时的概率。需要注意的是，大多数损失分布并不是正态分布，而常常是分布密度呈右偏状，即小额损失发生概率大，大额损失发生概率小，如对数正态分布、威布尔分布等。下面我们通过实例来说明损失金额的估测方法。

[例 4-5]　某地若干年间夏季出现暴雨共 84 次，每次暴雨时间以 1 天计算，一个夏季共 153 天。每次暴雨造成的损失频率分布如表 4-6 所示。试估算：(1) 下次暴雨的期望损失；(2) 损失额落在什么区间内的概率为 95.45%；(3) 损失额大于 100 万元的概率。

表 4-6　每次暴雨造成的损失频率分布表

组别	损失额(万元)	频数 f_i	频率
1	5~25	4	0.047 6
2	25~45	8	0.095 2
3	45~65	14	0.166 7
4	65~85	19	0.226 2
5	85~105	21	0.250 0

(续表)

组别	损失额(万元)	频数 f_i	频率
6	105~125	10	0.119 0
7	125~145	5	0.059 5
8	145~165	3	0.035 7
合计	—	84	0.999 9

解:(1) $\bar{x} = \dfrac{\sum\limits_{i=1}^{8} f_i m_i}{\sum\limits_{i=1}^{8} f_i} = \dfrac{6\ 820}{84} = 81.19$(万元)

故下一次暴雨的期望损失是 81.19 万元。

(2) 标准差 $S = \sqrt{\dfrac{1}{n-1}\left(\sum\limits_{i=1}^{8} m_i^2 f_i - n\bar{x}^2\right)}$,故 $S = \sqrt{\dfrac{1}{83}(644\ 900 - 84 \times 81.19^2)} =$ 33.14。

根据正态分布的特点,概率为 95.45% 的损失额区间为 $(81.19 - 33.14 \times 2, 81.19 + 33.14 \times 2)$,即 $(14.91, 147.47)$。

(3) 损失分布是 $N(81.19, 33.14^2)$,则损失额大于 100 万元的概率为:

$$P(X > 100) = P\left(\frac{X - 81.19}{33.14} > \frac{100 - 81.19}{33.14}\right)$$

$$= P\left(\frac{X - 81.19}{33.14} > 0.57\right) = 1 - \Phi(0.57)$$

其中,$\Phi(x)$ 是标准正态分布的分布函数,其已编制成表可供查阅,经查,$\Phi(0.57) = 0.715\ 7$,即 $P(x > 100) = 1 - 0.715\ 7 = 0.284\ 3$,所以损失额大于 100 万元的概率为 0.284 3。

(三) 每年的总损失金额

每年总损失金额是指具有同类风险的众多风险单位在 1 年中因遭遇相同风险所致事故而产生的损失总和。我们在已知损失发生次数和每次事故的损失分布的情况下,就可以获得年损失金额的概率分布。

[例 4-6] 已知某企业 1 年内发生事故的损失次数分布和每次损失金额的概率分布如表 4-7 所示,求该企业每年总损失金额的概率分布。

表 4-7 事故的损失次数分布和每次损失金额的概率分布

损失次数的概率分布		每次损失金额的概率分布	
损失次数	概率	损失金额(万元)	概率
0	0.5	1 000	0.8
1	0.3	5 000	0.2
2	0.2		

解：根据题意不难看出，该企业每年最多可能发生 2 次事故。不发生事故时，损失金额为 0；发生 1 次事故时，损失金额可能为 1 000 万元或 5 000 万元；发生 2 次事故时，损失金额可能为 2 000 万元、6 000 万元或 10 000 万元。经过计算得到表 4-8。

表 4-8　事故的损失次数分布和总损失金额的概率分布

损失次数	概率	总损失金额(万元)	概率
0	0.5	0	0.5
1	0.3	1 000	0.024
		5 000	0.060
2	0.2	2 000	0.128
		6 000	0.064
		10 000	0.008

本 章 小 结

（1）风险衡量也称风险估测，是指在风险识别的基础上对风险进行定量分析和描述，即在对过去损失资料分析的基础上，运用概率论与数理统计的方法对风险事故的发生概率以及风险事故发生后可能造成损失的严重程度进行定量的分析和预测。

（2）虽然风险的发生以及造成的损失是不确定的，但我们通过对大量风险的观察、分析，可以在一定程度上总结其规律。因此，概率论与数理统计是风险衡量的数理基础。

（3）损失资料是风险衡量的基础，通过对损失资料的整理、分析，找出风险的特征和发展规律，并在此基础上对相关数据进行分析和预测，是风险衡量的主要工作，即数据的采集、整理和分析。

（4）风险衡量的内容主要包括损失频率的估计和损失程度的估计。

关键概念索引

风险衡量　损失频率　损失程度　概率　概率分布　数理统计　采集　整理　分析
古典概率　试验概率　主观概率　二项分布　泊松分布　几何分布　正态分布
算术平均数　几何平均数　众数　中位数　方差　标准差　极差　变异系数

复习思考题

1. 简述风险衡量的含义。

2. 简述风险衡量的内容。

3. 简述风险衡量的步骤。

4. 对上海某地区的商业企业进行随机抽样，样本容量为 140 家企业，根据调查所得数据，整理列出它们的年缴财产保费水平分布如下：

年缴财产保费水平(元)	企业数(家)
<100 000	10
100 000<200 000	40
200 000<300 000	54
300 000<400 000	20
>400 000	16

(1) 试计算这 140 家商业企业年缴财产保费的算术平均数和中位数。

(2) 试计算分布的标准差和变异系数。

5. 假设某公司有分别储藏其原料和产成品的仓库 A 和仓库 B。其中,仓库 A 发生盗窃的概率为 0.09,仓库 B 发生盗窃的概率为 0.07。由于该公司的产成品价格相比原材料高得多,所以仓库 B 发生大规模盗窃的概率为 0.7,而仓库 A 发生大规模盗窃的概率只有 0.4。试计算该公司仓库发生大规模盗窃的概率。

6. 根据过去的销售记录,某商店某种商品每月的销售量可以用参数为 $\lambda=10$ 的泊松分布来描述,商店必须保证商品不脱销的概率为 95% 以上,试计算该商品在月底的进货量。

7. 某公司有同类型设备 300 台,各台设备独立工作,互不影响,每台设备发生故障的概率均为 0.01。公司必须保证设备发生故障又不能及时维修的概率小于 0.01,试计算该公司需要配备维修工人的人数(假设 1 台设备的故障可由 1 人处理)。

第五章　风险管理技术

 **本章要点**

- 风险管理技术
- 控制型风险管理技术
- 财务型风险管理技术
- 保险的职能

 思政目标

（1）加深学生对社会主义核心价值观在风险管理技术中的理解和运用，增强学生在风险管理中的责任感和使命感。

（2）科学认知风险管理的各种技术，培养学生理性思维的习惯。

> 改变风险状态是风险管理工作最核心的内容之一。由于原始风险状态是由一系列因果关系积累形成的，改变原始风险状态的工作十分必要。为此，人类发展了一系列的风险管理技术。常见的风险管理技术包括控制型风险管理技术和财务型风险管理技术。

第一节　风险管理技术概述

一、风险管理技术分类

风险管理技术种类繁多，从其对处理风险的过程来看，风险管理技术可以分为两大类，即控制型风险管理技术和财务型风险管理技术。其中，控制型风险管理技术通过降低损失频率和损失幅度来改变风险状态。财务型风险管理技术则不改变风险状态，通过经济手段保证风险事故发生后有足够的财力资源来补偿损失。

（一）控制型风险管理技术

控制型风险管理技术是指在风险分析的基础上,针对企业存在的风险因素积极采取控制技术以消除风险因素,或减少风险因素的危险性。控制型风险管理技术主要包括风险回避、损失预防、损失抑制等。例如,针对房屋面临的火灾风险安装烟雾报警器和自动喷淋设备,针对洪水风险抬高建筑物的地基,等等。

控制型风险管理技术的主要目标有两个:一是在事故发生前降低事故发生的频率;二是在事故发生时控制损失继续扩大,将损失降到最低限度。这两个目标都是改变组织的风险暴露状况,从而帮助组织回避风险,减少损失,即在风险发生时努力降低风险对组织的负面影响。其目标可以用图 5-1 所示的链式过程来说明。

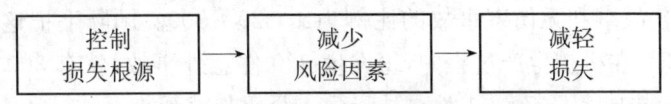

图 5-1　控制型风险管理技术的目标

这个链式过程遵循"发生—发展—结果"这一顺序。首先,控制损失根源应着眼于损失发生的最根本原因,意在从损失的源头入手进行控制。例如,在建筑物建设时就增加其防火性能,在汽车设计时就考虑其必要的减震系统,等等。其次,除了控制损失根源,我们还可以减少已有的风险因素。例如,强调对可能受损的标的物进行持续检查,监督员工遵守安全规章制度,等等。最后,如果损失根源和风险因素都没有被控制住,风险事故发生了,我们还可以做减轻损失的工作。例如,准备必要的器械和设备,采取快速有序的处理措施,等等。值得注意的是,上述所有工作都必须在风险事故发生之前完成,并经过事先周密安排,甚至经过一定的培训与演练。

（二）财务型风险管理技术

财务型风险管理技术又称融资型财务风险管理技术,它以提供基金的方式降低损失成本,即通过事故发生前所做的财务安排来解除事故给人们带来的经济困难和精神忧虑,为恢复企业生产、维持受害人正常生活提供财务支持。财务型风险管理技术包括风险自留和风险转移,其中,风险转移包括财务型非保险转移和保险转移两种方式。

（三）控制型风险管理技术与财务型风险管理技术的区别

控制型风险管理技术属于"防患于未然"的方法,目的是避免损失的发生。由于现实性和经济性等原因,在很多情况下,人们对风险的预判不可能绝对准确,控制措施也无法解决所有的风险问题,所以某些风险事故的损失后果仍不可避免,这时就需要财务型风险管理技术来处理。与控制型风险管理技术的事前防范不同,财务型风险管理技术的目的在于通过事故发生前所做的财务安排,使受害人在事故发生后能够获取资金以弥补损失,从而为恢复正常经济活动和经济发展提供财务基础。也就是说,财务型风险管理技术的着眼点在于事后的补偿。

二、损失管理的理论基础

控制型风险管理技术的理论基础经历了由单纯的工程性技术到工程性技术与非工程性技

术整合的过程。最初人们只是从机械、工程的角度来控制风险,后来逐渐发现人为因素在风险管理中起到举足轻重的作用。在这一过程中,许多理论为实践的选择起到了指导作用,其中比较重要的有多米诺骨牌理论、能量破坏性释放理论、多因果关系理论和系统安全理论。

(一)多米诺骨牌理论

多米诺骨牌理论又称海因里希因果连锁。1936年,美国著名安全工程师海因里希在《工业事故预防》一书中提出了事故因果连锁理论,它借助于多米诺骨牌形象地描述了事故发生的因果连锁关系。该理论认为,伤害事故的发生是一连串的事件按一定的因果关系依次发生的结果。正如多米诺骨牌一样,如果一块骨牌倒下,则后面的骨牌将发生连锁反应,依次倒下。1941年,海因里希统计了55万件机械事故,其中包括死亡、重伤事故1 666件,轻伤事故48 334件,其余则为无伤害事故。他从而得出一个重要结论,即在机械事故中,死亡、重伤故事、轻伤故事和无伤害事故的比例为1:29:300。国际上把这一法则叫事故法则。这个法则说明,在机械生产过程中,每发生330件意外事故,就有300件事故未产生人员伤害,29件事故造成人员轻伤,1件事故导致人员重伤或死亡。

海因里希把工业伤害事故的发生、发展过程描述为具有一定因果关系事件的连锁发生过程,即人员伤亡的发生是事故的结果,事故的发生是由人的不安全行为或物的不安全状态引起的,人的不安全行为或物的不安全状态是由人的过失造成的,人的过失是由不良环境诱发的或者是由先天的遗传因素造成的。在该理论中,海因里希借助于多米诺骨牌形象地描述了事故的因果连锁关系,如图5-2所示。

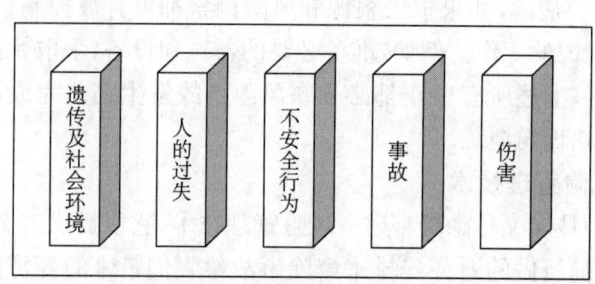

图 5-2　多米诺骨牌理论

(1)遗传及社会环境是造成人的性格缺陷的原因,如遗传因素可能造成鲁莽、固执等不良性格,社会环境可能妨碍教育并助长性格缺陷的发展。

(2)人的过失是使人产生不安全行为或造成机械、物质不安全状态的原因,它包括鲁莽、固执、过激、神经质、轻率等性格上的先天缺陷,以及缺乏安全生产知识和技能等后天缺陷。

(3)不安全行为是指那些曾经引起过事故,或可能引起事故的人的行为,或机械、物质的状态,它们是造成事故的直接原因。例如,在起重机的吊荷下停留、不发信号就启动机器、工作时间打闹或拆除安全防护装置等都属于人的不安全行为,没有防护的传动齿轮、裸露的带电体或照明不良等属于物的不安全状态。

(4)事故是指由于物体、物质、人的作用或反作用,使人员受到伤害或可能受到伤害、出乎意料、失去控制的事件。坠落、物体打击等使人员受到伤害的事件是典型的事故。

（5）伤害是指直接由于事故发生而造成的人身伤害或财产损失。伤害是事故的直接后果，也是损失的最终后果。

根据多米诺骨牌理论，在多米诺骨牌系列中，如果一块骨牌被碰倒了，则其余的几块骨牌也会相继被碰倒，如果移去连锁中的一块骨牌，则连锁反应被破坏，事故过程被中止。因此，海因里希认为，企业安全工作的重点就是防止人的不安全行为，消除机械的或物质的不安全状态，中断事故连锁的进程，从而避免事故的发生。

（二）能量破坏性释放理论

1970年，美国公路安全保险学会会长哈顿（W. Haddon）提出了能量破坏性释放理论。他认为，人员或财产损失基本上是能量的意外破坏性释放的后果，如飓风、闪电、车祸、火灾等。该理论认为，损失控制应重视对机械或物的管理，从而为人们创造一个更为安全的物质环境。为了预防或减少意外伤害，他提出了以下十种控制能量破坏性释放的策略。

（1）防止能量的聚集。例如，造纸厂在堆草垛时，应该严格按照有关方面的规定，使每一草垛的重量、体积及草垛之间的距离等都满足风险防范的要求，防止某一草垛燃烧引起所有草垛的损失。

（2）减少已聚集可能引发事故的能量。例如，通过限制生产车间易燃、易爆物质的存放量等措施减少火灾和其他风险事故的发生。又如，在建筑工程中，限制工人登高的人数可以预防工人摔伤的风险。

（3）防止已聚集能量的释放。例如，保持汽车刹车系统处于良好状态可以保证其功能正常，减少风险事故的发生。又如，在建筑工程中，安装防护栏可以防止登高工人坠落。

（4）限制能量释放的速度。例如，采取通风、排气等措施可以使能量无法积累，从而避免风险事故的发生。

（5）在时间、空间上将风险因素与可能遭受损害的人、财、物隔离。例如，用道路护栏、过街天桥隔离行人和机动车辆，可以避免机动车撞伤人的风险。又如，遇到大雾天气关闭机场和高速公路等，可以规避交通意外风险。

（6）借助物质障碍将风险因素与人、财、物隔离。例如，利用防火墙将两栋紧挨的房子分开，其中一栋房子发生火灾时，防火墙可以起到阻止火势蔓延、减少损失的作用。

（7）改变风险因素的基本性质。例如，在容易产生静电的绝缘材料中加入少量抗静电的添加剂，以增强材料的吸湿性，减少风险事故的发生。又如，对于充满爆炸性粉尘的空间，采取通风、加湿等措施可以减少粉尘爆炸事故的发生。

（8）加强风险单位（或个人）的防护能力。例如，为了防止粉尘危害职工身体健康，作业工人通过佩戴防尘口罩、防尘衣、防尘面罩等，可以减少职业病的发生。又如，为了防止雷电危害，在建筑物上安装避雷针、避雷线、避雷网、避雷带等，可以减少建筑物遭遇雷击的风险。

（9）救护被损害的风险单位。例如，火灾发生后，采取及时抢救受损物资、受伤人员等措施，可以在一定程度上降低风险事故带来的损失。

（10）修理或者复原被损害的风险单位。例如，使受伤人员康复以及修复被损害物品等，都属于通过修理或者复原风险单位减少损失的策略。

（三）多因果关系理论

实际上，许多事故的发生并不像多米诺骨牌理论描述的那样，是单一因素顺序作用的结果，而是许多因素综合作用的结果。这些因素以随机形式结合在一起，从而导致事故的发生。多米诺骨牌理论只能从事故的直接原因出发，就事论事。不安全行为和不安全状态可能是导致事故的原因，但不一定是根本原因。因此，多因果关系理论强调，对风险的控制不能仅限于物质性风险因素，还要找出其根本原因。根本原因通常与管理策略、管理方法、监督检查制度和风险教育培训等有关。

（四）系统安全理论

系统安全是指在系统生命周期内应用系统安全工程和系统安全管理方法，辨识系统中的隐患，并采取有效的控制措施，从而使系统在规定的性能、时间和成本范围内达到最佳的安全程度。系统安全活动贯穿于整个系统生命周期，直到系统报废为止。

20世纪50年代以后，科学技术进步的一个显著特征是设备、工艺及产品越来越复杂，战略武器研制、宇宙开发及核电站建设等使得作为现代科学技术标志的大规模复杂系统相继问世。这些复杂的系统往往由数以千万计的元素组成，各元素之间的关系非常复杂，系统中微小的差错就会导致灾难性的事故。因此，大规模复杂系统安全性问题受到了人们的关注，并随之出现了系统安全理论和方法。按照系统安全理论的观点，世界上不存在绝对安全的事物，任何人类活动中都潜伏着危险因素。它们是一些物的故障、人的失误、不良的环境因素等。系统安全理论的基本原则就是在一个新系统的构思阶段就必须考虑其安全性的问题，制定并执行安全工作规划（系统安全活动）。该理论强调事前分析和预先防护，与传统的事后分析并积累事故经验的思路截然不同。

第二节　风　险　回　避

一、风险回避概述

（一）风险回避的概念

风险回避又称风险规避，是指风险决策者考虑到影响预定目标达成的诸多风险因素，结合自身的风险偏好和风险承受能力，从而做出中止、放弃某种决策方案，或调整、改变某种决策方案的风险管理技术。风险回避的前提在于风险决策者能够对自身条件、外部形势、客观存在的风险属性和大小有准确的认识。风险回避是最彻底的一种风险管理技术，简单易行，且可以彻底规避风险。

（二）风险回避的类型

风险回避可以分为积极风险回避和消极风险回避。两者有其相同点，也有不同之处。其相同点在于两者都认为风险主体自身的实力不足以承受可能遭受的风险损失，希望能够尽可能地在风险发生之前减少其发生的可能性。从风险的偏好性来说，积极风险回避者和消极风险回避者同属于风险厌恶型，不同点在于积极风险回避者和消极风险回避者对风险认知的能动性不同。不同的风险决策者心目中有不同的决策方案评价标准，进而会产生不同的风险预期。根据心理学的解释，个性是一个人不同于他人的那些个人属性或日常行为特征的总和。个性因素是由风险主体的过去经验、天生能力以及受外部环境因素交叉影响所产生的综合结果。消极风险回避者更惧怕风险，风险承受能力和应对突然事件的能力也较差。因此，消极风险回避者不会去主动地识别风险，更谈不上应对风险。积极风险回避者并不会因为一味地回避风险而丧失谋取利润的机会，其对自身的能力更了解，更有自知之明，能够更好地理解"有所为，有所不为"的含义。

 专栏 5-1

印度博帕尔毒气泄漏案

博帕尔农药厂由美国联合碳化物公司于 1969 年在印度博帕尔市建立，主要生产西维因、滴灭威等农药。制造这些农药的原料是一种叫作异氰酸甲酯（MIC）的剧毒液体。这种液体很容易挥发，沸点为 39.6 ℃，只要有极少量短时间停留在空气中，就会使人感到眼睛疼痛，若浓度稍大，就会使人窒息。第二次世界大战期间，德国法西斯正是用这种液体杀害过大批关在集中营的犹太人。在博帕尔农药厂，这种令人毛骨悚然的剧毒化合物达 45 吨之多，被冷却储存在一个地下不锈钢罐里。

1984 年 12 月 2 日晚，博帕尔农药厂工人发现异氰酸甲酯的储槽压力上升，午夜 0 时 56 分，异氰酸甲酯气体从出现漏缝的保安阀中溢出，并迅速向四周扩散。毒气的泄漏犹如打开的潘多拉魔盒，虽然农药厂在毒气泄漏后几分钟内就关闭了设备，但已有 30 吨毒气化作浓重的烟雾，以 5 千米/小时的速度迅速四处弥漫，很快就笼罩了 25 平方公里的地区，造成了 2.5 万人直接致死、55 万人间接致死、20 多万人永久残废的人间惨剧。至今，当地居民的患癌率及儿童夭折率仍然因这场灾难而远高于其他印度城市。由于这次事件，世界各国化学集团改变了拒绝与社区沟通的态度，亦加强了安全措施。

事故发生后，美印双方就谁是主要责任者的问题展开了激烈的争论。最后，这桩案子以美国的巨额赔款了结。其实，无论双方怎样争辩，人们只要把博帕尔农药厂的安全装置和美国本土类似工厂的安全装置做一个对比，就会对此问题一目了然。美国本土的类似工厂都设有先进的电脑报警装置，并远离人口稠密区，而博帕尔农药厂只有一般性的安全措施，周围还有成千上万的居民。这次事件也导致了许多环保人士以及民众强烈反对将化工厂设于邻近民居的地区。

二、风险回避的优缺点及适用范围

（一）风险回避的优点

风险回避方式是在风险产生之前将其化解于无形，简单易行，将风险发生的概率降低到零，有效避免了可能遭受的损失。同时，这种方式还可以节省企业的资源，减少不必要的浪费，使企业在市场竞争中"有所为，有所不为"。

（二）风险回避的缺点

（1）很多风险无法回避。由于风险的客观性，它不以人的意志为转移，如地震、洪水、暴风等各种自然灾害，一旦发生都会对企业的财产、人员造成损失。

（2）如果回避的风险是投机风险，那么风险回避在很大程度上意味着企业放弃了获得收益的机会。企业生产经营活动的最终目的是获得价值或利益的最大化，而风险与收益常常相伴而生，即高风险、高利润。例如，要回避股票投资损失的风险只能不投资股票，这样就失去了股票投资可能带来的收益。

（3）回避某一种风险的同时可能产生另外一种风险。例如，从上海到北京，不乘坐飞机可以回避飞机失事的风险，但改乘其他交通工具就会面临其他交通工具产生的风险。

（4）风险回避必须建立在准确的风险识别基础上，但由于判断能力的局限性，人们对风险的认知是存在偏差的，因此风险回避并非总是有效的。久而久之，风险回避可能助长企业的消极风险防范心理，因过度规避风险而丧失驾驭风险的能力。

（三）适用范围

风险回避的优缺点都非常突出，其适用范围一般包括以下几种情况。

（1）损失频率和损失程度都比较大的风险。

（2）损失频率不高但损失程度可能很严重，并无法得到补偿的风险。

（3）风险管理者对风险极端厌恶，无能力消除或转移风险。

第三节　损　失　控　制

损失控制也称风险控制，是指风险管理者采取各种措施来降低风险发生的概率，或在风险发生后采取措施来减少损失程度。一般来说，降低损失频率称为损失预防，减少损失程度称为损失抑制。损失控制是一种积极的风险控制手段，它可以克服风险回避的种种局限性。

一、损失预防

（一）损失预防的措施

损失预防是指事先采取措施消除或降低风险因素，以降低风险发生的概率。损失预防在风险管理中占有极其重要的地位，它相当于对风险链的各环节进行干预，以达到风险管理的目的。

损失预防的措施主要包括以下三种：

（1）改变风险因素。比如，为了减少交通事故，对驾驶员进行驾驶技术考核，颁布安全条例和定期对车辆进行检修等；为了减少在火车上吸烟引起火灾的风险，规定车厢内严禁吸烟，划定车厢的连接部位为特定吸烟区域；为了减少污染的风险，加强治污水平，就废物处理和利用达成协议；为了减少放射性物质的风险，修建合适的容器或隔离物等。

（2）改变风险因素所处的环境。比如，给容易发生火灾的建筑物安装自动喷水灭火系统；冬天给车辆加装防滑链；对不熟悉操作规范和技术的员工进行职业技术培训；在高速公路上安装护栏、指示灯、指示牌、路标灯等。

（3）改变风险因素与所处环境的相互作用。比如，张贴安全标识来降低消费者使用危险产品的风险；使用双层燃料箱来降低地下储存箱发生燃料渗漏的概率；安装降温系统来防止因周围设备过热而产生的爆炸风险等。

（二）损失预防的方法

损失预防的方法主要有工程法、程序法和教育法。损失预防的措施如果侧重风险单位的物质因素，则称为工程法。例如，防火结构的设计、防盗系统的设置、机器的安全检查等都属于工程法。通过制定相应的规章制度来预防风险的方法，称为程序法。损失预防的措施如果强调人为的因素，则称为教育法。

1. 工程法

工程法以工程技术为手段，通过处理物质性风险因素达到损失控制的目的。该方法以哈顿的能量破坏性释放理论为基础，针对十种控制能量破坏性释放策略，提出相应的解决方案。其措施包括预防风险因素的产生、减少存在的风险因素和防止风险因素释放等。

2. 程序法

程序法通过制定相应的规章制度来预防风险。该方法以风险发生的多因果理论为基础，其措施包括制定安全检查和安全规章制度、设备定期维修制度、安全管理规章等。

3. 教育法

教育法以人的过失行为为预防损失的出发点，通过风险管理知识教育、操作规程培训等手段达到控制损失的目的。该方法以海因里希的多米诺骨牌理论为基础。常见的教育方法主要包括安全法制教育、风险知识教育、安全技能教育和安全态度教育等。

在实践中，有些风险预防措施侧重工程法，有些风险预防措施侧重教育法，还有一些风险预防措施侧重程序法。其实，对于某一具体风险事故来说，风险管理者往往会采用多种损失预防方法。例如，为了防止职工工伤事故的发生，工厂修建了防止工伤事故发生的安全设施，对工人进行安全操作的培训、教育，并制定了各项安全管理制度，这就同时包括了工程法、教育法和程序法。

二、损失抑制

（一）损失抑制的概念及分类

损失抑制是指风险管理者在风险事故发生前或发生后，通过采取措施减少损失发生范围或损失程度的行为。损失抑制措施分为两类：一类是积极的事前措施，即在损失发生前为减少损失程度所采取的一系列措施；另一类是消极的事后措施，即在损失发生后为减少损失程度所采取的一系列措施。在实践中，事后的损失抑制措施更为常见，如抢救、追偿等。

在损失发生前所采取的损失抑制措施可以减少损失发生的可能性。例如，企业在新产品上市时以平价快速进入市场,既能避免随后而来的竞争者带来的市场压力风险,达到损失抑制的效果,又能起到损失预防的效果。因为快速平价进入市场可以树立较好的产品形象,吸引一批早期消费者,从而增加竞争者加入的障碍,减少竞争者加入对企业的不利影响。

损失发生后的抑制措施主要表现为对紧急情况的处理,如急救措施、恢复计划或合法的保护,以此来阻止损失范围的扩大。例如,在火灾风险控制中设置防火墙是一种限制火灾损失范围的事前发生作用的措施;一个有效的自动报警或灭火装置系统是一种事后发生作用的措施。又如,事前的客户资信评价和资信限度设置是抑制损失发生的事前措施,而对客户停止供货则是抑制损失发生的事后措施。

事前损失抑制措施与事后损失抑制措施有重复之处,因为事后损失抑制措施实际上是事前损失抑制计划,但这种重复并不影响风险管理的效率。事前损失抑制计划只是一个损失发生前想要达到的良好愿望,即在损失发生后使其损失最小化。损失抑制本身就需要有事前损失控制计划,甚至需要实际操练那些有可能在紧急情况下要采取的方法或步骤,以做好风险预防和抑制。

(二) 损失抑制的特殊形式——风险隔离

风险隔离是风险抑制的特殊形式,是指通过分离或复制风险单位使任一风险事故的发生不至于导致所有财产损毁或灭失。风险隔离可以比较有效地控制风险,从总体上减少风险所造成的损失程度。

风险隔离分为分割和复制。分割是指将面临损失的风险单位分离,不让它们集中在都可能遭受同样损失的同一个地点。复制是指通过制作复制品来保证经济单位的财产不受损失,这些复制品只有在原资产或设备被损坏的情况下才可以被使用。

分割和复制有以下几个特点。

(1) 分割和复制不像其他损失抑制措施那样力图减少风险单位本身损失的严重性,而在于减少总体损失的程度。

(2) 分割和复制减少的是单次独立风险事故的损失。

(3) 复制风险单位可以减少平均或预期的年度损失。

(4) 分割风险单位是否能减少平均预期损失,更大程度上取决于各风险单位之间的关联程度。

三、损失控制应注意的问题

(一) 在权衡成本与效益的基础上选择技术

风险管理的最终目标是以最小的成本获得最大的安全保障。损失控制的目的就是降低事故发生的频率,减少可能产生的损失和经营过程中的不确定性,增加现金流的稳定性,最终获得经济效益。但是损失控制需要支付一定的费用和成本,即要付出代价。一般情况下,风险越低,成本就越高。因此,有效的风险控制是在平衡成本与效益的基础上优化选择技术。

（二）注重风险控制与风险的平衡

损失控制技术是基于机械和人力的,这两方面都不是万无一失的,都存在一定的风险,并不是所有损失控制措施都能达到风险控制的目的,也不是风险损失控制得越彻底越好。对某些风险而言,如巨灾风险,风险管理人员应将损失控制与融资型措施相结合,使风险与控制措施达到理想的平衡状态。

（三）注意风险的可变性

风险具有可变性,有量的增减,有质的改变,还有旧风险的消失和新风险的产生。风险因素的变化主要是由科技进步、经济体制与结构的转变、政治与社会结构的改变等方面的变化引起的。因此,风险管理人员应注意风险的可变性,并采取相应的损失控制手段和措施来应对风险,减少损失。

第四节　控制型风险转移

风险转移分为三大类:一是控制型风险转移,二是保险,三是财务型非保险转移。本节主要介绍控制型风险转移。

一、控制型风险转移的概念

控制型风险转移是指借助降低风险单位的损失频率和缩小其损失幅度的手段将损失的法律责任转移给非保险业的另一经济单位。控制型风险转移与风险回避不同,风险回避是放弃或中止存在的风险单位,而控制型风险转移允许风险单位继续存在,而将损失的法律责任转移给其以外的第三者(保险业除外)。控制型风险转移与损失控制的不同之处在于,损失控制直接对风险所致的损失频率和幅度加以改善,而控制型风险转移是将风险转移给别人,从而间接达成降低损失频率和减小损失幅度的目的。

二、控制型风险转移的具体形式

（一）出售

出售是指通过买卖契约将风险单位转移给他人或其他单位。这一方式的特点是将财产所有权和与之有关的风险同时转移给受让人。例如,工厂主将货物转移给买主后,与这批货物有关的风险(如火灾、被盗、市场价格暴跌等)也一同转移给买主了。

在很多情况下,出售类似于风险回避,风险单位出售了,风险也随之消失。但在一些情况下,出售并不意味着完全摆脱风险。例如,家用电器出售给消费者后,制造商和销售商还要承担一定的售后责任风险。

（二）分包

分包是指转让人通过分包合同,将其认为风险较大的工程转移给非保险业的其他人。显然,转让人通过分包方式可以减少其承担的风险。例如,对一般的建筑施工队来说,高空作业风险较大,因此,其可将风险大的高空作业转移给专业的高空作业工程队。而对专业工程队来说,其无论在经验、设备、技术等各方面都较强,故相对风险较小。

(三)签订免除责任合同

通过签订免除责任合同,风险承受者同意免除责任人对承受者可能造成损失的责任。例如,外科医生在给病人动手术之前,往往要求病人(或家属)签字同意,若手术不成功,医生不负责任。在这份契约中,风险承受者(病人)免除了责任人(医生)对承受者可能造成损失的法律责任,即医生通过签订免除责任合同来消除其可能面临的责任风险。

第五节　风　险　自　留

风险回避、损失预防以及控制型风险转移都是"防患于未然",都是在损失发生前降低事故发生的频率,达到风险管理的目的。然而,降低事故发生的频率并不意味着事故不发生,并不是所有的风险都可以规避,也就是说风险不可能被完全消除。为了应对突然发生的事故,将自身的损失降到最低,风险主体就需要财务型风险管理技术,而风险自留就是非常重要的一种财务型风险管理技术。

一、风险自留的概念及分类

(一)风险自留的概念

风险自留也称风险自担,是指企业自己非理性或理性地主动承担风险,即指一个企业以其内部的资源来弥补损失。风险自留是企业在发生损失后主要的应对方式,是重要的风险管理手段。风险自留目前在发达国家的大型企业中较为盛行。

(二)风险自留的分类

风险自留的方式有很多种,下面简单介绍一下风险自留的几种主要类型。

1. 计划性风险自留和非计划性风险自留

风险管理人员如果在经过正确的风险识别和风险评价后,虽然了解应对风险有很多种方法,但在全面权衡后认为风险自留是最为恰当的方法,并因此自留了风险,这就是计划性风险自留。计划性风险自留是主动的、有意识的、有计划的选择,是风险管理人员在经过正确的风险识别和风险评价后制定的风险应对策略。在实践中,风险自留一般不会被单独运用,而应与其他风险对策结合使用。风险管理人员如果在风险评价后认为风险自留不是最佳的应对方法,但该风险既无法回避,又无法转移,不得已只能自留,这就是非计划性风险自留。非计划性风险自留从某种程度上来说是一种无奈的选择,例如,风险管理人员由于没有意识到项目某些风险的存在,或者不曾有意识地采取有效措施,风险就只能保留在风险主体内部。

计划性风险自留是一种重要的风险管理手段,是指风险管理者察觉了风险的存在,估计到了该风险造成的期望损失,决定以其内部的资源(自有资金或借入资金)对损失加以弥补。计划性风险自留对损失的处理有许多种方法,如立即将损失金额从现金流量中扣除,或者将损失金额在较长的一段时间内进行分摊,以减轻其对单个财务年度的冲击。从整体上来讲,计划性风险自留的方式有以下几种:①将损失计入当前发生的费用;②建立内部风险基金;③建立外部风险基金或借入资金。

风险管理者采取非计划性风险自留主要有以下几种原因:①风险没有被发现;②不足额投保;③保险公司或者第三方未能按照合同的约定补偿损失;④原本想以非保险的方式将风险转移至第三方,但发生的损失却不包括在合同的条款中;⑤由于某种危险发生的概率极小而被忽视。在这些情况下,风险一旦发生,企业必须以其内部的资源(自有资金或者借入资金)弥补损失,如果无法筹集到足够的资金,企业则面临破产或倒闭的风险。因此,准确地说,非计划性风险自留不能称之为一种风险管理的措施。

2. 全部自留和部分自留

按自留风险的程度,风险自留可分为全部风险自留和部分风险自留。一般情况下,损失频率高、损失程度小的风险适宜采用全部风险自留;部分风险自留应当和其他风险对策一起运用,如带有免赔额的保险等。

二、风险自留的性质及措施

(一) 风险自留的性质

1. 风险自留是一种重要的财务型风险管理技术

风险自留并不是将损失转移出去,而是由企业自己承担,也就是说,风险自留是将风险保留在风险管理主体内部,通过采取内部控制措施来化解风险或者对这些保留下来的风险不采取任何措施。风险自留与其他风险对策的根本区别在于,它不改变风险的客观性质,即不改变风险的发生概率和风险潜在损失的严重性。

2. 风险自留是一种残余技术

当风险管理人员采用其他风险管理技术无法有效处理风险时,风险既无法回避,又无法转移,不得已只能自留。因此,风险自留是一种风险管理的残余技术,是无奈的选择。

(二) 选择风险自留的原因

1. 该风险是不可保的

目前,很多风险是不可保的,也就是说,保险公司对很多风险不予以承保,但此类风险又可能对企业造成非常大的损失,如地震、洪水、核污染等。在这种情况下,企业采取风险自留的管理措施往往是出于无奈。

2. 与保险公司共同承担损失

在企业保险里,保险人一般在保险合同中会规定一定的免赔额,或以第一损失赔偿方式进行赔偿,或采用共同保险的方式以追溯法厘定保险费率等,即保险人会少收取一部分保费,或收取比较低的保费。损失发生后,保险人会根据合同规定赔偿相应的金额,剩余一部分损失则由被保险人自己承担。这也是风险自留的一种形式。

3. 企业认为自留风险比购买保险更为有利

对于某种风险而言,该企业认为自留风险比购买保险更为有利。例如,企业自留风险的管理费用小于保险公司的附加保费;企业预计的期望损失小于保险公司预计的期望损失;企业自留的机会成本比投保的机会成本要小,等等。

4. 企业自愿以自留的方式承担风险

对于发生频率高、损失程度小的风险,企业往往认为采用风险自留的手段更为有利。这是因为此类损失在一段较长的时间内发生的损失总额比较稳定,风险自留的忧虑成本和管理费用比较低,投保会令企业觉得得不偿失。对于发生频率小、造成损失金额多的风险,企业会在风险自留和投保两种方式之间进行权衡。从风险管理的发展趋势来看,越来越多的企业会运用风险自留的手段取代投保来处理发生频率小、损失程度大的风险。

(三) 风险自留的措施

1. 将损失摊入经营成本

一般情况下,损失发生后,企业只是简单地承受这种损失,将损失计入当期损益,摊入经营成本。这种方法能最大限度地减少管理细节,但是如果损失在不同年度里波动很大,那么较大的损失会使企业陷入困境,企业在不利的情况下可能被迫变卖资产,以便获得现金来补偿损失。显然,这种方法只适用于那些损失概率高但是损失程度较小的风险,企业可以通过风险识别将这些风险损失直接摊入经营成本。

2. 建立意外损失基金

意外损失基金的建立可以采取一次性转移一笔资金的方式,也可以采取定期注入资金、长期积累的方式。企业提取意外损失基金的额度取决于其现有的变现准备金的大小,以及其他机会成本。企业每年能负担多少意外损失基金,则取决于其年现金流的情况。建立意外损失基金能够积聚较多的资金储备,因而能自留更多的风险。但是,这种方法也有不足之处,按照税务和财务法规,损失费用不可预先扣除,除非损失实际已经发生,所以建立此项基金的资金来源一般为税后的净收入。

3. 借入资金

风险事故发生后,企业可以通过借款来弥补事故损失造成的资金缺口。例如,当意外损失发生后,企业无法依靠内部资金度过财务危机时,企业可以通过向银行寻求特别贷款或从其他渠道融资来弥补损失。由于风险事故的突发性和损失的不确定性,企业也可以在风险事故发生前与银行达成一项应急贷款协议,一旦风险事故发生,企业就可以获得及时的贷款应急,并按协议约定条件还款。

三、风险自留的高级形式

(一) 自保

自保是指风险主体通过对其可能面临风险的损失频率和损失幅度的合理预测,并且考虑自身财务能力,预先提存一笔基金以弥补可能损失的一种计划性的风险自留手段。

投保和自保都是对损失的补偿,但两者是不同的事物,其不同之处主要体现在三个方面:第一,投保是各经济单位将风险转移给保险人;自保则是个别经济单位的单独行为,是各经济单位将风险保留的一种特殊形态。第二,保险标的在遭受灾害事故而受损失时,不论损失大小,被保险人都可以根据保险合同的规定要求保险人赔偿。这种补偿是充分、及时的,并受到法律保护。自保的有效性则要视经济单位自留后备基金是否充足而定。第三,投保人在交付保费后,不管约定的事故发生与否,均不能收回。而自保则不同,若风险不发生,所留基金仍为经济单位所有。

(二) 专业自保公司

1. 专业自保公司的概念及性质

专业自保公司即自营保险公司,是指由非保险企业拥有或控制的保险公司,其主要业务对象为其母公司。它是一种由母公司紧密控制的、专为其母公司及其子公司提供保险服务的组织机构。母公司直接影响并支配着该专业自保公司的运营,包括承保、索赔处理的政策和投资行为等。专业自保公司是风险自留企业避免不合理税收的技术性产物,也是企业利用内部基金进行风险融资的高级形式。

专业自保公司出现于 19 世纪中期。当时,投保人发现传统的保险险种和保费率无法满足他们的保险需求,因而创建了自己的保险机构。19 世纪 40 年代,美国的一些船东由于不满意伦敦劳合社承保人提供的海上保险服务,因而创办了大西洋互助组织(Atlantic Mutual)。1845 年,伦敦的一些货栈主因为无法从保险人那里获得所需的保险保障,于是创办了皇家保险公司(Royal Insurance Company),以满足其承保要求。然而,这只是一些相互独立的事件,只能看作是专业自保公司的萌芽和雏形。直到 20 世纪 60 年代初,专业自保公司才开始真正发展起来,现在它们已成为国际保险市场上一支十分重要的力量。

2. 专业自保公司的分类

专业自保公司根据其所有权、经营范围、运作功能和注册地点的不同而有所差别。一般而言专业自保公司可按以下几种方法分类。

(1) 按所有权划分。专业自保公司既可以由一家独立的企业拥有,也可以代表多个彼此并不相关企业的利益。前者称为单亲专业自保公司,占全球专业自保公司总数量的75%;后者称为多亲专业自保公司,各参与公司共出保费、共担风险,这种方式在美国十分流行。另外,还有一种协会专业自保公司,其在组织框架和经营目的方面与多亲专业自保公司相似,区别在于协会专业自保公司是由专业组织、贸易协会和其他类似机构组建的。

(2) 按经营范围划分,专业自保公司可以分为纯粹专业自保公司和开放市场专业自保公司。前者仅承保其母公司业务的专业自保公司,大多数专业自保公司建立在这一基础之上;后者除了承保其母公司的业务,还承保其他公司的业务。

(3) 按运作功能划分,专业自保公司可以分为直接保险专业自保公司和再保险专业自保公司。基于直接方式运作的专业自保公司直接向客户签发保单;而基于再保险方式运作的专业自保公司则通过再保险人与保险人签发保单。由于许多国家仅允许那些被授权或那些因符合法律中地域要求而得到批准的保险公司经营部分或全部保险业务,所以直接保险专业自保公司在业务上受到了限制。

(4) 按注册地点划分。由于某些原因(如税率低和管制松等),许多专业自保公司都设立在“离岸”地区。例如,百慕大地区聚集了全球 1/3 以上的专业自保公司,这是因为该地除了无所得税和外汇管制,还有发达的证券交易系统、稳定的政治环境、完备的商业法律体系、高度发达的司法和专业人才结构、便利的海空交通和高度发达的保险业等强大优势。除了百慕大,专业自保公司的聚集中心还有开曼群岛、佛蒙特、巴巴多斯、卢森堡、新加坡、中国香港等地。在实践中,由于法律框架和政治方面等原因,专业自保公司一般还是在自己国内组建。

　　(5) 按经营方式划分。自保公司按经营方式可以分成单一自保公司、联合自保公司、风险自留集团、公共机构集团和租借式自保公司。单一自保公司是指由一个商业组织拥有的自保公司。联合自保公司又称集团自保公司,是指代表多个彼此并不相关的商业组织利益的自保公司。这些商业组织共出保费、共担风险。比如,A、B、C、D、E 五个参与公司分别交保费给同一个自保公司,该自保公司统一向再保险公司办理再保业务。风险自留集团是产生于美国的一种特殊形式的联合自保公司,其母公司是专门承保某种特定责任风险的组织。这种自保公司是经美国 1981 年的产品责任风险自留法案和 1986 年的责任风险自留法案的批准在美国成立的。1996 年,美国共有 67 个风险自留集团,其年保费额超过6.4亿美元。1981 年的法案允许为解决由产品责任保险给付无力或其他原因带来的受害人求偿无门的问题而成立以此为目标的风险资本集团。1986 年的法案扩大了自留集团可承保的责任风险范围。除了以上几种自保公司,美国还有大约 430 家公共机构集团,年保费额达50 亿美元。这种集团从法律上讲只是"区际集团",而并非正式保险公司,因此,这类机构不属于一般意义上的自保公司,但它确实是创新风险融通市场中的一个主要部分。公共机构集团的兴起主要是由于美国传统保险业在 20 世纪 70 年代中期和 80 年代中期发生的两次危机。租借式自保公司是指向与之并不相关的组织提供保险和自营保险,并将承保收益和投资收益的一部分付给被保险人的公司。它们通常是由一些保险中介人、投资者和风险管理人创办的离岸保险公司,其目的是吸引那些缺乏资金的商业组织或不愿意出资创办自保公司的商业组织投保。租借式自保公司实际上是保险人租赁了另外机构的资金,从而更有效地抵御其可能发生的风险。这里,被保险人并不实际控制自保公司,只是对其保费和保险事故赔偿的记录进行监管。尽管租借式自保公司创办时,在资金和管理方面较普遍的自保公司容易些,但一般而言,租借式自营保险只是一个短期的解决方案,经常需要高额的附属担保且成本很高,还容易产生巨大的财务交易对手风险。

专栏 5-2

专业自保公司现状

　　全球自保公司数量在 2015 年年底已达近 7 000 家。全球 500 强企业中有接近 70% 的企业设立了自保公司,全球自保公司总保费规模超过 500 亿美元。在美国,其全球 500 强企业中超过 90% 的企业设立了自保公司,自保公司责任险总保费约占北美责任险市场的40%;全美约有 30% 的工商业保费来源于自保公司。

　　2017 年 11 月 6 日,广东粤电财产保险自保有限公司(简称粤电自保)正式开业,这是国内获批开业的第七家自保公司。作为全球第三大保险市场,中国的自保公司主体还非常有限。在粤电自保获批开业之前,国内仅有 6 家自保公司,分别是中石油专属保险公司、中国铁路自保公司、中远海运自保公司、中石化自保公司、中海油自保公司、中广核保险公司。其中,中石油专属保险公司设在新疆克拉玛依,中国铁路自保公司设在北京,中远海运自保公司设在上海,其他三家自保公司均设在我国香港地区。

(参考资料来源:北京商报)

第六节　财务型非保险转移

一、财务型非保险转移概述

财务型非保险转移是指受补偿者将风险所导致损失的财务负担转移给补偿者(保险人除外)的一种风险管理技术。

财务型非保险转移与控制型风险转移的区别在于:第一,控制型风险转移是转移损失的法律责任,即通过合同或契约消除或减少转让人对受让人的损失责任和对第三者的损失责任;而财务型非保险转移是转让损失的财务负担,即转让人通过合同或契约的形式用外来资金补偿其确实存在的损失。第二,控制型风险转移将财产或活动连同损失责任都转让给受让人,而财务型非保险转移则只转移损失,不转移财产或经济活动本身。

财务型非保险转移与保险的区别在于:第一,就法律观点而言,财务型非保险转移不能被看作是一种保险行为;第二,财务型非保险转移中的受让人不是保险人;第三,因为财务型非保险转移的受让人不是保险人,所以其不会有意识地去接受大量的风险单位,并进行与之相关的风险预测;第四,财务型非保险转移通常需要通过其他合同或契约才能完成,如通过变更合同中的某些条款将损失转移给他人。

二、财务型非保险转移的方法

(一) 中和法

中和法是指将损失机会与获利机会相平衡的一种方法,通常被用于处理投机风险。例如,制造商因担心原材料价格变化所进行的套购以及出口商因担心外汇汇率变动而进行的期货买卖都属于中和法。所谓套购,就是买卖双方通过交易的相互约定,使可能的价格涨落损益彼此抵消。通常,商业机构、生产商、加工商和投资者利用期货价格和现货价格波动方向上的趋同性,通过在期货市场上买进或卖出与现货市场上方向相反但数量相同的商品,把自身承受的价格风险转移给投机者,达到现货与期货盈亏互补的目的。

例如,有一经销商于某年 9 月 1 日购买铜锭一批,价格为 200 万元,铜锭制成铜管后,预期于次年 1 月 10 日出售,届时可得 380 万元。然而,由于铜锭价格波动会影响铜管的价格,所以上述利润是不确定的。也就是说,该经销商可能因铜锭价格下跌而蒙受损失,也可能因铜锭价格上涨而获得超额利润。为了避免铜锭跌价所致损失,经销商可在 9 月 1 日购买铜锭的同时,与购货者订立于次年 1 月 10 日亦以既定价格出售铜管的合同,这样经销商就可以中和未来价格波动的风险。换而言之,经销商虽然可能因铜锭价格上扬而失去获超额利润的机会,但却免除了因铜锭价格下跌而蒙受损失的可能。

(二) 免责约定法

免责约定法是指合同的一方通过合同条款,将合同中发生的对他人人身伤害和财产损失的责任转移给另一方,即通过主要针对其他事项的合同条款来实现风险转移。

例如,机械加工企业在与客户签订机械加工合同时,可在协议条款中写明:若遇原材料价格上涨,合同价格应当上调,从而将其价格风险转移给客户。同样,客户也可以通过免责条款协议将其潜在损失转移给加工企业,如合同协议条款规定若加工企业延长工期,由此引起的原材料价格上涨风险由加工企业承担,并赔偿由于延误工期而给客户带来的损失。当然,双方在签订合同时都要紧紧围绕"合同条件"这个中心,而且寻求利用某条款转移风险的一方必须获得对方对该条款的认可。

需要指出的是,免责约定不同于责任保险,免责约定所转移风险的受让人不是保险人,而且其财产损失责任以合同责任下的损失为限。

(三) 保证书法

保证书是指由保证人对被保证人因其行为不忠实或不履行某种明确的义务而导致权利人损失并予以赔偿的一种书面合同。这里有保证人、被保证人和权利人三位当事人。保证书法是指权利人借助保证书将被保证人违约的风险转移给保证人。保证书的作用在于担保被保证人对权利人的忠实和有关义务的履行,否则保证人将赔偿权利人的损失。保证书通常用于以下明确的义务:清偿债务;在规定的期限内提供一定数量的产品;按要求的日期完成一项工程等。如果被保证人没有履行义务,保证人必须自己履行这项义务,或者按保证书的规定支付一定的罚金,然后保证人可以向被保证人追偿其损失。因此,保证人在签发保证书时,往往要求被保证人用现金或政府债券等作为担保品,以备索赔之用。

需要指出,保证书不同于保险合同(尤指财产保险合同),其区别主要有以下几点。

(1) 保证书的当事人有三方,即保证人、被保证人和权利人,而保险合同一般只有两方,即保险人和投保人(被保险人)。

(2) 在保证书中,被保证人通常为了得到担保而付出担保费,而因此得到保障的是权利人。但在保险合同中,被保险人则通常是通过购买保险来保障自己。

(3) 保证书中的损失有可能是由被保证人故意引起的,而保险损失对被保险人而言则必须是意外的。

(4) 在理想状况下,保证书中的担保不会有损失。因为如果有任何损失的可能性,保证人就不会签署这种保证书,况且保证人自己会在调查中发现潜在的损失。但在保险合同中,保险人则清楚地知道在被保险的群体中间会有一些损失——期望损失。在理想状况下,保证书的担保费不应该包括任何期望损失,所以这种担保费只需包括保证人的调查费和其他费用,并附加一定的利润和一定的意外准备金;而保费则必定包括期望损失。在实践中,保证人也会发生一些损失,因为他们的调查并不完全准确,但这样的损失在担保费中所占的比例远低于其在保费中所占的比例。

(5) 如果损失确实发生,保证人可以向被保证人求得补偿,但保险人对于被保险人则没有这种权利。尽管如此,在实践中,有些保证书与保险合同极为相似,如诚实保证。

三、财务型非保险转移的优势

(一) 可以转移某些无法通过保险转移的潜在损失

保险公司只承保可保风险,而且即使是可保风险,具体到某一保险公司来说,也不一定开办此项业务。财务型非保险转移所能处理的风险,既可以是纯粹风险,也可以是投机风险;既有可保风险,也有不可保风险。因此,某些风险就只能通过非保险途径来转移。在实践中,各种经济活动都需要签订大量的经济合同,人们就可利用经济合同中的某些条款来转移风险。

(二) 经济易行

财务型非保险转移操作非常灵活,不仅转移的责任可大可小,而且转移的成败主要取决于人们如何巧妙地运用各种法律知识、合同条款、合同语言、谈判技巧等。同时,合同本身的多样性为风险管理者灵活运用这一管理技术提供了充足的余地。另外,与保险相比,它无须支付保险费用,也无须做大量的工作,只要在合同条款上下功夫,一旦合同签订,风险转移就告成功。

(三) 有利于全社会控制风险

以建设施工合同为例,若承包人将因设计图纸的疏忽、错误、更改所造成的工程损坏及因此发生的拆除、修复等费用支出,以及承包人因此而发生的人工、材料、机械和管理费用等损失转移给发包人,则发包方就会更加严格、周密地审查设计图纸及其所提供的全部技术资料,以控制这类损失的发生。这种将潜在损失转移给那些能够更好地实施损失控制一方的做法,无疑会使损失发生的频率和损失幅度降低。

四、财务型非保险转移的局限性

(一) 受到法律和合同条款本身的限制

财务型非保险转移是通过合同双方所签订的协议条款来实现的,但法律和合同条款均有其明确的法律意义和标准,合同双方必须在严格遵循法律规定和合同条款的基础上,转移那些在法律及合同条款中没有规定,或者规定不够明确的损失责任,否则,这种转移将是不正当的、无效的。

另外,由于各国的法律、各种合同条款的规定以及人们的习惯均不相同,涉外经济活动中的各种合同在对合同语言的解释上可能会出现明显的差异。因此,在涉外经济活动中,非保险转移的局限性更大。近二三十年来,基于公众的舆论,许多国家纷纷通过立法对运用合同条款转移风险损失的做法加以限制。例如,英国《1997 年不公正的合同条件法》第二章规定:任何合同条件或通知,如果对因疏忽引起的人身伤亡的责任除外或加以限制的话,这些条件和通知均属无效。对因疏忽引起的财产损失责任的除外和限制,只有在法官对这类条件或通知经审查后认为合理时才能实施。

(二) 财务型非保险转移要支付一定费用

一般来说,风险承担者不可能无代价地接受被转移的损失责任,其条件可能会反映在合同价格上。例如,土建工程承包人常把保费作为单独一项列入其投标价格中。此外,财务型非保险转移的费用的支出主要还在于,一旦损失发生,为解决争端可能支付的一笔相当可观的诉讼费,它往往超过损失本身的经济价值。

(三) 风险承担者可能在财力上无法承担

在实践中,被转移的损失责任和风险损失一旦发生,可能会很严重,特别是人身伤亡事故,而非保险转移中风险承受者的承受能力是有限的,若风险承担者无力支付如此巨大的损失赔偿,则该转移无实际意义。因为根据合同关系不涉及第三者这一原则,只有合同当事人才受合同赔偿和除外责任条款的约束。例如,某合同规定,乙方在作业时由于疏忽而造成的第三者人身伤亡或财产损失由乙方承担,而当乙方接受该条款为甲方施工时,并不意味着这个条款能免除甲方对受到伤害的第三者(丙方)的赔偿责任。甲方只有在赔偿丙方以后,再向乙方索赔。若乙方的财产少于赔偿金额,甲方最多也只能得到乙方的全部财产,其差额部分由甲方自己承担。

(四) 风险承担者会谨慎接受风险

在非保险转移中,由于风险承担者不像保险公司那样存在大量风险单位的集合,其承担风险的能力和赔偿损失的财力都有限。风险承担者面临的风险损失往往波动很大。正因为如此,其在签订相关合同时将会持谨慎态度,而且会在合同中附加其他对自己一方有利的条款。因此,综合来看,此类非保险转移合同对风险转移方未必有利。

五、财务型非保险转移的适用情况

(一) 风险转移者和风险承担者之间的责任可以清楚地划分

在签订合同时,当事人要非常明确自己的责任损失的概念,双方对此的理解也要一致,并且一旦损失发生,其责任要能清楚地划分。

(二) 风险承担者能够且愿意承受适当的财务责任

显然,若风险承担者不愿承担损失责任或无经济实力支付损失赔款时,该转移技术就无法实施。在协商合同条款时,风险转移者必须明确地告诉风险承担者有关条款的全部含义及其可能产生的后果,风险承担者也应在对自己的承受能力作出适当的估计并充分衡量利弊之后,再作出相应的承诺。

(三) 这一技术的应用应符合双方的利益

财务型非保险转移技术的应用对风险转移者和风险承担者来说都应有利可图,其利益可能是直接的,也可能是间接的。显然,若仅对一方有利,则无利方将可能拒绝接受相关条款。

第七节　保　　险

美国约翰逊总统曾经说:"对于一个愿意帮助他人的人,我没有想到比购买保险更好的方法。"他这种说法的原因在于保险作为一种经济制度,它体现的是一种"一人为众,众人为一"的互助共济的精神和机制,这种制度的意义在于集合更广范围内的资源来共同分担少数遭受风险单位的损失。保险是一种传统而有效的风险管理措施。

一、保险的定义

关于保险的定义,众说纷纭。保险起初在英语中的含义是通过交付保费来取得损失补偿。但这样的说法作为保险的定义是很不完整的。后来,各国保险学研究者对保险赋予了各种定义,但迄今尚无举世公认的保险定义。

(一)经济角度对保险的定义

从经济角度来看,保险是分摊意外事故损失的一种财务安排。投保人购买保险实质上是将不确定的大额损失变成确定的小额支出,即保费。保险人集中了大量同类风险,能借助大数法则来正确预见损失的发生额,并根据保险标的损失概率制定保费率,通过向所有被保险人收取保费建立保险基金,用于补偿少数被保险人遭受的意外事故损失。因此,保险是一种有效的财务安排,体现了一定的经济关系。

(二)法律角度对保险的定义

从法律角度来看,保险是一种合同行为,体现的是一种民事法律关系。根据合同约定,一方为另一方提供的经济补偿或给付的权利体现了民事法律关系的内容——主体之间的权利和义务关系。

(三)我国保险法中的定义

《中华人民共和国保险法》第二条规定:保险是指投保人根据合同约定,向保险人支付保费,保险人对于合同约定的可能发生的事故因其发生所造成的财产损失承担赔偿保险金责任,或者当被保险人死亡、伤残、疾病以及达到合同约定的年龄、期限时承担给付保险金责任的商业保险行为。

二、保险的要素

(一)以特定的或约定的风险作为可保风险和保险责任

风险的客观存在使人们产生对保险的需求。尽管保险是人们处理风险的一种方式,它能为人们在遭受损失时提供经济补偿,但保险人并不是对所有破坏物质财富或威胁人身安全的风险都承保。可保风险是指保险人可以承保的风险,它是有条件有范围的。一方面,从社会效益、保险企业效益和经营技术考虑,保险人只能选择可保风险,即承保特定的灾害事故或事件并承担保险责任;另一方面,投保人从自身利益考虑,对其所面临的风险也要经过分析和筛选,有选择性地进行投保,从而降低成本。

可保风险有以下几个特性：①可保风险不具有投机性的特征；②可保风险必须具有不确定性，就每一个具体单独的保险标的而言，保险当事人事先无法知道其是否发生损失以及发生损失的时间和发生损失的程度如何；③可保风险必须是大量标的均有遭受损失的可能性；④可保风险必须是意外的；⑤可保风险可能导致较大损失；⑥可保风险在保险合同期限内预期的损失是可计算的。

专栏 5-3

保险公司可以承保什么样的风险？应该承保什么样的风险？

保险公司可承保的风险大都是纯粹风险，即有损失可能而无获利可能的风险，一般是静态风险而非动态风险，即在社会经济结构条件不变的情况下可能发生的风险。之所以可保风险不能是投机风险、动态风险，是因为投机风险、动态风险的运动不规则，重复性差，规律性不强，难以适用大数法则准确预测估量。而且，有些投机风险还被国家法律和社会道德所禁止。据此，火灾、爆炸等风险为可保风险，而股票买卖、赌博等投机风险则不可能成为可保风险。

保险公司承保的风险不能涉及违法问题，不能与社会最基本的价值观念或道德观念相冲突。英国有个保险公司在 20 个世纪推出过两款保险产品：一个叫作"吸毒者保险"，另一个叫作"妓女保险"。其理由是，吸毒者和妓女也是人，他们在吸毒或从事卖淫活动时也都可能遭受各种意外、死亡或伤残等风险，因此，他们也需要保护。这两款保险产品推出后，英国社会舆论哗然，许多人认为这是与社会的道德观念或价值观相冲突的，这种保险产品是对败德行为的纵容。最后，该公司不得不停止这两款产品的销售。

（参考资料来源：北京大学中国保险与社会保障研究中心）

（二）保险必须对保险事故造成的损失给予经济补偿或给付

经济补偿是指这种补偿不是恢复已灭失的原物，而是用货币进行补偿。例如，财产保险主要是针对保险标的的损失给予被保险人一定的经济补偿；人身保险是用经济补偿的方法来弥补由于人的死亡或残疾而使个人或家庭的收入减少、支出增加的经济负担，并不是保证人们恢复已失去的劳动力或生命。

（三）保险必须结合多数经济单位进行互助共济

保险是一种"一人为众，众人为一"的同舟共济、相互扶助的经济形式。保险这种互助共济形式的形成过程既是风险集合的过程，又是风险分散的过程。具体来讲，众多投保人将其所面临的风险转嫁给保险人，保险人通过承保将众多风险集合起来，当保险责任范围内的损失发生时，保险人又将少数人发生的风险损失分摊给全部投保人，也就是通过保险补偿行为分摊损失，将其集合的风险予以分散转移。因此，保险以多数经济单位的结合为必要条件，其结合方式有如下两种：一是直接结合，即在一定范围内，处在同类风险中的多数经济单位因一致的利益组成保险集合体；二是间接结合，即由第三者充当保险经营主体,使处在同类风险中的多数经济单位通过交纳保费的形式,由保险经营主体即保险公司促成其结合。

(四) 合理计算分担金,建立保险基金

保险在形式上是一种经济保障活动,而实质上是一种商品交换行为,即保险人承保某一特定风险必须在保险合同期间内收取足够数额的保费,以聚集资金支付赔款和各项费用开支,并获得合理的利润。因此,厘定合理的保费率(即分担金)便构成了保险的基本要素。保费率要依据概率论和大数法则的原理进行科学计算。保费率过高会增加投保人和被保险人的负担,保险需求会受到抑制;反之,保费率过低,保险供给得不到保障,就无法为被保险人的损失提供可靠的足额补偿。因此,保费率的厘定必须合理。

保费率的厘定一般遵循两条原则:第一,区别对待原则,即根据每个投保人保险标的的风险程度来核定保费率。如果保险人对所有投保人实行相同的保费率,必然导致风险低者为风险高者做出补贴,最后致使一部分风险较小的人退出保险,而剩下风险较高的对象,这样每人的分担金额必然过大,以致无法分担。第二,收支平衡原则,即保持被保险人和保险人之间的保费与赔偿、给付总额的平衡。

保险的分摊损失与补偿损失功能是通过建立保险基金实现的。保险基金是指用以补偿或给付因自然灾害、意外事故和人体自然规律所致的经济损失和人身损害的专项货币基金,它主要来源于保险公司的开业资金和后期收取的保费。无保险基金的建立,也就无保险的补偿与给付,也就无保险可言。

(五) 通过订立保险合同确定保险关系

保险是一种经济关系,是投保人与保险人之间的经济关系,这种经济关系是通过合同的订立来确定的。保险专门针对意外事件和不确定事件造成的经济损失给予赔偿,但风险是否发生,何时发生,其损失程度如何,均具有较大的随机性。保险的这一特性要求保险人与投保人应在确定的法律或契约关系约束下履行各自的权利与义务。倘若双方不具备在法律上或合同上规定的权利与义务,那么其保险经济关系则难以成立。因此,订立保险合同是保险得以成立的基本要素,也是保险成立的法律保证。

三、保险的对象

保险的对象是指保险人在观察大量风险现象的基础上承担保险责任的各类风险客体,如房屋、货物、车辆、船舶、农作物、牲畜、责任、信用、债权以及人的生命和身体机能等。归纳起来,保险的对象主要是两类标的物。一是物质标的物,其承保对象是被保险人享有绝对的所有权与支配权的物质标的物的经济价值。物质标的物有两种存在形态,即有形标的物和无形标的物。二是人身标的物,其承保对象就是被保险人的生命和身体机能。

人身标的物与物质标的物的区别在于:①人的生命和身体机能不能像非人身标的物那样有准确的估价,因此,人身标的物的保险金额没有具体的标准;②人一旦死亡或身体机能发生永久性伤残、衰老则无法恢复,而非人身标的物的损失一般可以得到复原;③人的生命和身体机能是不能转让和出卖的,而多数非人身标的物可以转让和出卖。

四、保险的职能

（一）保险的基本职能

保险的基本职能是通过集中保费、建立保险基金，为特定风险后果提供经济保障。简而言之，保险的经济保障职能包括分摊损失和补偿损失。

1. 分摊损失

从本质上来说，保险是一种分摊损失的机制，这一机制建立在灾害事故的偶然性和必然性这种矛盾对立统一的基础上。对个别投保单位和个人来说，灾害事故的发生是偶然的和不确定的。但对所有投保单位和个人来说，灾害事故的发生却是必然的和确定的。保险机制之所以能运转自如，是因为被保险人愿意支付小额确定的保费来换取大额不确定的损失补偿。保险组织通过向众多的投保成员收取保费来分摊其中少数不幸成员遭受的损失。

保险发挥其分摊损失职能的关键是预计损失。在实践中，保险公司运用大数法则可以掌握灾害事故发生的规律，从而使分摊损失成为可能，即大数法则是分摊损失的数理基础。

2. 补偿损失

保险通过将保险基金用于对少数成员因遭遇自然灾害或意外事故所受到的损失给予经济补偿，从而有助于人们抵抗灾害、保障经济活动的顺利进行，以及帮助人们在受难时获取经济援助。

保险的损失补偿职能在不同的情况下和不同的险种中表现为不同的形式：在财产保险中表现为补偿被保险人因灾害事故所造成的经济损失；在责任保险中表现为补偿被保险人依法应负担的对第三方的经济赔偿；在人身保险中表现为对被保险人或其指定的受益人支付约定的保险金。虽然具体表现形式可以多种多样，但损失补偿的实质是对被保险人遭遇灾害事故后给予一定的经济补偿，减少风险事件给被保险人带来的损失。保险损失补偿职能的发挥是基于人们对分散风险的需要和对安全感的追求，因此，这一职能是保险最本质的职能，也是保险的最终目的。

保险的两个基本职能是相辅相成的，分摊损失是达到补偿损失的一种手段，而补偿损失是保险的最终目的。没有损失分摊就没法进行损失补偿，两者相互依存，体现了保险机制运行中手段与目的的统一。

（二）保险的派生职能

保险制度随着生产力的发展而逐步完善，因此，保险的职能也有了新的扩展，即在基本职能的基础上派生出资金融通、社会管理等新的职能。

1. 资金融通职能

18世纪以来，随着资本主义商品经济的发展，保险制度得到了发展和完善。特别是精算制度的建立，大大促进了寿险业的发展。19世纪以后，西方主要资本主义国家相继完成了工业革命，生产力水平得到极大提高，金融业也随之得到长足发展。许多商业保险公司作为契约型储蓄机构筹集了大量资金，这些资金具有来源稳定、期限长、规模大的特点，内在的投资需求使保险公司不仅为经济发展提供了大量建设资金，而且成为资本市场的重要机构投资者。因此,保险在经济补偿功能的基础上又具有了资金融通职能。

保险的资金融通职能主要体现在两个方面。一方面,保险公司通过开展承保业务,将社会中的闲散资金汇集起来,形成规模庞大的保险基金,即将各经济主体和个人的可支配收入中的一部分以保费的形式聚集起来,从而起到分流部分社会储蓄的作用,有利于促进储蓄向投资的转化。另一方面,保险公司通过投资将积累的保险资金运用出去,以满足未来支付赔偿和保险基金保值增值的需要。由于保险基金的资金来源稳定、期限较长、规模庞大,其通过持股或者相互参股的形式成为资本市场上重要的机构投资者和资金供应方,是金融市场中最为活跃的成员之一。同时,由于其要考虑到未来对被保险人的偿付,因此其投机性不强,是资本市场中重要的稳定力量。

2. 社会管理职能

1) 社会管理职能的产生

20世纪以来,随着西方发达国家市场经济的发展,保险业得到了快速发展,逐步融入现代社会经济制度。保险作为风险管理最基本、最有效的手段,贯穿人的生、老、病、死全过程,在社会经济生活中扮演着越来越重要的角色。保险所提供的已经不仅仅是产品和服务,而且成为一种有利于社会安全稳定的制度安排,渗透经济的各行各业、社会的各个领域、生活的各个方面,它在参与社会风险管理、减少社会成员之间的经济纠纷、完善社会保障制度、维护社会稳定等方面发挥着积极作用,具有了社会管理职能。

近年来,保险的社会管理职能在我国也开始被人们接受并认可。越来越多的人把保险作为改善生活的预期、提高未来生活质量的重要手段,通过保险来解决子女教育、家庭健康以及自己的养老等问题。一些保险公司积极与公安、消防、交通、气象等部门配合,开展防火、防灾和预防交通事故等宣传工作,提高了社会对防灾防损重要性的认识,减少了可能发生的人民生命和财产损失。

2) 社会管理职能的内涵

一般来讲,社会管理是指对整个社会及其各个环节进行调节和控制的过程,其目的在于正常发挥各系统、各部门、各环节的功能,从而实现社会关系和谐,整个社会良性运行和有效管理。保险的社会管理职能不同于国家对社会的直接管理,而是通过保险内在的特性促进经济社会的协调以及社会各领域的正常运转和有序发展。具体来说,保险的社会管理职能大体可以归结为以下四个方面。

(1) 社会保障管理职能。社会保障被誉为"社会的减震器",是保持社会稳定的重要条件。商业保险是社会保障体系的重要组成部分,在完善社会保障体系方面发挥着重要作用。一方面,商业保险可以为城镇职工、个体工商户、农民和其他没有参与社会基本保险制度的劳动者提供保险保障,有利于扩大社会保障的覆盖面。另一方面,商业保险具有产品灵活多样、选择范围广等特点,可以为社会各阶层提供多层次的保障服务,提高社会保障的水平,减轻政府在社会保障方面的压力。此外,保险业为社会提供了大量就业岗位,对缓解社会就业压力、维护社会稳定、保障人民安居乐业作出了积极贡献。

(2) 社会风险管理职能。风险无处不在,防范控制风险和减少风险损失是全社会的共同任务。保险公司从开发产品、制定保费率到承保、理赔的各个环节,都直接与灾害事故打交道,不仅具有识别、衡量和分析风险的专业知识,而且积累了大量的风险损失资料,为全社会风险管理提供了有力的数据支持。同时,保险公司能够积极配合有关部门做好防灾防损工作,并通过采取差别保费率等措施鼓励投保人和被保险人主动做好各项预防工作,降低风险发生的概率,实现对风险的控制和管理。

（3）社会关系管理职能。在应对灾害损失方面,保险不仅可以根据保险合同约定对损失进行合理补偿,而且可以提高事故处理的效率,减少当事人可能出现的各种纠纷。保险介入灾害处理的全过程,参与到社会关系的管理之中,逐步改变了社会主体的行为模式,为维护政府、企业和个人之间正常、有序的社会关系创造了有利条件,减少了社会摩擦,起到了"社会润滑器"的作用,大大提高了社会运行的效率。

（4）社会信用管理职能。完善的社会信用制度是建设现代市场体系的必要条件,也是规范市场经济秩序的治本之策。最大诚信原则是保险经营的基本原则,保险公司经营的产品实际上是一种以信用为基础、以法律为保障的承诺,在培养和增强社会的诚信意识方面具有潜移默化的作用。同时,保险在经营过程中可以收集企业和个人的履约行为记录,可以为社会信用体系的建立和管理提供重要的信息资料来源,实现社会信用资源的共享。

如上所述,现代保险的职能是一个历史演变和实践发展的过程。发展至今,保险已经具备了经济保障、资金融通和社会管理三大职能。其中,经济保障职能是现代保险的最基本职能,这是由保险的本质属性所决定的,是保险区别于银行、证券等其他行业最根本的特征,也是保险业生存与发展的本源所在。资金融通职能和社会管理职能是在保险经济保障职能的基础之上派生出来的职能。只有当保险具备了经济保障职能,能够满足人们分散风险的需要和对安全感的追求时,人们才会去购买保险,由此保险基金才能够聚集起规模庞大的资金来发挥其资金融通职能。正是由于具有资金融通职能,保险业才能成为国际资本市场的重要资产管理者,特别是通过管理养老基金,保险成为社会保障体系的重要力量。现代保险的社会管理职能是保险业发展到一定程度并深入到社会生活的诸多层面之后产生的一项重要职能。社会管理职能的发挥在许多方面都离不开经济保障和资金融通职能的实现。同时,随着保险的社会管理职能逐步得到发挥,其经济保障和资金融通职能的发挥具有了更加广阔的空间。因此,保险的三大职能之间既相互独立又相互联系、相互作用,形成了一个统一、开放的现代保险职能体系。

五、保险的业务种类

（一）财产保险的业务种类

财产保险的分类方法很多,按保险价值和保险金额可分为定值保险、不定值保险、原值保险、实际价值保险、重置价值保险等;按保险金额与保险价值的数量关系可分为足额保险、不足额保险、超额保险等;按财产保险标的可分为财产损失保险、责任保险和信用保证保险。

1. 财产损失保险

财产损失保险是指以被保险人的有形物质财产及其相关利益的损失风险为保障内容的各种保险业务的统称，是财产保险业传统的、最主要的业务来源。通常，财产损失保险按承保对象的性质分为以下几类。

1）火灾保险

火灾保险简称火险，是指以存放在固定场所并处于相对静止状态的财产物资为保险标的，由保险人承担被保险财产遭受保险事故损失的经济赔偿责任的一种财产损失保险。早期，此类保单中的基本承保风险为火灾、雷电、爆炸。

2）运输保险

运输保险是指以流动状态下的财产为保险标的的一种财产损失保险，通常包括货物运输保险和运输工具保险两类。

3）工程保险

工程保险是指以各种在建工程项目为主要承保对象的一种财产损失保险，包括建筑工程险、安装工程险、科技工程险等。

4）农业保险

农业保险是指以生长中的农业财产为承保标的，以农业生产经营者为保险对象，为其在种植业、养殖业等生产经营中发生合同约定事故造成的损失承担赔偿责任的一种财产损失保险。农业保险一般分为种植业保险和养殖业保险两类，其中，种植业保险是各种农作物保险及林木保险的总称，养殖业保险是畜禽保险、水产养殖保险等险种的总称。农业保险的经营管理有自身的特色，由于农业保险具有经济意义重要性、风险广泛性及经营高难度性的特点，在国外，农业保险基本上都受到专门农业保险立法的保护。在经营形式上，农业保险一般采取合作保险的形式，政府对农业保险经营者实行减免税政策，或政府承担部分费用支出，对农业保险经营者进行超赔补偿、保费补贴等，并对部分险种实施强制保险，以体现政府对农业保险的扶持，促进农业保险的健康发展。

2. 责任保险

责任保险是指以被保险人的民事损害赔偿责任为保障对象的一种财产损失保险，是财产保险中发展较晚的险种。在西方发达国家，责任保险发展迅速，已成为与传统财产保险相独立的一类重要业务。除了依附于运输工具保险的第三者责任险，专门的责任保险品种主要有以下四种。

（1）公众责任保险，承保被保险人在固定场所进行生产、经营或其他各项活动中由于意外事件造成第三者人身伤害或财产损失而依法应承担的赔偿责任。

（2）产品责任保险，承保制造商或销售商因生产或销售有缺陷的商品致使消费者或用户遭受损害而依法应承担的赔偿责任。

（3）雇主责任保险，承保雇主根据法律或雇佣合同应对雇佣人员的人身伤亡等损失承担的经济赔偿责任。

（4）职业责任保险，承保各种专业人员因工作上的疏忽或过失造成他人损害的经济赔偿责任。

3. 信用保证保险

信用保证保险的承保对象主要是保险客户的各种商业信用风险,它包括信用保险和保证保险。

1) 信用保险

信用保险是指以在商品赊销和信用放款中债务人的信用作为保险标的,保险人对债务人未能如约履行债务清偿责任而遭受的损失提供经济赔偿的一种保险。信用保险可分为国内信用保险和出口信用保险。国内信用保险包括贷款信用保险、赊销信用保险、预付款信用保险和个人贷款信用保险等。出口信用保险主要承保出口商以商业信用付款方式交易过程中面临的各种风险,主要包括商业信用风险、政治风险、外汇风险等。出口信用保险不以营利为目的,目的在于鼓励本国出口,提高本国出口产品在国际市场上的竞争能力。出口信用保险一般由政府直接办理,或政府委托保险公司代理,由政府给予财政支持或免税优待。

2) 保证保险

保证保险是指保险人为被保险人向权利人提供信用担保的一种保险,即当被保险人违约不履行义务致使权利人遭受经济损失时,由保险人承担经济赔偿责任。保证保险的主要种类有忠诚保证保险、履约保证保险、投资保证保险。忠诚保证保险是指当权利人因被保证人的不诚实行为造成雇主的损失时,由保险人负责赔偿。履约保证保险主要承保因被保证人不按约定履行义务而给权利人造成的经济损失。投资保证保险亦称政治风险保险,它主要承保被保险人(投资人)的投资项目由于投资所在国的政治风险而遭受的资本和收益损失。投资保证保险的保险责任主要包括:战争行为、叛乱、罢工及暴动,政府有关部门征用或没收,政府有关部门汇兑限制,等等。

(二) 人身保险

人们人身保障需求的多样性及可变性,决定了人身保险险种的多样性及新险种的层出不穷。因而,在实务中人身保险在不同的场合,根据不同的要求,有不同的分类方法,下面本书主要根据人身保险的保障范围进行分类。

1. 人寿保险

人寿保险是以人的生命为保险标的的人身保险,其保险合同的给付条件是被保险人的生存、死亡或生死两全。人寿保险是人身保险的主要种类,由于其自身的特性,通常在做保险业务统计及业务监管中,人们一般将其单列为寿险业务,而人身保险中的意外险及健康险则与财产险业务被并列为非寿险业务。

2. 人身意外伤害保险

人身意外伤害保险是指以被保险人因遭受意外伤害事故造成的死亡或残废为保险标的的人身保险,其主要特征是保费低、保障性大,通常不具备储蓄性。

3. 健康保险

健康保险是指以被保险人因意外事故、疾病、生育所致的医疗费用支出和工作能力丧失、收入减少及护理费用支出为保险标的的人身保险。健康保险包括医疗保险、疾病保险、失能收入保险及长期护理保险四个品种。

本 章 小 结

（1）从其对处理风险的过程来看，风险管理技术可以归纳为两大类，即控制型风险管理技术和财务型风险管理技术。其中，控制型风险管理技术通过降低风险发生的频率和幅度减少其造成的损失。财务型风险管理技术则不改变风险因素，而是通过经济手段弥补风险事故发生后的经济损失。控制型风险管理技术理论比较重要的有多米诺骨牌理论、能量破坏性释放理论、多因果关系理论和系统安全理论。

（2）风险回避又称风险规避，是指考虑到影响预定目标达成的诸多风险因素，结合决策者自身的风险偏好和风险承受能力，从而做出的中止、放弃某种决策方案，或调整、改变某种决策方案的风险管理技术。这种风险管理技术在风险产生之前将其化解于无形，简单易行，将风险发生的概率降低到零，有效避免了可能遭受的损失。

（3）损失控制是指采取各种措施降低风险发生的概率，或在风险发生后减少其损失。一般地，降低风险发生概率称为损失预防，减少损失称为损失抑制。损失控制是一种积极的风险管理技术，它可以克服风险回避的种种局限性。

（4）风险转移分为三大类：一是控制型风险转移；二是保险；三是财务型非保险转移。控制型风险转移是指借助降低风险单位的损失频率和缩小其损失幅度的手段将损失的法律责任转移给非保险业的另一经济单位的管理技术，包括出售（或租赁）、分包和签订免除责任合同三种形式。

（5）风险自留也称为风险自担，是指企业自己非理性或理性地主动承担风险损失的一种风险管理技术。风险自留是企业在发生损失后主要的筹资方式，是重要的风险管理手段。风险自留目前在发达国家的大型企业中较为盛行，其高级形式包括自保和专业自保公司。

（6）财务型非保险转移是指受补偿者将风险所导致损失的财务负担转移给补偿者（保险人除外）的一种风险管理技术。财务型非保险转移的方法包括中和法、免责约定法和保证书法。

（7）保险是指投保人根据合同约定向保险人支付保费，保险人对于合同约定可能发生的事故因其发生所造成的财产损失承担赔偿保险金责任，或者当被保险人死亡、伤残、疾病以及达到合同约定的年龄、期限时承担给付保险金责任的商业保险行为。

关键概念索引

控制型风险管理技术　财务型风险管理技术　多米诺骨牌理论　能量破坏性释放理论
多因果关系理论　系统安全理论　风险回避　损失控制　损失预防　损失抑制
财务型非保险转移　风险自留　自保　专业自保公司　出售　租赁　分包
签订免除责任合同　中和法　免责约定法　保证书法　保险

复习思考题

1. 简述风险管理技术的分类。
2. 简述多米诺骨牌理论。
3. 简述风险回避的优缺点。
4. 简述风险自留的优缺点。
5. 简述保险的业务种类。
6. 简述可保风险的要素。
7. 简述保险的优缺点。

第六章 风险管理决策

本章要点

- 风险管理决策的含义和特征
- 风险管理决策的原则
- 损失期望值分析法和效用值分析法

思政目标

（1）将风险管理决策方法与马克思主义方法论紧密联系，将人民群众生命财产安全风险降低到最小程度。

（2）运用科学、客观的方法进行风险管理，作出合理、正确的决策。

在风险管理中，风险管理者对风险采取的应对措施就是风险管理决策所要解决的问题。决策是指在一定的条件下按照一定的行为准则对方案进行选择。针对企业面临的风险，风险管理者有很多种不同的方法来应对，但要选择最为合适的应对方法。

第一节 风险管理决策概述

一、风险管理决策的含义

风险管理决策又称风险决策，是指风险管理者根据风险管理目标合理地选择风险处理的技术和手段，进而制定风险管理总体方案和行动措施。风险管理决策内容丰富，贯穿风险管理活动的始终。风险管理目标是风险管理决策的基础和前提，同时，风险管理目标应该也必须体现在决策方法和决策结果中。由于风险的多样性和复杂性，最佳风险处理手段往往不是对某一种手段的单一选择,在许多情况下,常常是对多种处理手段的组合选择。

在宏观层面上,风险管理决策是对整个风险管理活动的计划和安排,但在微观的层面上,对具体的实施过程而言,风险管理决策则是指运用科学的决策理论和方法选择风险处理的最佳手段。一般来说,风险管理决策的程序应该包括确定风险管理目标、设计风险处理方案、选择最佳风险处理方案。

二、风险管理决策的特征

企业风险管理决策是根据风险管理的总目标进行的决策,而风险管理的总目标与企业的经营管理目标是一致的。从这个意义上讲,风险管理决策与一般的管理决策没有什么不同,都要分析决策方案的技术可行性和经济合理性。然而由于风险的可变性,风险随时可能出现新情况、新问题,风险管理决策具有以下四个特点。

(1) 风险管理决策以风险可能造成的损失结果为对象,根据成本和效益的比较原则,选择成本最低、安全保障效益最大的风险处理方案。

(2) 风险管理决策属于不确定情况下的决策,因此,概率分布成为风险管理决策的客观依据,同时,决策者对风险的主观态度构成了风险管理决策的主观依据。

(3) 由于风险具有随机性和多变性,在决策过程中,随时可能出现新的情况和新的问题,决策者必须定期评价决策效果并适时进行调整。

(4) 风险管理决策的绩效在短期内难以实现。风险较为抽象和隐蔽,其严重性只有在事件发生后才能清楚地反映出来,因此,整个风险管理过程比较复杂,并且在短时间里效果不一定明显。

三、风险管理决策的程序

(一) 确定风险管理目标

风险管理的总目标和基本准则是以最小的成本获得最大的安全保障。在进行风险管理决策时,决策者必须根据不同的风险情况,诸如自身的经济状况和面临的风险类型,来确定风险管理的目标。

(二) 设计风险处理方案

风险处理方案是各种风险处理手段的有机结合,特定的风险处理方案只有针对特定的风险在特定的条件下才能体现出其最直接也最有效的效果,脱离特定的风险和特定的条件来设计风险处理方案是毫无意义的。

(三) 选择最佳风险处理方案

在设计了风险管理方案后,风险管理者就需要通过比较分析主要的风险处理手段、次要的风险处理手段和补充的风险处理手段,以及每一种手段和措施的特点,来进行选择和决策,并寻求各种处理手段的最佳组合。

四、风险管理决策的原则

风险管理决策在风险管理过程中具有非常重要的作用,是风险管理的核心,风险管理决策应遵循以下几项基本原则。

(一) 全面周到原则

经过调查分析,每一个经济单位面临的风险多种多样,风险管理的目标也可细分为多个目标,如损前目标、损后目标等。要实现不同的目标,对不同风险的处置往往需要采用多种措施,每一种措施都有各自的使用范围和局限性。风险管理决策就是要对所有可供选用的措施进行仔细分析,权衡比较,在全面周到的基础上寻找应对风险的最佳方案。

(二) 量力而行原则

风险管理为人们提供了一种与风险做斗争的科学武器,但这个武器的应用是需要付出一定成本的。而同样的成本对具有不同经济单位的影响是迥然不同的,即使同一单位在其不同发展时期对同样成本的反应也是不一致的。

对以盈利为重要指标的企业而言,风险管理人员要分析风险管理成本对企业盈利的影响。一般情况下,随着风险管理成本的增加,企业的盈利能力随之提高,但当管理成本增加到某一点后,情况发生变化,即继续增加的成本将导致企业的盈利能力下降。因此,风险管理人员要尽可能找到管理成本的转折点,以保证风险管理的经济性。

(三) 成本效益比较原则

随着风险管理成本的增加,风险主体所获得的安全保障程度一般将提高,但高成本的风险管理决策未必是最好的决策,因为风险管理的总体目标是以最少的经济投入获取最大的安全保障。因此,风险管理人员在决策过程中要以成本与效益相比较原则为权衡决策方案的依据。在实际运作中,比较可行的办法是在获取同样安全保障的前提下选择成本最小的决策方案。

(四) 注重运用商业保险,但不忽视其他方法

为了实现风险管理的损前目标,风险管理人员可采取的方法包括设置预警系统、添加备用设备、进行人员培训等。这些措施的落实既可以减少灾害事故发生的概率,又能够降低事故发生所造成的损失。由于风险的复杂多变性和人类对客观世界认识的局限性,人们所采取的风险预防和控制手段无法从根本上消除风险。保险是处理风险传统而有效的措施,尤其是针对那些估测不准、发生概率小但损失程度很大的风险。选择保险并不意味着放弃其他方法,为了减少附加保费的支出,风险管理人员也可以适当地考虑一些其他的方法,如风险自留或自保等。

第二节　损失期望值分析法

损失期望值分析法是指以损失期望值作为决策依据,在众多的风险管理方案中选择损失期望值最小者为最佳方案的一种风险管理方法。

一、损失矩阵

在风险管理决策过程中,由于风险处置手段的多样性以及每一种风险处理方案成本内容的复杂性,风险管理人员利用损失矩阵来描述各种决策方案、反映风险管理决策效果是非常有用的。

损失矩阵可以揭示特定风险在不同的决策方案下可能产生的损失额和费用额。建立损失矩阵必须具备以下基本要件:第一,风险可能出现的情况,如风险事故是否发生,以及如果发生可能造成的损失情况,如全损、部分损失或者不损失等,这些情况一般以概率的形式来表述;第二,风险事件可能造成的损失后果,即在不同的情形下可能出现的损失金额和成本费用额,这些损失后果一般以货币价值来表示;第三,决策方案,即针对风险所拟定的措施和行动方案,如采取保险、自留或者带有免赔额的保险等。

下面我们以具体的案例来说明损失矩阵的应用。

[例 6-1]　某栋建筑物面临火灾风险。为了简化问题,我们只选择该栋建筑物不发生损失和全部发生损失两种情况。风险管理者针对火灾风险拟采取以下三种措施:①自留风险;②自留风险并采取必要的安全措施——安装灭火设备;③购买保险。

根据上述条件中有关的损失金额和费用额,我们建立如表 6-1 所示的火灾损失矩阵。

表 6-1　火灾损失矩阵　　　　　　　　　　　单位:元

方案	火灾损失结果			
	火灾发生的损失额		火灾不发生的费用支出	
自留风险	可保损失 不可保损失 合计	100 000 5 000 105 000	费用	0
自留风险并采取安全措施	可保损失 不可保损失 安全措施费用 合计	100 000 5 000 3 000 108 000	安全措施费用 合计	3 000 3 000
购买保险	保费 合计	5 000 5 000	保费 合计	5 000 5 000

根据火灾损失矩阵,我们可做如下决策分析。

(1)风险管理者采取自留风险的处理方案,一旦建筑物发生火灾,可保损失为100 000元,不可保损失为 5 000 元,共计 105 000 元。如果不发生火灾,则损失为 0。

(2)风险管理者采取自留风险并采取安全措施——安装灭火设备,一旦建筑物发生火灾,可保损失为 100 000 元,不可保损失为 5 000 元,安全措施费用为 3 000 元,共计 108 000元。如果不发生火灾,由于安全措施的相关费用已经支付,损失金额总计为 3 000 元。

(3)风险管理者采取购买保险的方案,如果火灾发生,保险公司将全额赔付可保损失和不可保损失,其损失为支出保费 5 000 元;如果不发生火灾,其仍要支付保费 5 000 元。

二、风险管理决策方法的选择

建立了损失矩阵后,风险管理者还需要确立决策目标,不同的决策目标将决定不同的决策方案。风险管理决策的对象是未来的不确定性,即风险,而风险的大小与风险发生的概率和造成的损失有关,因此风险管理者必须根据风险发生的概率和损失程度来做出决策。根据损失概率能否确定,风险管理决策方法一般分为两种:一种是损失概率无法确定时的风险管理决策方法,另一种是损失概率能够确定时的风险管理决策方法。

(一)损失概率无法确定时的风险管理决策方法

在损失概率无法确定时,风险决策属于不确定性风险决策,根据决策目标的不同,决策方法也就不同:一是使最大潜在损失最小化的方法,即最大最小化法;二是使最小潜在损失最小化的方法,即最小最小化法。

1. 最大最小化法

在损失概率无法确定的情况下,通常最大潜在损失即风险事件发生时带来的最坏的损失后果。最大最小化法是指为达到使最大的潜在损失减少到最低限度的目的,风险管理者会比较各种风险处理方案在最坏的情况下可能出现的最大损失额,以损失额最小者为最优方案。由于这种方法过于保守,故这类风险管理者被称为"悲观主义者"。例如,在[例6-1]中,三种方案的最大损失分别是105 000元、108 000元和5 000元,按照此方法,方案(3)——购买保险为最优方案。

2. 最小最小化法

在损失概率无法确定的情况下,通常最小潜在损失是指风险事件不发生的情况下企业所须承担的各种费用支出,此时,决策者将选择最能节约费用支出和最能减轻风险负担的方案为最优方案。这就是最小最小化法,一般而言,风险自留是最小最小化法中的常用方案,而采用最小最小化法的风险管理者属于"乐观主义者"。例如,在[例6-1]中,三种方案的最小损失分别是0元、3 000元和5 000元,选择最小的0元,按照最小最小化法,方案(1)——自留风险为最优方案。

需要注意的是,以上两种方法是一种很粗糙的决策方法,风险管理者只考虑了风险发生的最坏情况下和风险不发生的情况,容易在进行风险管理决策时走向极端。

(二)损失概率能够确定时的风险管理决策方法

在损失概率能够确定或者有较大把握估计时,风险管理者可将风险事件可能出现的各种损失结果与其相应的概率结合起来,从而确定风险管理目标,并进行最优方案的选择。在损失概率能够确定或者有较大把握进行估计的情况下,最有价值、最实用的风险管理目标和决策原则应该是将一定时期内预期的损失额降到最低限度。此时,风险管理者一般采用损失期望值分析法,即通过计算,比较各种可选方案下的损失期望值,选择最小的作为最佳方案。

我们仍以[例6-1]为例,根据所提供的信息,假设建筑物不采取安全措施发生全损的概率为2.5%,采取安全措施后发生全损的概率降低为1%,那么三种方案的期望损失分别为:

(1) $105\ 000 \times 2.5\% + 0 \times 97.5\% = 2\ 625$(元)。

(2) 108 000×1％＋3 000×99％＝4 050(元)。

(3) 5 000×2.5％＋5 000×97.5％＝5 000(元)。

从上述计算结果可以看出,方案(1)的期望损失 2 625 元为最小,按照损失期望值最小的原则,方案(1)应为最佳风险管理决策方案。

三、忧虑成本的影响

在[例 6-1]中,按照损失期望值分析法的计算结果,自留风险是最优方案。但在实际操作中,很多风险管理者宁愿选择购买保险作为风险管理决策方案。这是由于在面对风险的时候,很多风险管理者基于对高额损失的担忧和对自身风险把握能力的怀疑,会产生一种主观的隐形成本——忧虑成本。

(一) 忧虑成本的含义

风险事件具有在未来时期内发生与不发生、风险损失结果出现与不出现等种种情形的不确定性,因此,风险管理者会对待所选择的风险处理方案是否能达到预期的目标,以及一旦出现最不利的后果会给企业生产经营目标的顺利实现带来的影响产生种种担心和忧虑,这些担心和忧虑在风险管理决策的过程中会产生忧虑成本。在损失矩阵中,考虑适当的忧虑成本可以使各种决策方案关于风险事件的损失结果和风险负担的比较分析更为完善、更符合实际。

(二) 影响忧虑成本的因素

忧虑成本具有高度主观性,将其货币化是非常困难的。影响和决定忧虑成本的主要因素一般包括以下几点。

1. 损失的概率分布状况

损失的概率分布状况可以反映风险事件在未来时期出现的损失频率和损失幅度,揭示出风险损失的大小。一般来说,风险越大,风险管理者的忧虑程度越高;风险越小,风险管理者的忧虑程度越低。

2. 风险管理者对风险的把握程度

如果风险管理者对某一风险事件的把握性较大,则其忧虑程度较低;相反,如果风险管理者的把握性不大或者根本没有把握,即使采取了必要的应对措施,尤其是采取非保险措施时,其忧虑程度较高。

3. 风险管理目标

风险管理目标决定着企业管理者对待风险的态度,不同的目标会影响和决定决策者的忧虑程度。如果企业以稳定收益为最终目标,那么对于影响收益水平的各种风险损失,决策者会持更加谨慎的态度,其忧虑程度会较高;相反,如果企业以维护生存为目标,那么对有同样影响的风险损失,决策者不会引起高度警惕,只要这一风险损失不会导致企业破产、倒闭等,决策者的忧虑程度将较低。

4. 决策者个人的胆略

一般而言,一个敢于冒险、富于创造的决策者对其选择的风险处理方案所具有的忧虑程度会小于一个渴求稳妥、谨小慎微的决策者。

（三）忧虑成本对决策过程的影响

一般来说，决策者的忧虑程度越高，忧虑价值额越大，其越倾向于选择保守的方案；反之，忧虑程度越低、忧虑价值额越小的决策者，则越倾向于选择积极的方案。

所谓"保守"是指对损失的反应很敏感，而对收益的反应则相对迟缓。购买保险可以算得上最能减轻决策者忧虑程度、最为稳妥可行的方案了，因为少量的保费支出可以使损失的不确定性化为相对的确定性。在采用保险方案进行风险管理时，忧虑成本基本为零。所谓"积极"是指对收益的反应很敏感，而对损失的反应则相对迟缓。如果企业自己承担风险，则需充分考虑忧虑成本因素的影响。企业自己承担风险后常常面临着两种可能的结果：一是风险事件发生，企业遭受损失；二是风险事件不发生，企业不发生损失。因此，用一个适当的忧虑成本额来代替企业遭受严重损失的可能或不遭受任何损失的可能，则是很有意义的。上述分析表明，除非企业完全购买保险，否则，其必须考虑忧虑成本的存在及其影响。

加入忧虑成本后，表 6-1 中每种方案的期望值也会发生变化，从而最佳方案也随之改变，结果如表 6-2 所示。

表 6-2　含忧虑成本的火灾损失矩阵　　　　　　单位：元

方案	火灾损失结果			
	火灾发生的损失额		火灾不发生的费用支出	
自留风险	可保损失 不可保损失 忧虑成本 合计	100 000 5 000 3 000 108 000	忧虑成本 合计	3 000 3 000
自留风险并采取安全措施	可保损失 不可保损失 安全措施费用 忧虑成本 合计	100 000 5 000 3 000 1 500 109 500	安全措施费用 忧虑成本 合计	3 000 1 500 4 500
购买保险	保费 合计	5 000 5 000	保费 合计	5 000 5 000

1. 若不知道火灾发生的概率

按照最大损失最小化原则，[例 6-1]中的方案（3）应为最佳方案。

按照最小损失最小化原则，[例 6-1]中的方案（1）应为最佳方案。

2. 若知道火灾发生的概率

仍假定不采取安全措施发生全损的概率为 2.5%，采取安全措施后发生全损的概率降低为 1%。那么[例 6-1]中三种方案的期望损失分别为：

（1）$108\ 000 \times 2.5\% + 3\ 000 \times 97.5\% = 5\ 625$（元）。

（2）$109\ 500 \times 1\% + 4\ 500 \times 99\% = 5\ 550$（元）。

（3）$5\ 000 \times 2.5\% + 5\ 000 \times 97.5\% = 5\ 000$（元）。

按照损失期望值最小的原则，[例 6-1]中的方案（3）应为最佳风险管理决策方案。

显然，忧虑成本的加入会导致最优方案的改变。

　　上述例题只是简单说明在引入忧虑成本的情况下,损失期望值分析法在风险管理决策过程中的应用。在现实生活中,风险管理者所面对的风险要复杂得多,而且也不仅仅局限于全损和不发生损失这两种情况,其可供选择的方案也不止上述例题中的三种。

第三节　效用理论分析法

　　损失期望值分析法在风险管理实践中应用非常广泛,但是,其仍存在着一定的缺陷。损失期望值分析法是建立在绝对的损失期望值基础上的,没有考虑相同的损失结果对不同决策者的影响程度不同,不能有效地表达决策者的主观态度。本节讨论的效用理论分析法可以有效地解决这一问题。

一、效用与效用理论

(一) 问题的提出

　　“效用”的概念是数学家丹尼尔·伯努利(Daniel Bernoulli)在解释圣彼得堡悖论时提出的,目的是挑战以金额期望值作为决策的标准。圣彼得堡悖论是决策论中的一个悖论,是丹尼尔·伯努利的堂兄尼古拉·伯努利(Nicolaus Bernoulli)在 1738 年提出的一个概率期望值悖论,它来自一种掷币游戏,即圣彼得堡游戏。

　　该悖论设定掷出钱币的正面(或者反面)为成功,游戏者如果第一次投掷成功,得奖金 2 元,游戏结束;第一次若不成功,继续投掷,第二次成功则获得奖金 4 元,游戏结束;这样,游戏者如果投掷不成功就反复继续投掷,直到成功,游戏结束。如果第 n 次投掷成功,则得奖金 2^n 元,游戏结束。按照概率期望值的计算方法,我们将每一种可能结果的得奖值乘以该结果发生的概率即可得到该结果的期望值。也就是说,游戏的期望值为所有可能结果的期望值之和。随着 n 的增大,以后的结果虽然概率很小,但是其得奖值越来越大,每一个结果的期望值均为 1,所有可能结果的得奖期望值之和即游戏的期望值,将为“无穷大”。按照概率的理论,多次试验的结果将会接近其数学期望值。但是实际的投掷结果和计算结果都表明,多次投掷结果的平均值最多也就是几十元,这就出现了计算的期望值与实际情况的“矛盾”。那么,问题出在哪里? 在实际在游戏过程中,游戏的收费应该是多少? 决策理论的期望值准则在这里还成立吗? 这是不是给“期望值准则”提出了严峻的挑战?

(二) 问题的解决

　　圣彼得堡悖论对于决策工作者的启示在于,许多悖论问题可以归为数学问题,但它同时又是一个思维科学和哲学问题。悖论问题的实质是人类自身思维的矛盾性,从广义上讲,悖论不仅包括人们思维成果之间的矛盾,也包括思维成果与现实世界之间明显的矛盾。对各个学科、各个层次的悖论的研究,历来是科学理论发展的动力。圣彼得堡悖论所反映的人类自身思维的矛盾性就具有一定的哲学研究的意义,而且它反映了决策理论和实际问题之间的根本差别。人们总是不自觉地把模型与实际问题进行比较,但决策理论模型与实际问题并不是同一个东西。圣彼得堡悖论的理论模型是一个概率模型,它不仅是一种理论模型,而且是一种统计的、近似的模型。在实际问题涉及无穷大的时候,连这种近似也变得不可能了。丹尼尔·伯努利在1738年发表的论文里提出"效用"的概念来解答这一悖论,其论文主要包括两条原理:①边际效用递减原理。一个人对于财富的占有多多益善,即效用函数一阶导数大于零;随着财富的增加,其满足程度的增加速度不断下降,效用函数二阶导数小于零。②最大效用原理。在风险和不确定条件下,个人的决策行为准则是获得最大期望效用值而非最大期望金额值。

(三) 效用与效用函数

效用是指人们由于拥有或使用某物而产生的心理上的满意或满足程度。效用代表着决策者对待风险的态度。效用值以量化的形式来反映决策者的这种态度和胆略,一般将效用值界定在0~1,即0≤效用值≤1。效用函数是指决策者在某种条件下,对不同的期望值所具有的不同的效用值。设$U(X)$为效用函数,则$E[U(X)]$表示效用函数的期望效用,决策者可用它们对各种决策方案进行不同期望值下的效用描述,并借此进行最优方案的选择。效用和效用函数是一种主观判断,确定一个人的效用及效用函数也是通过测定个人的具体得失来完成的。

[例6-2] 现有方案①和方案②可供选择。方案①有0.5的概率获得200元,有0.5的概率损失100元,方案②有1.0的概率获得25元,请问你愿意选择哪种方案?

方案①的期望收益值为:0.5×200+0.5×(−100)=50(元)。

方案②的期望收益值为:1.0×25=25(元)。

从期望收益值来看,方案①的收益大于方案②的收益,决策者应该选择方案①。但实际上很多人选择方案②,主要原因是决策者不愿意承担方案①的100元损失。

根据效用定义,假设获得200元的效用值为1,损失100元的效用值为0,获得25元的效用值为0.6,即$U(200)=1,U(-100)=0,U(25)=0.6$。

方案①的期望效用值为:0.5×1+0.5×0=0.5。

方案②的期望效用值为:1.0×0.6=0.6。

从期望效用值来看,方案①小于方案②的效用值,决策者应该选择方案②,这一结果显然与期望收益值的结果不同。

(四) 效用曲线与风险态度

1. 效用曲线

效用曲线是用以反映决策后果的损益值与决策者的效用值之间关系的曲线。其横坐标为损益值,纵坐标为效用值,曲线上的各点代表决策者对风险态度的变化,如图6-1所示。

2. 风险态度

不同决策者的效用曲线一般也是不一样的,不同的效用曲线代表着决策者的不同态度。风险态度是指人对风险所采取的态度,即人们对可能的损失和可能的收益所给予的重视程度。不同的决策者对待风险的态度是存在差异的:热衷冒险的人会在等待不确定性结果中获得刺激而兴奋不已;大多数的决策者则认为风险是一种折磨,希望尽可能地回避风

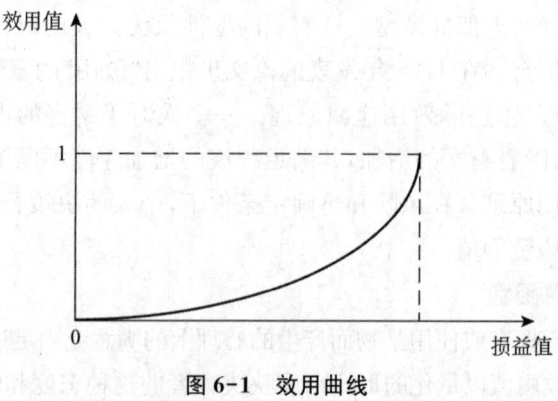

图 6-1 效用曲线

险;而另一些人对风险可能采取一种无所谓的态度。不同决策者的风险态度可以用不同的效用曲线来表示,如图 6-2 所示。

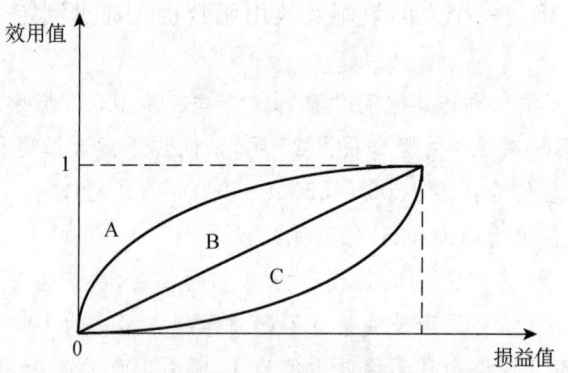

图 6-2 不同决策者的三种基本效用曲线

A:风险厌恶者;B:风险中立者;C:风险偏好者

设 U 是风险决策者的效用函数,如果对于一项期望收益为 $E(R)$ 的投资 R,有 $U[E(R)] > E[U(R)]$,则称决策者是风险厌恶者;如果 $U[E(R)] < E[U(R)]$,则称决策者是风险偏好者;如果 $U[E(R)] = E[U(R)]$,则称决策者是风险中性者。

假设一项投资 R 以 p 的概率获得 x_1 的收益,以 $(1-p)$ 的概率获得 x_2 的收益,那么该投资的期望收益为:$E(R) = px_1 + (1-p)x_2$,期望效用为:$U(R) = pU(x_1) + (1-p)U(x_2)$。

对于风险厌恶者,有:$U[px_1 + (1-p)x_2] > pU(x_1) + (1-p)U(x_2)$,如图 6-2 中的 A 型曲线。此类决策者对损失反映比较敏感,对收益反映比较迟缓,其效用函数为凹函数:$U'(R) > 0$, $U''(R) < 0$。

对于风险偏好者,有:$U[px_1 + (1-p)x_2] < pU(x_1) + (1-p)U(x_2)$,如图 6-2 中的 C 型曲线。此类决策者对损失反映比较迟缓,对收益反映比较敏感,其效用函数为凸函数:$U'(R) > 0$, $U''(R) > 0$。

对于风险中立者,有:$U[px_1 + (1-p)x_2] = pU(x_1) + (1-p)U(x_2)$,如图 6-2 中的 B

型曲线。此类决策者认为收益的增长与效用值的增长成等比例关系,其效用函数为线性函数:$U'(R) > 0$,$U''(R) = 0$。

二、效用理论在风险管理决策中的应用

前面对效用、效用函数和效用曲线的介绍只是说明效用理论在进行风险管理决策时应掌握的基本原理和方法。风险管理决策的实质是对风险损失结果的比较和选择,决策者也要考虑风险收益的结果,因此,效用理论对风险管理决策方案的选择也就显得非常重要。下面举例说明效用理论在风险管理决策中的具体应用。

[例 6-3] 某企业有一台机器设备,其可保损失为 10 万元,假设没有间接损失等不可保损失,现有以下三种处理方案:①自留风险;②将可保价值中的一半投保,保费为 640 元;③完全投保,保费 710 元。损失矩阵如表 6-3 所示。

表 6-3 损失矩阵

风险方案	损失结果					
	损失概率	0.8	0.1	0.08	0.017	0.002	0.001
自留风险	损失金额(元)	0	500	1 000	10 000	50 000	100 000
部分投保	损失金额(元)	640	640	640	640	640	50 640
全部投保	损失金额(元)	710	710	710	710	710	710

根据表 6-3 的资料,决策过程可按下列步骤进行:

1. 建立效用函数关系

设最大可保损失 100 000 元的效用值为 1,损失 0 元的效用值为 0,然后再以询问的方式了解决策者个人的主观偏好。

(1) 假设决策者愿意支付 60 000 元的费用以转移概率为 0.5 的 100 000 元的损失,则损失 60 000 元的效用值为:$0.5 \times 1.0 = 0.5$。

(2) 假设决策者愿意支付 35 000 元的费用以转移概率为 0.5 的 60 000 元的损失,则损失 35 000 元的效用值为:$0.5 \times 0.5 = 0.25$。

(3) 假设决策者愿意支付 20 000 元的费用以转移概率为 0.5 的 35 000 元的损失,则损失 20 000 元的效用值为:$0.5 \times 0.25 = 0.125$。

如此继续下去,通过一系列询问可以求得如表 6-4 所示的效用函数表。

表 6-4 效用函数表

潜在损失(元)	概率	最大转移费用(元)	最大转移费用的效用值
100 000	0.5	60 000	0.5
60 000	0.5	35 000	0.25
35 000	0.5	20 000	0.125
20 000	0.5	11 000	0.062 5

潜在损失（元）	概率	最大转移费用（元）	最大转移费用的效用值
11 000	0.5	6 000	0.031 2
6 000	0.5	3 500	0.015 6
3 500	0.5	2 000	0.007 8
2 000	0.5	1 100	0.003 9
1 100	0.5	600	0.002 0
600	0.5	350	0.001 0

2. 计算各方案的损失效用的期望值

（1）自留风险的损失效用期望值如表6-5所示。

表6-5　自留风险的损失效用期望值

损失金额（元）	效用值	概率	损失效用期望值
0	0	0.8	0
500	0.001 6	0.1	0.000 16
1 000	0.003 5	0.08	0.000 28
10 000	0.056 3	0.017	0.009 57
50 000	0.400 0	0.002	0.000 80
100 000	1.000 0	0.001	0.001 00
合计		1.000	0.011 81

损失金额500元的效用值可用直线插值法依效用函数表6-4求出：

$$0.001 + (500 - 350) \div (600 - 350) \times (0.002 - 0.001) = 0.001 6$$

（2）部分投保的损失效用期望值如表6-6所示。

表6-6　部分投保的损失效用期望值

损失金额（元）	效用值	概率	损失效用期望值
640	0.002 2	0.999	0.002 2
50 640	0.406 4	0.001	0.004 1
合计		1.000	0.002 61

（3）完全投保的损失效用期望值如表6-7所示。

表6-7　完全投保的损失效用期望值

损失金额（元）	效用值	概率	损失效用期望值
710	0.002 4	1.000	0.002 4

3. 比较损失效用期望值的大小

根据效用理论，损失效用期望值最小者为最佳行动方案，故决策者应选择完全投保方案。

第四节　现金流量分析法

现金流量分析法在企业财务管理和其他经济学科中的应用非常广泛，是投资决策分析的重要工具。在现代企业的发展过程中，决定企业兴衰存亡的是现金流，最能反映企业本质的也是现金流。在众多价值评价指标中，基于现金流的评价是最具权威性的。

一、现金流量分析法的原理

（一）现金流量与净现金流量

1. 现金流量

现金流量即现金流，是指企业在一定会计期间按照现金收付实现制，通过一定经济活动（包括经营活动、投资活动、筹资活动和非经常性项目）而产生的现金流入、现金流出及其总量情况的总称，即企业一定时期内的现金和现金等价物的流入和流出的数量。

2. 净现金流量

净现金流量是指投资项目有效期内每年现金流入量与同年现金流出量之间的差额所形成的指标，它是投资者进行投资决策的重要依据。净现金流量为正代表企业获得的利润，净现金流量为负代表投资亏损。

3. 现金流量表的构成

根据我国《企业会计准则第 31 号——现金流量表》的规定，现金流量表应当分别列报经营活动、投资活动和筹资活动的现金流量，其中，现金流量又分为现金流入量和现金流出量。

1）经营活动产生的现金流量

经营活动是指企业除投资活动和筹资活动以外的所有交易和事项。经营活动产生的现金流量包括：销售商品、提供劳务收到的现金；收到的税费返还；收到其他与经营活动有关的现金；购买商品、接受劳务支付的现金；支付给职工以及为职工支付的现金；支付的各项税费；支付其他与经营活动有关的现金等。

2）投资活动产生的现金流量

投资活动是指企业长期资产的购建和不包括在现金等价物范围内的投资及其处置活动。投资活动产生的现金流量包括：收回投资收到的现金；取得投资收益收到的现金；处置固定资产、无形资产和其他长期资产收回的现金净额；处置子公司及其他营业单位收到的现金净额；收到其他与投资活动有关的现金；购建固定资产、无形资产和其他长期资产支付的现金；投资支付的现金；取得子公司及其他营业单位支付的现金净额；支付其他与投资活动有关的现金等。

3) 筹资活动产生的现金流量

筹资活动是指导致企业资本及债务规模和构成发生变化的活动。筹资活动产生的现金流量包括：吸收投资收到的现金；取得借款收到的现金；收到其他与筹资活动有关的现金；偿还债务支付的现金；分配股利、利润或偿付利息支付的现金；支付其他与筹资活动有关的现金等。

4. 现金流的表示方法

假设某个项目的投资总期限为 n 年，某投资人在时刻 $0, 1, \cdots, n$ 现金流出（或称为投资）为 $O_0, O_1, \cdots, O_n$，现金流入（或称为投资收回）为 $I_0, I_1, \cdots, I_n$，令 $R_0, R_1, \cdots, R_n$ 表示在时刻 $0, 1, \cdots, n$ 的净现金流量，则：

$$R_k = I_k - O_k \quad (k = 0, 1, \cdots, n)$$

若 $R_k < 0$，则表明在时刻 k 发生投资支出；若 $R_k > 0$，则表明在时刻 k 发生投资收回；若 $R_k = 0$，则表明在时刻 k 发生投资收回与投资支出相等。但在考虑一个项目盈利与亏损的时候，并不是单一地看某个具体时间段的净现金流量，而是应该看一个整体的净现金流价值。

(二) 货币的时间价值

货币时间价值是指货币随着时间的推移而发生的增值，也称为资金时间价值。从经济学的角度而言，货币的时间价值是指当前所持有的一定量货币比未来获得的等量货币具有更高的价值。

1. 现值

现值是指按一定利率经过一定期间积累到一定数额所需的本金，即为未来某一时刻积累一定数额所需要的现有货币量。它是指对未来现金流量以恰当的折现率进行折现后的价值。其计算公式为：

$$P = \frac{S}{(1+i)^n}$$

其中：P 表示现值；S 表示该笔现值 P 在未来 n 年的价值；i 表示利率（或折现率）；n 表示时间的长度。从该公式中可以看出，现值主要与利率和时间长度有关。

2. 净现值

净现值是指投资方案所产生的现金净流量以资金成本为贴现率折现之后与原始投资额现值的差额，即在方案计算期内按行业基准折现率或其他设定折现率计算的各年净现金流量现值的代数和。净现值是一个折现的绝对值正指标，决策者在进行长期投资决策分析时应当选择净现值大的项目。其常见的计算方法为：

$$NPV = R_0 + vR_1 + v^2R_2 + \cdots + v^nR_n = \sum_{k=0}^{n} v^k R_K$$

二、净现值法在风险管理决策中的应用

(一) 净现值法

净现值是多数企业进行投资评估时的依据，因为它考虑到了投资期间的所有现金流量

及其折现后的金额。净现值法就是按净现值大小来评价方案优劣的一种方法。

在单个投资项目中,如果净现值 $NPV > 0$,则方案可行,且净现值越大,方案越优,投资效益越好;如果净现值 $NPV < 0$,则代表此项投资会减少企业的价值,方案不可行。

在多项投资案并存时,决策者应选择净现值最高且净现值大于零的投资方案。

(二)净现值法的分析应用

[例 6-4] 某公司欲购买一台机器扩大生产,该机器可以使用 10 年且无残值。采用直线折旧法,购入新机器后企业可每年节省成本 5 000 元。机器有两种:一种是有防护设备的机器,价值为 105 000 元;另一种是没有防护设备的机器,价值为 10 000 元。该公司的资金成本率为 12%,税率为 50%,风险成本每年为 2 000 元,如果机器有防护设备则风险成本减少 30%(表 6-8)。请问该公司应购买哪种机器设备?

表 6-8 机器现金流量表 单位:元

	有防护设备的机器		没有防护设备的机器	
	账面价值	现金流量	账面价值	现金流量
每年节省的营业成本	5 000		5 000	
节省的风险成本	600(2 000×30%)		0	
总节省金额	5 600(5 000+600)	5 600	5 000	5 000
年折旧金额	1 050(10 500÷10)		1 000	
年收入	4 550(5 600−1 050)		4 000	
税收支出	2 275(4 550×50%)	2 275	2 000	2 000
年现金流量		3 325(5 600−2 275)		3 000

解:有防护设备机器的净现值为:

$$NPV = -10\,500 + 3\,325v + 3\,325v^2 + \cdots + 3\,325v^{10}$$
$$= -10\,500 + 3\,325 \times \left[\frac{1}{(1+12\%)} + \frac{1}{(1+12\%)^2} + \cdots + \frac{1}{(1+12\%)^{10}} \right]$$
$$= -10\,500 + 3\,325 \times 5.650\,2$$
$$= 8\,286.915(元)$$

没有防护设备机器的净现值为:

$$NPV = -10\,000 + 3\,000v + 3\,000v^2 + \cdots + 3\,000v^{10}$$
$$= -10\,000 + 3\,000 \times \left[\frac{1}{(1+12\%)} + \frac{1}{(1+12\%)^2} + \cdots + \frac{1}{(1+12\%)^{10}} \right]$$
$$= -10\,000 + 3\,000 \times 5.650\,2$$
$$= 6\,950.6(元)$$

比较两者的净现值,可见有防护设备的机器为最优选择。

（三）净现值法的优缺点

净现值法的优点有：①基于现金流量作出决策，考虑了资金时间价值，增强了投资经济性的评价；②考虑了全过程的净现金流量，体现了流动性与收益性的统一；③考虑了投资风险，风险大则采用高折现率，风险小则采用低折现率。

净现值法的缺点有：①净现值的计算较麻烦，难掌握；②净现金流量的测量和折现率较难确定；③不能从动态角度直接反映投资项目的实际收益水平；④在项目投资额不等时，无法准确判断方案的优劣。

三、内部收益率法在风险管理决策中的应用

（一）内部收益率法

净现值法应用的前提条件是必须要有一个预先决定的投资收益率 i，这一收益率必须要与方案所有相关的现金流是适用的，但这一收益率很难确定。内部收益率法是指用内部收益率来评价项目投资效益的一种方法。内部收益率就是净现值等于零时的贴现率，记为 IRR，它实际上是投资项目的盈亏临界点。其计算公式为：

$$\sum_{k=0}^{n} \frac{R_k}{(1+IRR)^k} = 0$$

当只有单个投资方案时，如果投资资金的机会成本（如贷款利率、其他投资项目的最高收益率）$r > IRR$，说明投资该项目是亏损的，投资不可行，应该放弃；如果投资资金的机会成本 $r < IRR$，这说明投资该项目是可行的。

在多项投资案并存的情况下，IRR 越大，说明投资项目的效益越好。

（二）内部收益率法的分析应用

[例6-5] 承[例6-4]，如果采用内部收益率法，该公司应该如何选择呢？

解：装有防护设备机器的内部收益率为：

$$\sum_{k=1}^{10} \frac{3\ 325}{(1+IRR)^k} - 10\ 500 = 0$$

$$IRR \approx 29.23\%$$

没有防护设备的机器的内部收益率为：

$$\sum_{k=1}^{10} \frac{3\ 000}{(1+IRR)^k} - 10\ 000 = 0$$

$$IRR \approx 27.33\%$$

比较两者的内部收益率，可见有防护设备的机器为最优选择。

（三）内部收益率法的优缺点

内部收益率法的优点是：①它能够把项目寿命期内的收益与其投资总额联系起来，得出这个项目的收益率，并将它同行业基准投资收益率对比，以确定这个项目是否值得建设；②当项目使用借款进行建设，且在借款条件（主要是利率）还不很明确时，内部收益率法可

以避开借款条件,先求得内部收益率,作为可以接受借款利率的高限。内部收益率法的缺点是:内部收益率是一个比率,不是绝对值,它不能直接反映资金的时间价值,不能直观地反映投资收益。例如,对于一个内部收益率较低的方案,由于其规模较大而有较大的净现值,因而其可能更值得建设。因此,在各个方案选比时,决策者必须将内部收益率与净现值结合起来考虑。

(四) 净现值法和内部收益率法的比较

净现值法和内部收益率法都是计算投资方案的未来现金流量现值的方法。

运用净现值法进行投资决策时,其决策准则是:NPV 为正数时(投资的实际报酬率高于资本成本或最低的投资报酬率),方案可行;NPV 为负数时(投资的实际报酬率低于资本成本或最低的投资报酬率),方案不可行;如果是相同投资的多方案比较,则 NPV 越大,投资效益越好。净现值法的优点是考虑了投资方案的最低报酬水平和资金的时间价值;缺点是 NPV 为绝对数,不能反映项目投资获利的能力,所以净现值法不能用于比较投资总额不同的方案。

运用内部收益率法进行投资决策时,其决策准则是:IRR 大于公司所要求的最低投资报酬率或资本成本时,方案可行;IRR 小于公司所要求的最低投资报酬率时,方案不可行;如果是多个互斥方案的比较选择,则内部报酬率越高,投资效益越好。内部报酬率法的优点是考虑了投资方案的真实报酬率水平和资金的时间价值;缺点是不能直接反映资金时间价值和投资收益的大小。

在一般情况下,对同一个投资方案或彼此独立的投资方案而言,使用两种方法得出的结论是相同的,但对于不同而且互斥的投资方案,这两种方法可能会得出相互矛盾的结论。造成不一致的最基本的原因是对投资方案每年的现金流入量再投资报酬率的假设不同:净现值法是假设每年的现金流入以资本成本为标准再投资;内部报酬率法是假设现金流入以其计算所得的内部报酬率为标准再投资。资本成本是更现实的再投资率,因此,在无资本限量的情况下,净现值法优于内部报酬率法。

四、盈利能力指数

盈利能力指数是指初始投资以后所有预期未来现金流量的现值和初始投资额的比率。它表示的是投资项目的相对盈利能力,即每 1 元成本所带来利润的现值。其计算公式如下:

$$盈利能力指数 = 初始投资所带来的后续现金流量的现值 ÷ 初始投资额$$

一般而言,如果投资项目的盈利能力指数大于 1,则该投资项目是可行的。投资项目的盈利能力指数越高,该投资项目的盈利能力也越大,其投资可行性也越大。盈利能力指数法不但考虑了项目现金流入量,而且考虑了项目的现金流出量,其在评价项目收益时有着特殊的作用。此外,它还考虑了货币的时间价值和整个项目期内的全部现金流入量和现金流出量。

本 章 小 结

(1) 风险管理决策是指根据风险管理目标,合理地选择风险处理的技术和手段,进而制定风险管理总体方案和行动措施。一般来说,风险管理决策的程序包括确定风险目标、设计风险处理方案、选择最佳风险处理方案。

（2）在损失概率无法确定时,风险决策属于不确定性风险决策。根据决策目标的不同,存在以下两种决策方法:一是使最大潜在损失最小化方法,即最大最小化法;二是使最小潜在损失最小化方法,即最小最小化法。在损失概率能够确定或者有较大把握进行估计的情况下,一般采用损失期望值分析法。损失期望值分析法是指以损失期望值作为决策依据,在众多的风险管理方案中,选择损失期望值最小者为最佳方案。

（3）效用是指人们由于拥有或使用某物而产生的心理上的满意或满足程度。风险管理决策的实质是对风险损失结果的比较和选择,同时也要考虑风险收益的结果。因此,效用理论对风险管理决策方案的选择也就显得非常重要。

（4）现金流量分析法是企业分析决策的重要方法之一,主要包括净现值法和内部收益率法。

关键概念索引

风险管理决策　损失期望值　最大最小化法　最小最小化法　忧虑成本　效用理论
净现值　内部收益率

复习思考题

1. 简述风险管理决策的含义。
2. 风险管理决策的主要原则是什么?
3. 影响忧虑成本的因素有哪些?
4. 在损失概率无法确定的情况下,决策者常用哪几种方法进行决策?
5. 何为效用? 其在风险管理决策中应如何应用?
6. 某公司所属的一栋建筑面临火灾风险,其最大可保损失为 1 000 000 元,假设无不可保损失,现针对火灾风险拟采取以下处理方案:①自留风险,忧虑价值为 8 000 元;②购买保额为 500 000 元的保险,保费为 6 400 元,忧虑价值为 5 000 元;③购买保额为 1 000 000 元的保险,带有 1 000 元免赔额（绝对免赔额）,保费为 6 800 元,忧虑价值为 1 000 元。火灾损失概率为全损1%、无损失99%。试运用损失期望值分析法比较上述三种方案,并选出最佳方案。

第三篇 实务篇

第七章　个人与家庭风险管理

本章要点

- 个人与家庭面临的风险
- 个人与家庭面临的财产风险及其防范措施
- 个人与家庭面临的人身风险及其防范措施

思政目标

(1) 结合我国国情和社会现状,帮助学生了解个人与家庭面临的风险。

(2) 掌握个人和家庭风险管理计划的制定方法,培养学生的实践能力以及创造和谐社会的责任感和使命感。

　　个人与家庭是社会最基本的构成单位,其风险管理决策也是最基本、最单纯的。分析个人与家庭面临的风险,并采取积极的应对措施,对促进整个社会的风险管理有着非常重要的意义。随着全球经济一体化、信息化和我国经济体制的不断完善,个人和家庭的收入不断增加,家庭财富不断积累,其消费观念和消费结构也发生了重大转变。同时,社会老龄化、家庭小型化等问题也日益突出,重特大疾病的发病率越来越高、越来越年轻化,医疗费用急剧增加。这些社会环境的不断变化和发展,使个人和家庭的风险管理和安全保障越来越重要。

第一节　个人与家庭风险管理概述

一、个人与家庭面临的风险分类

　　风险在生活中无处不在,无时不有,我们必须意识并了解个人与家庭所面临的风险,认识到这些风险的内涵与外延。这就涉及个人与家庭面临的风险分类。现代的个人与家庭的形态各种各样、千姿百态,但是其面临的风险却大致相同,有很高的相似性。

(一) 人身风险

个人与家庭的人身风险主要是指个人和家庭成员面临的与生、老、病、死、伤、残、孕等相关的风险。一般来说,这些风险都会造成家庭财富现在或者未来的损失。这些人身风险可能由自然灾害引起,如地震、水灾、台风等,也可能由人为因素引起,如人的犯罪行为、过失行为等。从短期来看,个人与家庭在某段时间内是否发生风险事故是不可预测的。但是从长期来看,人身风险损失的发生是不可避免的,因为死亡、疾病等人身风险是任何个人和家庭都无法回避的。正是因为死亡、疾病是不可避免的,这就需要个人与家庭未雨绸缪,及早做出风险管理的规划,以应对未来可能发生的损失。

(二) 财产风险

现代个人与家庭的财产主要有房屋、家具、家用电器、现金、有价证券、车辆以及其他一些贵重物品。一般来说,家庭拥有的财产价值越大,其遭受损失的风险也越大,一旦遭遇损失,损失的价值也就越大;反之,家庭财产遭受损失的风险也越小,损失的价值也就越小。造成个人与家庭财产损失的风险是多种多样的,可能是自然灾害引起,如水灾、火灾、地震等,也可能是人为因素引起的,如盗窃、纵火、破坏、爆炸等,还可能是金融市场波动引起的,如经济不景气导致房屋价格低落,股市波动导致股票价格下降、资产贬值等。个人与家庭财产风险会直接导致个人与家庭财产的减少,这是直接损失。此外,损失还包括为了恢复财产的用途或者更换新的用具所需要的费用、时间等,这是间接损失。

(三) 责任风险

责任风险是指个人与家庭成员的行为有时会给他人带来人身或者财产的损失,并因此承担法律所要求的赔偿责任。个人与家庭成员在社会活动中面临责任风险的种类比较多,这些责任风险有时是故意行为造成的,有时是过失、无意行为造成的。对于故意伤人造成的责任风险,肇事者需要赔付他人医疗费、误工费。对于过失伤人造成的责任风险,肇事者也需要赔付他人医疗费、误工费、营养费。例如,驾车过程中出现交通事故造成的他人财产和人身损失,肇事者需要依照道路交通管理部门的有关规定对他人的财产和人身风险损失进行赔偿;又如,宠物咬伤了邻居的孩子,宠物的主人需要承担宠物造成他人损失的责任。

具体来讲,个人与家庭可能遭受的风险可以再细分为七大类:第一类是利率和汇率波动引起的财务性风险,如汇率的波动对家庭持有的外币存款会带来一定的风险;第二类是汽车、房屋等财产可能遭受的实质损失,如由地震造成的房屋倒塌;第三类是个人与家庭成员面临的死亡风险,如由车祸造成的人员死亡;第四类是个人与家庭成员的伤病风险,如由意外事故造成的人员残疾;第五类是个人与家庭成员的责任风险,如驾驶机动车产生的责任风险;第六类是个人与家庭成员由于伤病导致的收入中断与医疗费用的增加风险;第七类是个人与家庭成员的退休问题,退休虽非风险,是一种正常行为,但在风险管理规划时它是必须考虑的一个因素。

二、个人与家庭风险承受能力的影响因素

风险承受能力是指一个人或者家庭能够承担风险的能力,也就是其能承受多大的投资损失而不至于影响正常生活。对个人和家庭而言,影响风险承受能力的因素有很多种,既包括个人与家庭成员的财富、年龄、婚姻状况等,也包括风险态度、财务计划等。

(一) 财富

财富存量是风险承受能力的一个重要衡量指标。一般情况下,风险的承受能力随着财富的增加而增加。此外,财富的获得方式也是影响人们风险承受能力的因素,财产继承人与财富创造者相比,后者的风险承受能力高于前者。

(二) 年龄

风险承受能力通常与年龄为负相关关系。一般情况下,年龄越大,风险承受能力就越低。

(三) 婚姻状况

婚姻状况影响风险承受能力的主要因素在于已婚双方就业情况和经济上的依赖程度。如果婚姻能提供双份经济收入,或者夫妻间的相互依赖程度较低,则婚后的风险承担能力较大,反之则较小。

(四) 职业

风险承受能力的一个重要方面体现在工作的稳定性上。也就是说,一个人失业的可能性越大,职业风险就越大,其风险承受能力就越小。稳定性高的职业,即使工资报酬较低,对风险厌恶者而言也具有较大的吸引力。

(五) 风险态度

根据对风险的偏好或者厌恶程度,风险主体可以分为风险偏好者、风险中立者和风险厌恶者。风险厌恶者比较保守,不愿意承担风险,风险承受能力较低。风险偏好者比较激进,喜欢并愿意承担风险,风险承受能力较强。风险中立者则居于两者当中。

三、生命周期与个人、家庭的风险管理

生命周期的概念应用很广泛,特别是在政治、经济、环境、技术、社会等诸多领域经常出现,其基本含义可以通俗地理解为"从摇篮到坟墓"的整个过程。很多人的一生大多是这样度过的:儿童时期由父母抚养,在二三十岁时结婚,之后很快有了孩子,然后开始抚养孩子,把他们送进学校,当孩子离开去组建自己的家庭时,再一次过夫妇两人的生活,最后夫妇两人会相继离开这个世界。当然,这个典型的人生生命周期并不一定适合每一个人。就家庭而言,从一对夫妻结婚并生养子女(家庭形成期)、子女长大就学(家庭成长期)、子女独立和事业发展到巅峰(家庭成熟期)、夫妻退休到夫妻终老而使家庭消灭(家庭衰老期),就是一个家庭的生命周期。从中不难看出,个人的生命周期和家庭的生命周期是一致的,一般分为形成期、成长期、成熟期和衰老期。

个人与家庭风险管理的目标就是对意外事故造成的损失在整个生命周期内进行有效

分摊,做到收入和支出的平衡,在整个生命周期内实现消费的最佳配置。个人与家庭应当根据其所处的不同阶段进行不同结构的理财,即应综合考虑即期收入、未来收入、可预期开支以及工作时间、退休时间等诸因素,以便决定目前的消费和储蓄,使其消费水平在整个生命周期中保持相对平稳,而不至于出现大幅波动。

第二节　个人与家庭的人身风险管理

一、个人与家庭的人身风险识别与衡量

个人和家庭的人身损失风险主要包括两个方面:一是收入的终止或者减少;二是额外费用的增加。个人和家庭面临的人身风险因素主要有死亡、健康、衰老和失业等。

(一) 死亡风险

死亡是每个人都会面临的、不可规避的风险。生命表可以提供关于死亡率的一般数据。家庭成员的死亡对家庭会产生巨大的经济和心理影响。常用的衡量死亡损失的方法有生命价值法和遗属需求法。

1. 生命价值法

人的生命价值是指个人未来收入或个人服务价值扣除个人衣、食、住、行等生活费用后的资本化价值,此价值可作为死亡损失的估算值。

[例7-1]　张三现年40岁,预计再工作20年后退休,目前其年净收入为12万元,个人年消费支出为6万元,预计其每年的收入增长及消费支出均按3%递增,贴现利率为5%。请计算张三需要购买多少保额的人寿保险?

解:按照生命价值法,张三需要的保险保障为其未来20年收支相抵后的现值。计算方法如下:

$$寿险保额 = \sum_{t=1}^{20}(12-6)\left(\frac{1+3\%}{1+5\%}\right)^t = 98.66(万元)$$

2. 遗属需求法

遗属需求法是从需求的角度考虑某个家庭成员不幸去世后给家庭带来的现金缺口。一个家庭重要成员死亡后,其遗属的财务需求包括如下方面:遗产处理费用、子妇扶养需求(直到最小的家庭成员成年或满18周岁)、特别需求(房屋按揭、教育经费、应急基金等)等。

3. "双十"原则法

"双十"原则是指应有的保额一般为家庭年支出的10倍,合理的保费一般为家庭年收入的10%。前者可解释为,一旦保险事故发生,理赔金能够给家人提供10年的保障。10年的保障额度可能没有前面由生命价值法或遗嘱需求法计算的那么高,但在现实生活中,这笔钱应该能让一个经历重大变故的家庭回到正常的生活轨道。后者可解释为,家庭收入扣除60%的生活费用和30%的投资之后,剩下的10%应当用于购买保险,以构造家庭的财物安全网。构造家庭财物安全网的目的是使家庭负担者在应付当前家庭消费和储蓄投资之后

没有后顾之忧。

（二）健康风险

一般来说，健康风险包括疾病风险和残疾风险。这类风险对个人或家庭经济方面的影响主要表现在两个方面：一方面是医疗费用，意想不到的疾病和伤害都可能会给个人及其家庭带来灾难性的医疗费用负担；另一方面是收入损失，因为疾病或残疾非但不会减少个人或家庭对收入来源的需要，而且病人在生病期间、残疾者在残疾期间，其对收入的需求必然还会提高。

1. 疾病风险

疾病风险可以分为狭义的疾病风险和广义的疾病风险两个层次。狭义的疾病风险是指人体患染疾病的风险；广义的疾病风险除了疾病引起的风险，还包括生育及意外伤害事故等引起的人身风险。

在人类所面临的多种人身风险之中，疾病风险是一种危害严重、涉及面广、复杂多样，且直接关系到每一社会成员基本生存利益的特殊风险。首先，疾病风险的危害具有严重性。疾病风险发生后，会给人们的生活、工作带来困难、损失，甚至是不幸。疾病风险的危害对象是人，它会对人体健康造成伤害，如暂时性或永久性劳动能力的丧失甚至死亡。其风险损失不仅仅是经济上的损失，而且还有健康和生命的损失以及心理上的损伤，而这些是无法用金钱来弥补的。其次，疾病风险具有普遍性。疾病风险对于每个人或每个家庭而言都是无法回避的，其发生频率也高。再次，疾病风险具有复杂性。人类已知的疾病种类繁多，每一种疾病又因个体差异而表现各异。此外，环境污染、社会因素、生活方式、精神工作压力和心理因素等各种因素所致疾病，以及未知疾病、潜在疾病和亚健康状况随意蔓延发展等，均使得疾病风险很难化解，并且一般的风险测算技术也难以测算疾病风险的损失。最后，疾病风险具有社会性。由于某些疾病具有传染性，这类疾病风险不仅直接危害个人健康，而且会涉及整个地区乃至社会。

2. 残疾风险

残疾风险是指由于疾病、伤害事故等导致人体机体损伤、组织器官缺损或功能障碍等。从经济角度上讲，残疾所带来的问题可能比死亡更为严峻。因为如果是家庭中的主要收入者死亡，那么其结局仅仅是家庭一部分收入来源的终止；但如果其残疾，那么其家庭的主要收入来源不仅终止，而且家庭的收入需求通常还会增加（如残疾者的医疗费用、生活自理辅助设备的购置费用等），所以残疾者给其家庭所带来的经济问题显然会比前者严重。严格地说，残疾者是指工作能力受到损害、不得不依赖某些工作之外的经济来源以获得收入的人。因此，如果残疾者所在家庭中的其他人都是依赖这份失去的收入来源而生活的话，情况会变得更为糟糕，残疾给个人和家庭造成的财务负担也就更大。

健康保险的需求包括三部分：一是被保险人因意外或疾病而产生的医疗费用；二是因意外或疾病而导致的收入损失；三是被保险人年老时生活不能自理而产生的护理费用。

（三）衰老风险

随着年龄的增长，每个人都会慢慢变老，都会退休或停止工作，其收入也就会大大减少,但其支出却不会随之减少,而且老年人的社会服务成本还会不断上升。一般情况下,衰老风险可归纳为长寿风险、通胀风险、投资风险以及消费风险四类。个人无论高估或低估其中任何一项,都将给老年生活带来重大影响。可以肯定的是,随着经济和社会的发展、医学的进步以及人们生活方式的转变和健康意识的提高,人均寿命的提高已经成为全世界的普遍现象。因此,个人及家庭应做好养老规划,完善个人的风险管理计划方案。

养老保险的需求分析主要是根据个人与家庭的养老目标预测退休后的生活开支,并进一步预测退休后可获得的基本养老金和其他可获得的收入,从而计算出个人与家庭养老金的缺口,再进一步考虑通货膨胀、贴现率的影响,测算其需要的养老金保额。

[例7-2] 老张今年40岁,打算60岁退休,考虑到通货膨胀的因素,其退休后每年的生活费大约需要10万元。假设老张可以活到85岁,他从现在开始拿出10万元储蓄作为退休基金的启动资金,并打算以后每年投入一笔固定的资金。老张在退休前采取较为积极的投资策略,假定其投资的年回报率为9%;退休后采取较为保守的投资策略,假定其投资的年回报率为6%。试计算老张需要的退休基金及每年的投资金额。

解:老张要实现他的养老目标,在60岁的时候需要准备的退休基金为:

$$\sum_{t=0}^{24} 10\left(\frac{1}{1+6\%}\right)^t = 135.503\ 6(万元)$$

老张40岁时准备的10万元启动资金,按9%的年回报率,到他60岁的时候,这笔投资会变为:

$$10 \times (1+9\%)^{20} = 56.044\ 1(万元)$$

因此,如果不考虑退休基金的其他来源,那么老张在60岁时退休基金的缺口将高达79.459 5万元。为了弥补退休基金的缺口,老张每年至少还应投入的资金为:

$$\frac{79.459\ 5}{\sum_{t=0}^{19}(1+9\%)^t} = 1.553\ 2(万元)$$

(四) 失业风险

失业风险是指个人因环境或自身的变化失去工作收入的风险,它是威胁个人和家庭收入来源的重要因素。若没有收入或收入遭受损失,个人和家庭的要求和需要得不到满足,家庭关系将因此而受到损害。西方有关心理学研究表明,解雇造成的创伤不亚于亲友的去世或学业上的失败,而且家庭之外的人际关系也受到失业的严重影响。一个失业者可能会失去自尊和自信,并在情感上受到严重打击。

二、个人与家庭人身风险管理措施

(一) 风险自留

个人与家庭成员的人身风险自留是指通过个人和家庭预先准备的财富和做出的心理

建设来应对有可能发生的收入损失和医疗费用支出等风险。由于风险自留技术的缺陷,其只能在应对小额损失情况下起到一定的作用,个人或家庭应辅以其他的风险管理技术来完善风险管理方案。例如,在应对巨额损失时,风险自留就不是最优选择了。风险自留一般适用于以下几种情形。

(1) 个人与家庭发生短期收入损失或者损失较少的情况,如感冒等疾病。

(2) 个人与家庭不能或者不愿意采取其他方式来转移规避风险,无奈只能采取风险自留的方式。例如,个人或家庭无经济能力支付保费来转移重大疾病风险,或者个人已患重大疾病,不能采用保险等方式。

(3) 个人和家庭成员已为退休、年老做好准备。

(二) 损失控制

损失控制首先要保证个人与家庭成员的安全与健康,所以身体的保养和安全保健知识的储备非常重要,我们要创造安全的社会和家庭环境,注重交通、治安、防火、防灾等。例如,过马路要走横道线,不闯红灯;向未成年人讲授安全和健康知识,防范各种人身风险事件的发生;采取加强安全自救措施的培训、提供更为快捷的紧急救援服务,尽量减小风险发生后的损失;加强定期的身体检查、加强身体锻炼、加强家庭成员的安全和健康意识、患病后及时就医等,将潜在风险损失降到最低。要注意的是,完全依赖损失控制来应对个人与家庭成员的人身风险是不可能的。

(三) 人身保险

人身保险是指以人的寿命和身体为保险标的的保险。人身保险是一种应对个人与家庭成员人身风险的有效措施。当人们遭受不幸事故或因疾病、伤残、年老以致丧失工作能力或死亡时,根据保险合同的约定,保险人对被保险人或受益人给付保险金或年金,以解决其因病、残、老、死所造成的经济困难。个人与家庭人身保险可分为传统的人身保险和非传统的人身保险。传统的人身保险主要包括人寿保险、意外伤害保险和健康保险。非传统的人身保险主要包括分红保险、万能保险和投资联结保险。个人和家庭可以根据人生不同阶段的保险需求来合理规划自己的保险方案(表7-1)。

表7-1　人生不同阶段的保险需求

人生阶段	特点	理财活动	保险需求
单身期(刚工作至结婚)	经济收入低,资产较少	加强职业培训,提高收入水平	意外保险、医疗保险、责任保险
家庭形成期(结婚至孩子出生)	置业、生育、家庭消费高	储蓄购房首付款,增加定期存款、股票、基金等方面的投资	意外保险、医疗保险、人寿保险、财产保险、责任保险
家庭成长期(孩子出生至上大学)	子女教育费用、医疗费用大增,财务负担非常严重	偿还房贷,储备教育金,建立多元化投资组合	意外保险、医疗保险、教育保险、人寿保险、财产保险、责任保险

（续表）

人生阶段	特点	理财活动	保险需求
家庭成熟期（孩子上大学时期）	子女教育费用、医疗费用较多，财务负担也较重	准备退休金，进行多元化投资活动	意外保险、医疗保险、人寿保险、教育保险、财产保险、责任保险
家庭空巢期（孩子工作至自己退休）	经济状况稳定，债务减少	重点准备退休金，降低投资组合风险	意外保险、医疗保险、人寿保险、财产保险、责任保险、养老保险
退休养老期（退休后）	收入减少，保健、医疗费用增加	以固定收益投资为主	养老保险、医疗保险

三、个人与家庭人身风险管理应注意的问题

（一）个人与家庭面临的人身风险是无法规避的

人在生活过程中都可能面临生、老、病、死、伤、残等各种人身风险，这是客观存在的，并不以人的意志为转移，是人类无法摆脱的自然规律。

（二）应该采取风险转移的方式来应对可能造成较大损失的人身风险

个人与家庭面临较大风险损失的情况还是比较多的，如重特大疾病、家庭成员的突然死亡等都会对整个家庭造成无法估量的损失。为了应对此类人身风险，购买相应的保险产品是非常有效的措施之一。

（三）要注重风险管理技术的优化组合

针对个人与家庭面临的人身风险，每种风险管理技术都有一定的优劣，作为风险管理者必须优化组合各种风险管理技术，完成人身风险管理的目标。例如，针对健康风险，一方面可以尽量生活在一个健康安全的社会环境中，同时加强体育锻炼，以保证自己身体健康；另一方面可以通过购买保险产品来转移可能产生的疾病风险。

专栏 7-1

购买商业保险有几个关键点

第一，如果资金允许，时间越早越好，保险范围越全面越好。保险额度要充足，家庭成员都要覆盖到。第二，如果资金有限，要先考虑家庭关键成员。先大人再孩子，先"经济支柱"再其他成员。第三，要定期检视自己的保险。随着家庭结构变化、年龄变大、工作福利改变等，风险管理者要调整自己的商业保险方案。第四，针对个人面临的风险因素，重点购买某种保险产品。比如，有些人的工作要经常出差，频繁乘坐交通工具会使意外事故发生的概率大增，那么其就可以先购买人身意外保险，再逐步购买其他保险产品。

（参考资料来源：和讯网）

第三节 个人与家庭的实物资产风险管理

一、个人与家庭实物资产风险的识别与衡量

目前,个人与家庭的实物资产是指个人与家庭生活所使用或收藏的各种有实物形态的资产。在我国,实物资产主要包括房产、汽车、家具家电、珠宝以及其他一些贵重物品。一般来说,个人与家庭的实物资产一旦遭遇损失,其拥有的财产价值越大,遭受损失的风险越大,损失的价值也就越大;反之,则损失的风险也就越小,损失的价值也越小。

(一) 个人与家庭实物资产风险的识别

实物资产遭遇损失的原因大致可以分为两种:一种是物质风险,主要是指由自然灾害(如暴风、暴雨、地震、火灾等)引起的个人和家庭财产损失;另一种是社会风险,主要是指由人为因素(如盗窃,纵火,破坏,爆炸等)引起的家庭财产损失。个人与家庭实物资产面临的常见风险有火灾、爆炸、台风、盗窃、地震、洪水等。

从我国目前的状况来看,最主要的个人与家庭实物资产是房屋和汽车。经济日报社中国经济趋势研究院编制的《中国家庭财富指数调查报告(2021)》指出:房产净值是家庭财富的重要组成部分,2021 年第三季度住房资产对家庭财富增加的贡献率为 62.5%,金融投资价值对家庭财富增加的贡献率为 29.4%;在家庭动产中,家用汽车所占份额最高,根据公安部交管局发布的汽车保有量相关报告,截至 2020 年年底,我国机动车保有量高达 3.72 亿辆,其中汽车保有量为 2.81 亿辆,与美国并列世界第一。

(二) 个人与家庭实物资产风险的衡量

在明确了个人与家庭面临的风险后,风险管理者需要衡量实物资产的价值,评估这些财产损失给个人和家庭带来的经济负担。实物资产的价值确定原则取决于客观条件,通常的计量方法有四种:①住房、汽车按照完全重置成本减去应扣损耗或贬值来计量;②其他实物资产按照重置成本确定价值;③打算出售的实物资产用市场价值减去处置的费用来确定价值;④珠宝等奢侈资产一般按照市场价值减去处置的费用来确定价值。处置费用一般包括与资产处置有关的法律费用、税费、搬运费、财务费用、所得税费用以及为使资产达到可销售状态所发生的直接费用等。

火灾一直被认为是个人与家庭实物资产损失的重要原因。根据 2016 版的《火灾安全风险白皮书》,在所有的火灾事故中,64% 的案件为家庭财产火灾。在最常见的家庭火灾事故中,从火灾风险发生地区来看,一二线城市家庭的火灾发生概率较高。其中,华东地区家庭的火灾发生率最高,占比为 61%,而东北地区家庭的火灾事故平均损失较高。从火灾发生的时间来看,春季发生的家庭火灾事故最多,占全年火灾案件的 32%,尤其是节假日和每天的 18:00～24:00 发生家庭火灾的概率最高。从火灾的起因来看,家用电器是家庭火灾的"头号元凶",如空调、电视机、电风扇、洗衣机、电冰箱等常用电器是引发家庭火灾的导火索。从火灾造成的损失程度来看,企业火灾事故造成的经济损失巨

大,78%的企业火灾损失在百万元以上。其中,制造业、农林牧渔、批发零售三大行业的火灾发生概率最高,达到62%;制造业、交通运输仓储业的件均损失金额高达49万元,成为火灾受损最为惨重的行业。此外,爆炸、盗窃也是个人与家庭实物资产面临的主要风险。

二、个人与家庭实物资产风险的处理

在实践中,处理个人与家庭的实物资产风险可以采用控制型风险管理技术和财务型风险管理技术。经验表明,这两类技术在一定条件下都是行之有效的,具体包括风险自留、风险回避、风险控制、风险转移和家庭财产保险等。

(一)风险自留

风险自留主要适用于一些发生频率很高、损失程度很少的实物资产风险。当实物资产的潜在损失很少,并且个人和家庭可以比较容易地运用当前的收入或以前的储蓄来处理它们时,风险自留就显得非常重要。因为这种自留的风险一般不会引起个人或家庭的焦虑,如碗、筷的损失等。

(二)风险回避

对于某些个人或家庭的实物资产而言,可以通过风险回避的方式来应对其可能面临的损失。例如,人们可以通过放弃某些活动或者某些财产的所有权来回避风险。例如,为了完全防止房屋损害的风险,个人或家庭可以采取不购买房屋而租住他人的房屋居住。但采用回避的方式时,风险管理者应注意比较收益与成本。

(三)风险控制

由于风险回避的局限性非常明显,所以在实践中人们通常采取风险控制手段来应对相关风险。个人或家庭的实物资产在发生风险事故前尽量降低事故发生的概率,事故发生后尽可能地采取措施降低事故造成的损失程度。例如,针对火灾风险应注意用火安全,不玩火、不吸烟,在发生火灾时及时切断管道煤气、电源,隔离易燃易爆物品等。

(四)风险转移

个人或家庭可以借助风险转移的方式来转移其面临的风险。例如,个人或者家庭可以租赁一台钢琴使用,这样只需要支付少许的租金,而类似钢琴贬值、折旧等风险都转移给了钢琴所有人承担。

(五)家庭财产保险

家庭财产保险是个人和家庭投保的主要险种。凡存放、坐落在保险单列明的地址,属于被保险人自有的家庭财产,都可以向保险人投保家庭财产保险。家庭财产保险的投保范围一般包括房屋及房屋装修、衣服、寝具、家具、燃气用具、厨具、乐器、体育器械、家用电器,附加险有盗窃、抢劫保险,金银首饰、钞票、债券保险以及第三者责任保险等。家庭财产保险可以为居民或家庭遭受的财产损失提供及时的经济补偿,有利于居民生活安定和社会稳定。

家庭财产保险规定的承保内容包括火灾、爆炸、雷击、冰雹、洪水、海啸、地震、泥石流、暴风雨、空中运行物体坠落等一系列自然灾害和意外事故。对于被保险人为预防灾害事故而事先支出的预防费用，保险人原则上不予赔偿；但对于在灾害事故发生后，为防止灾害损失扩大，积极抢救、施救、保护保险标的而支出的费用，保险人将按保险合同约定负责补偿。

1. 投保家庭财产保险注意事项

（1）注意为哪些财产投保财产险。这既要看自身的保险需求和财产险所能发挥的作用，也要结合保险公司的要求。比如，并不是所有的财产都能投保财产险，保险公司对可承保的财产和不能承保的财产都有明确的规定，像房屋、家具、家用电器、文化娱乐用品等可以投保财产险，而金银、珠宝、字画、古玩等实际价值不易确定的家庭财产必须由专门的鉴定人员做出鉴定，经投保人和保险公司特别约定后才能作为保险标的。另外，保险公司通常还对一些家庭财产不予承保财产险，具体包括：损失发生后无法确定具体价值的财产，如票证、现金、有价证券、邮票等，以及如食品、药品、化妆品之类的日用消费品。

（2）注意家庭财产保险的保险责任。一般的家庭财产综合险只承担两种情形造成的损失，一种是自然灾害，另一种是意外事故。例如，财产被偷就不是财产综合险的责任范围，保险公司不会给投保人赔偿，所以投保人最好给财产投保盗窃附加险。此外，投保人还需要了解除外责任、赔付比例、赔付原则、保险期限、交费方式、附加险种等内容，明确未来所能得到的保障。

（3）注意家庭财产保险的保险金额，避免超额投保和重复投保。按照保险公司的赔付原则，如果财产的实际损失超过保险金额，最多只能按保险金额赔偿；如果实际损失少于保险金额，则按实际损失赔偿。所以，投保人在确定保险金额时，保险金额不要超出财产的实际价值，不然就会多交保费。有些人将同一财产向多家保险公司投保，这也是不可取的，因为财产发生损失时，各家保险公司不是重复赔偿，只是分摊财产的实际损失，投保人得不到什么额外的好处。

（4）注意及时按约定交保费，妥善保存保险单。如果保险合同里已经约定好交费方式，但投保人没有遵照约定，保险公司是可以不承担赔付责任的。另外，所保财产一旦出险，投保人应在积极抢救的同时保护好现场，及时联系公安、消防等部门报案并索取事故证明，然后尽快向保险公司报案，向保险公司提供保险单、事故证明等必要单证。

2. 典型案例分析

［**例7-3**］　老张夫妇的收入不高，每月的家庭收入为 2 000 元左右，在维持基本的生活后所剩不多。老张夫妇目前居住在一套两居室的老公房内，房龄已经 30 多年，楼房内居住的人员比较复杂，走道内堆满了杂物，水管有时也会堵塞，室内装修一般，有一些普通家具，衣服及床上用品也多属于经济实用型。那么，老张夫妇应该为自己的家庭设计什么样的财产保险规划呢？

分析：老张夫妇属于低收入阶层，经济实力不强，相对而言应对风险的能力比较差，一旦发生风险，整个家庭可能因此而雪上加霜。另外，他们的房屋比较陈旧，居住条件有限，房屋潜在的风险比较大。对于这样的家庭，保险方案建议如下：

1. 基本险

（1）房屋保险：仅保火灾和爆炸，保险金额为 20 万元。

（2）房屋装修保险：仅保火灾和爆炸，保险金额为 5 万元。

（3）家用电器保险：仅保火灾和爆炸，保险金额为 1 万元。

（4）服装家具保险：仅保火灾和爆炸，保险金额为 5 000 元。

2. 附加险

（1）室内财产盗抢险：保险金额为 2 万元。

（2）管道及水渍险：保险金额为 5 万元。

按照上述保险方案，老张夫妇每年大约只需要支出 150～250 元的保费就能够给家庭一个基本的保障。

（六）机动车辆保险

机动车辆保险简称车险，是指对机动车辆由自然灾害或意外事故造成的人身伤亡或财产损失负赔偿责任的一种保险。目前，我国的车险分为两大类：一类是机动车交通事故责任强制保险（简称交强险）；另一类是机动车商业保险。机动车交通事故责任强制保险是我国首个由国家法律规定实行的强制保险。《机动车交通事故责任强制保险条例》规定：交强险是由保险公司对被保险机动车发生道路交通事故造成受害人（不包括本车人员和被保险人）的人身伤亡、财产损失，在责任限额内予以赔偿的强制性责任保险。机动车辆商业保险所承保的机动车辆是指汽车、电车、电瓶车、摩托车、拖拉机、各种专用机械车辆及特种车辆。机动车辆商业保险合同为不定值保险合同，主要险别包括车辆损失险、第三者责任险、盗抢险三个基本险种和不计免赔特约险等附加险。

1. 第三者责任险保险金额的确定

一般来说，如果责任人驾驶机动车辆与其他车辆或行人发生事故，其所发生的赔偿金额多则六七十万元，少则上千元。相对而言，如果发生的损失仅限于财产，那么损失金额可能不会很大；但是，如果发生的损失是人身伤害，而且还涉及多个人，那么赔偿金额就不仅仅是六七十万元了，具体数字很难估计。

在第三者责任方面，首先我们已经具备了基本的保障——交强险，其保险金额一般为 12.2 万元，其中包含了死亡伤残赔偿限额 11 万元、医疗费用赔偿限额 1 万元、财产损失赔偿 2 000 元。如果被保险人在交通事故中无责任，赔偿限额则分别为死亡伤残赔偿限额 1.1 万元、医疗费用赔偿限额 1 000 元、财产损失赔偿 100 元。那么，我们应当在交强险的基础上考虑自己是否购买第三者责任保险，以及应当购买的保险金额。

1）不购买商业性第三者责任保险——适用于安全层次的车辆驾驶员

对于风险比较小、处于安全层次的车辆驾驶员而言，其可以不购买商业性第三者责任保险。或者从经济承受能力方面来考虑，经济非常紧张的人也可以暂时不购买商业性第三者责任保险。

2）购买一定的商业性第三者责任保险——适用于次安全层次的车辆驾驶员

对于风险中等、处于次安全层次的车辆驾驶员而言，其应当购买 20 万元或 50 万元的商业性第三者责任保险。或者,如果风险比较小、处于安全层次的车辆驾驶员在性格方面比较厌恶风险,希望能在一定程度上防范风险,那么也可以购买一定的商业性第三者责任保险。再者,如果从经济承受能力方面来考虑,经济比较紧张的人可以恰当地购买少量的商业性责任保险。

3）购买充足的商业性第三者责任保险——适用于不安全层次的车辆驾驶员

风险比较大、处于不安全层次的车辆和驾驶员,应该购买充足的商业性第三者责任保险,且保险金额至少应在50万元以上。当然,购买这种商业性第三者责任保险的前提还是投保人经济比较宽裕。

2. 第三者责任险免赔额的确定

目前,大多数保险公司的商业性第三者责任保险中不计免赔附加保险的保费为选择不计免赔特约条款对应险种保费的15%。也就是说,如果保险金额为20万元的商业性第三者责任保险的保费为800元,则不计免赔附加保险的保费为120元。

对于安全层次的车辆驾驶员,如果其不购买商业性第三者责任保险,那么也不用购买不计免赔附加保险。如果投保人出于万无一失的想法才购买商业性第三者责任保险,而且在保险期限内基本上不会出险,那么可以不购买不计免赔附加保险,这样可以节约一些保费。

对于次安全和不安全层次的车辆和驾驶员,两种保险都应该购买,因为毕竟不计免赔附加保险的保费也不高,能以低廉的保费换取充足的保障。

3. 基本险——车损险保险金额的确定

车辆是家庭的财产,其面临众多复杂多变的风险,而且风险一旦发生,导致的修理费用等损失金额也比较高。所以,大多数车主都给自己的爱车购买了车损险。

无论是风险中等、处于次安全层次的车辆驾驶员,还是处于不安全层次的车辆驾驶员,都应该购买充足的车损险,以保障车辆本身的损失。

4. 附加险的选择搭配

附加险是机动车辆保险中比较具有人性化的险种,消费者应该根据自己的需求和各种附加保险的特征进行选择。

第四节　个人与家庭的金融资产风险管理

个人和家庭不仅面临实物资产的风险,也面临金融资产的风险。金融资产是一切代表未来收益或资产合法要求权的凭证,是指单位或个人拥有的以金融资产价值形态存在的资产,是一种索取实物资产的权利。

一、个人与家庭金融资产的风险识别

个人金融资产包括本外币个人存款、国债、基金、证券、银行理财产品、第三方存管保证金、保险、黄金及黄金保证金、集合资金信托计划等财富管理产品。金融风险识别是指在进行实地调查研究的基础上,运用各种方法对潜在的、显在的各种风险进行系统的归类并实施全面的分析研究。

金融资产风险是指金融变量的变动所引起的资产未来收益的不确定性。这里的风险是指投机风险,个人和家庭的金融资产面临的金融风险来源于风险暴露以及影响资产未来收益的金融变量变动的不确定性。

(一) 市场风险

市场风险是指由于市场因素(如利率、汇率、股价以及商品价格等)的波动而导致的金融参与者的资产价值变化的风险。这些市场因素对金融参与者造成的影响可能是直接影响,也可能是间接影响。

(二) 信用风险

信用风险是指借款人或市场交易对手的违约(无法偿付或者无法按期偿付)而导致损失的可能性。除了传统的金融债务和支付交易,几乎所有的金融交易都涉及信用风险问题。近年来,随着网络金融市场(如网上银行、网络超市等)的日益壮大,网络金融信用风险问题也日益凸显。

(三) 流动性风险

流动性风险是指金融参与者的资产流动性降低而导致损失的可能性。当金融参与者无法通过变现资产来偿付债务时,流动性风险就会发生。

(四) 操作风险

操作风险是指由金融机构的交易系统不完善、管理失误或其他一些人为错误而导致金融参与者潜在损失的可能性。目前,金融操作风险的研究与管理正日益受到重视:从定性方面看,各类机构通过努力完善内部控制方法来减少操作风险的可能性;从定量方面看,它们还将一些其他学科的成熟理论(如运筹学方法)引入到操作风险的精密管理当中。

二、个人与家庭金融资产的风险处理

个人与家庭金融资产风险的处理途径和方法一般分为控制法和财务法。控制法是指在损失发生之前,实施各种控制工具,力求消除各种隐患,减少金融风险发生的因素,将损失降低到最小的一种方法。其主要方式有避免风险、损失控制和分散风险。财务法是指在金融风险事件发生后并已造成损失时,运用财务工具对已发生的损失给予及时的补偿,以促使其尽快恢复的一种方法。

第五节 案例分析

一、"均瑶事件"的背景

王均瑶是均瑶集团的主要创始人,1966年9月15日出生在浙江省温州市苍南县大渔镇。1991年7月,王均瑶承包了长沙到温州的航班,并于次年创办了国内首家民营包机公司。1993 年，王均瑶投身乳业经营，在全国建立乳业生产基地，同时涉足宾馆业、出租车服务业。1999 年，他到上海发展，在浦东征地 200 亩（1 亩≈666.7 平方米），建设均瑶集团总部。2002 年，他在上海肇嘉浜路买下大楼，重新改造，命名为上海均瑶国际广场，成为上海首座以民营企业命名的甲级商务楼。随后，他又在湖北宜昌建设宜昌均瑶国际广场，接着又收购了无锡商业集团。从 2000 年起，王均瑶在三峡地区投资建设乳品厂，推广万户移民养牛计划，成为中国光彩事业案例。2003 年，王均瑶捐款 1 000 万元，设立"大学生自愿服务西部计划均瑶基金"。在他的支持和努力下，均瑶集团还成立了直属上海市社会工作党委的第一家民营企业党委——中共均瑶集团有限公司委员会。王均瑶是全国政协第十届委员、全国青联委员、浙江省青联常委、第六届上海市浙江商会会长，他多次被浙江省授予"优秀民营企业家"和"先进个人"称号。2004 年，王均瑶于 11 月 7 日 19 时 48 分在上海逝世，享年 38 岁，死于肠癌晚期并发肺部感染。

我们把王均瑶英年早逝这一事件称为"均瑶事件"，它具有一定的代表性，因为许多企业家都忙于工作而忽视了个人的风险管理，忽视了个人健康问题。企业家是一种稀缺性资源，在资源配置中处于核心地位。企业家一方面为社会创造财富，另一方面为家庭承担相应的责任。企业家为社会提供的价值很难精确计量，但为家庭提供的价值相对简单，容易衡量。

二、"均瑶事件"的损失衡量

（一）对家庭的影响

本事件对家庭的影响主要表现在三个方面：一是医疗费用；二是收入损失；三是丧葬费用等。王均瑶英年早逝对家庭产生的经济影响取决于其为家庭提供的收入和服务的多少，这种损失可以用生命价值法和家庭需求法来衡量，此外还会涉及遗嘱问题。

（二）对企业的影响

民企创始人果断的性格、执着的精神，是企业壮大的动因，创始人的人格魅力和才华使客户和社会对该企业的发展充满信心。一旦创始人突然去世，企业面临的不信任危机就会如乌云压顶，给继任者造成巨大的精神压力。资本市场对于创始人的离世基本上都是持负面消极的态度，但如果企业公关过硬，接班人"靠谱"，公司也可能会登上另一个台阶。以本事件为例，王氏三兄弟创办了均瑶集团，虽然集团冠名创始人离世了，但因为接班的另外两兄弟才能同样出众，所以公司能顺利延续并且向"百年老店"的目标前进。

三、"均瑶事件"的启示

本事件具有一定的代表性，许多企业家英年早逝，表明个人需要风险管理，成功的企业家更需要风险管理。

（一）企业家需要注重健康风险的防范和抑制

事业与健康并非水火不能并存，关键是要培养健康的生活方式。王均瑶英年早逝带给人们深深的震动和深刻的反思。现在的企业家有一个误区，就是拼命地创造财富，但对于自己的健康却忽视太多。其实,企业家应该像经营企业那样,把自己的健康当作事业来经营。

相关调查表明,中国企业家和创业者一般每天要工作 14 个小时左右。他们在成就个人辉煌的同时也付出了沉重的代价。以冠心病、高血压为例,这些 10 年前以老年患者为主体的"老年病"目前却成为以商务人士为主体的"商务病"。温州市某医院对 87 名知名企业家进行了体检,发现 87 人无一例外全部患有各种不同程度、不同种类的疾病,有些疾病甚至已经严重危害了其身体健康。

此外,沉重的心理负担也在伤害着中国企业家的身心健康。商场竞争的激烈、残酷使很多企业家背负着沉重的心理压力。国务院发展研究中心的一项调查显示,2002 年,在全国 3 539 个接受调查的企业家中,有 90%的企业家表示工作压力大,76%的企业家认为工作状态紧张。调查还发现,平均每 4 位企业家中就有 1 位患有与工作紧张相关的慢性疾病。许多企业家觉得内心孤独,甚至产生了厌世心理。

(二) 高管去世后的遗嘱问题

公民享有遗嘱权利是法律对公民财产所有权予以全面保护的最佳体现。遗嘱权利人通过行使遗嘱权利可以充分实现个人意志,选择自己最可靠的继承人,将财产所有权转移给遗嘱继承人或受遗赠人。遗嘱权利人不仅可以通过遗嘱改变法定继承人的范围、顺序和继承份额,甚至可以取消某些法定继承人的继承权,把财产给予最需要财产的遗嘱继承人或法定继承人以外的国家、集体和其他公民。遗嘱的权利行使有利于减少和预防纠纷,即遗嘱权利人预先设立好遗嘱继承人各自应得的遗产份额,在其死后依遗嘱执行其意愿,有利于解决矛盾,起到预防继承纠纷发生的作用。

(三) 企业的危机公关

"均瑶事件"对均瑶集团的影响是比较大的,但企业及时做出对策,消除了该事件带来的不良影响。王均瑶死亡后,均瑶集团在总部召开媒体见面会,均瑶集团新任董事长王均金率董事局和经营班子集体亮相。王均金承诺,均瑶集团的发展战略、品牌、社会责任保持不变,均瑶集团将平稳过渡到"后王均瑶时代"。企业利用媒体见面会形式快速、合理地处理了该事件,并不断发展壮大,现已形成航空运输、金融服务、现代消费、教育服务、科技创新五大业务板块,旗下拥有多家上市公司。

(四) 政府行为

"均瑶事件"发生后,民营企业家的健康问题更加被世人所关注。2007 年,杭州市委、市政府出台了《杭州市民营企业家健康体检和疗养休假制度》。该文件规定,从 2007 年开始,杭州市将在全市范围内选择 150 名有影响力和代表性的民营企业家,每年由市里统一组织,选调优秀的各科医务专家分批为民营企业家进行健康体检。有关部门还将跟踪了解民营企业家的健康情况,给他们建立健康档案,为他们发放就诊优先卡。该文件还要求,各区、县、市和市级各有关部门,结合各自实际,参照市里的做法,每年都要安排一批未列入市级名单的民营企业家进行健康体检和疗养休假。

本 章 小 结

（1）个人与家庭可能遭受的风险包括财产风险、人身风险和责任风险。风险承受能力是指个人或者家庭应对相关风险的能力，如能承受多大的投资损失而不至于影响其正常生活。对个人和家庭而言，影响其风险承受能力的因素有很多，既包括个人与家庭成员的财富、年龄、婚姻状况，也包括风险态度、财务计划等。个人与家庭风险管理的目标就是对意外事故造成的损失在整个生命周期内进行有效分摊，做到收入和支出的平衡，在整个生命周期内实现消费的最佳配置。个人与家庭应当根据所处的不同阶段进行不同结构的理财活动。

（2）个人和家庭的人身风险主要包括两个方面：一是收入的终止或者减少；二是额外费用的增加。个人和家庭面临的人身风险主要来自死亡、健康、衰老和失业等因素，其风险管理可以采取风险自留、损失控制和人身保险方式。

（3）在我国，实物资产主要包括房产、汽车、家具家电、珠宝以及其他一些贵重物品。实物资产遭遇损失的原因大致可以分为物质风险和社会风险。常见的实物资产风险有火灾、爆炸、台风、盗窃、地震、洪水等，对此，风险管理人可以采用控制型风险管理技术和财务型风险管理技术。经验表明，这两类技术在一定条件下都是行之有效的，具体包括风险回避、风险控制、风险转移、风险自留和家庭财产保险等。

（4）个人金融资产包括本外币个人存款、国债、基金、证券、银行理财产品、第三方存管保证金、保险、黄金及黄金保证金、集合资金信托计划等财富管理产品。其面临的风险包括市场风险、信用风险、流动性风险和操作风险，其风险处置途径和方法一般分为控制法和财务法。

关键概念索引

人身风险　财产风险　责任风险　生命周期　生命价值法　遗属需求法　"双十"原则法
实物资产　金融资产

复 习 思 考 题

1. 简述个人与家庭面临的风险。
2. 简述衡量死亡损失的方法。
3. 简述生命价值法的含义。
4. 简述个人与家庭的人身风险防范措施。
5. 简述个人与家庭的实物资产风险防范措施。
6. 联系实际，阐述自己面临的风险及应对措施。

第八章　企业纯粹风险管理

 **本章要点**

- 企业风险管理的目标
- 企业损失的分类
- 企业损失风险度量的指标
- 企业人力资本损失的度量

思政目标

（1）使用科学、严谨的方法分析企业面临的风险，帮助学生认知"以人为本"的思想在企业风险管理中的内涵和运用。

（2）将企业风险管理目标与社会主义核心价值观中的"富强、民主、和谐"紧密联系在一起。

企业风险管理是指企业在实现未来战略目标的过程中，试图将各类不确定因素产生的结果控制在预期可接受范围内，以确保和促进组织整体利益实现的方法和过程。企业风险管理框架是由美国反虚假财务报告委员会下属的发起人委员会（COSO）在内部控制框架的基础上，于 2004 年 9 月提出的。

第一节　企业风险管理概述

企业在生产经营过程中，可能面临的风险既有财产损失风险，又有净收入损失风险，还有法律责任风险和人力资本风险。其中，财产损失风险是企业最常见的风险，主要包括有形的实物资产风险和无形资产风险。净收入损失风险主要是指收入减少和费用增加带来的损失。人力资本风险则是指员工的辞职、意外伤害等原因造成的损失。

一、企业风险管理的目标

明确了风险管理的目标，就明确了企业风险管理的方向，风险管理目标对企业全面风险管理作用的发挥以及管理活动本身具有极其重要的意义。

风险管理的整体目标是使企业价值最大化，即通过减少风险给企业价值造成的损失来增加企业的价值。这一目标实际上也是当今公司财务管理以及经营管理的基本目标。换而言之，公司经营的目的是实现企业价值最大化，或者说是通过使股东的财富保值和增值从而实现其价值。

国务院国资委发布的《中央企业全面风险管理指引》第七条指出，企业开展全面风险管理要努力实现以下风险管理总体目标：①确保将风险控制在与总体目标相适应并可承受的范围内；②确保内外部，尤其是企业与股东之间实现真实、可靠的信息沟通，包括编制和提供真实、可靠的财务报告；③确保遵守有关法律法规；④确保企业有关规章制度和为实现经营目标而采取重大措施的贯彻执行，保障经营管理的有效性，提高经营活动的效率和效果，降低实现经营目标的不确定性；⑤确保企业建立针对各项重大风险发生后的危机处理计划，保护企业不因灾害性风险或人为失误而遭受重大损失。

《企业风险管理整合框架》认为，企业风险管理的一个基本前提是每一个组织主体存在的目的都是为它的利益相关者提供价值。企业风险管理使管理当局能够有效地处理不确定性以及由此带来的风险和机会，从而提高组织主体创造价值的能力。企业风险管理能够帮助管理当局实现组织主体的业绩和盈利目标，并防止资源的损失。此外，企业风险管理还有助于确保组织主体符合法律和法规，避免对其声誉的损害以及由此带来的后果。总之，企业风险管理不仅能够帮助每一个组织主体达到期望的目的，还有助于其避开前进途中的隐患和意外。简单地说，企业风险管理的目标就是增加企业的价值。

我们根据企业风险管理与企业总体目标的关系以及风险管理的作用，将企业风险管理的目标分为三个层级：①实现企业总体战略，实现企业价值最大化，这是风险管理的最终目标；②控制风险，这是风险管理的直接目标，这个层级的目标可细分为控制风险目标、处理危机目标和把握机会目标；③增进企业文化建设即通过风险管理意识的增强、风险管理制度的建立、风险管理组织的设置以及风险管理流程的运行，使风险管理融入企业文化之中，使企业建立起与现代经济社会相适应的企业文化，并实现企业的可持续发展，这是风险管理的精神目标。

二、企业损失的分类

（一）财产价值损失

企业财产可分为两大类：有形财产和无形财产。有形财产是指以具体物质产品形态存在的财产，包括生产有形财产和非生产有形财产。生产有形财产是指生产活动创造的财产，包括有形固定财产、存货（库存）和珍贵物品。其中，有形固定财产又包括住宅、其他房屋和建筑物、机器和设备、培育财产等;存货包括原材料及用品、在制品、制成品、转售货物分类核算。非生产有形财产是指由大自然提供的未经生产而取得的财产。非生产有形财产包括土地、地下资源、非培育生物资源、水资源等。诸如票据、股票、计算机软件、商誉,特许权等,以及一切代表财产取得来源和方式的权利都称为无形财产。有形财产容易遭受损害和盗窃,无形财产不易遭受物质损坏,但也会被盗窃,如商业机密被窃取等。

当财产遭受损失后,财产所有人除了丧失财产本身的价值,还会丧失该财产的所得收益。因此,我们在分析财产损失风险时还要考虑以下损失:①场地清理费;②拆除建筑物未遭受损坏部分的费用;③增加的建筑费用;④部分损失使整件价值减少;⑤继续经营价值损失。

(二)净收入损失

净收入是指企业的盈利总额,即总收入扣除业务成本、税款及其他开支以后企业的所得或收入余额。损失风险会导致企业收入减少或费用增加,从而造成企业净收入损失。净收入损失风险是指意外事故引起企业收入减少或费用增加的风险。净收入损失的一个显著特征就是正常的企业活动被中断。所有的净收入损失都会在一定程度上降低企业在既定成本基础上生产和获利的能力。

1. 收入减少

(1)销售收入减少。商业企业的净收入风险主要是指预期的正常销售收入因停业而减少。

(2)生产销售价值减少。对制造企业收入减少的估计是较为复杂的,衡量其收入减少的标准是生产销售价值。生产销售价值是假设企业生产继续正常进行情况下的产值。

(3)预期的投资收益减少。尽管投资项目在建时并无收益而只有支出,但我们可以预期其将来会有收益。因此,投资项目在建成之前遭受损失会使投资者丧失预期的投资收益。

2. 费用增加

(1)继续开支的费用。尽管企业全部停产或停业,某些费用必须继续开支,它包括部分人员的工资、租金、法律和会计费、保费、税收等。

(2)为了继续经营而发生的额外费用。有些企业即便发生生产或营业中断事故,但仍需继续经营,这时就会发生超过其正常经营的额外费用。这些额外费用包括租借临时替代场所和设备的租金、交通费、广告费等。

(3)为了减少损失发生的加急费用。企业为了尽快恢复生产或营业,会产生一些加急费用,包括加快处理受损财产和重建或修复受损财产的溢价、加班工资、快件运费等。

(三)法律责任损失

企业会因其面临的实际或潜在的法律责任而支付律师费、咨询费、诉讼费等费用,这将导致企业净收入减少。例如,新颁布的法律禁止某企业排放污水,并且该企业被起诉。该企业除了支付法律费用,还得停产或支付大量防污工程的费用。为此,该企业的净收入明显受到影响。

（四）人力资本损失

人力资本损失是指企业因其员工死亡、丧失工作能力、退休、辞职而遭受的人员损失，特别是那些具有特殊技艺和才能的人员的丧失会削弱企业的经营能力和盈利能力，从而引起企业的损失。

三、企业损失风险的分类

致使企业财产遭受损失的风险有很多，从风险管理的角度出发，这些风险包括自然风险、社会风险和经济风险三类。

（一）自然风险

自然风险是指由自然因素或意外事故造成企业财产损失的风险。自然因素主要包括人力不可抗拒的、突然的、偶发的和具有破坏力的自然现象，如洪水、地震、泥石流、滑坡、崩塌、地面下沉、火山、风暴潮、海啸和台风等。意外事故是指由于人员的疏忽或违反操作规程所致的火灾、爆炸和空中飞行物坠落等突发事故。自然风险属于纯粹风险。

（二）社会风险

社会风险是指由个人或集团的社会行为导致企业财产损失的风险。它主要来自以下几个方面：一是道德风险，即人为的、有意识地制造的风险，如纵火、偷窃、抢劫、渎职、贪污、泄密和挪用公款等。这些风险给企业造成的损失是不可预见的，也是很难控制的。二是政治风险，如罢工、暴乱造成企业财产遭受损毁或生产被迫中断。政治风险对国际工程项目和出口贸易的影响尤为重要，如买方所在国可能发生战争、革命和政变等政治事件，以及颁布延期付款法令致使买方无法履行还款义务，从而使卖方面临巨大的收入损失。

（三）经济风险

经济风险是指在经济领域中各种导致企业经营遭受损失的风险。例如，通货膨胀会引起材料价格和劳动力价格（工资）的大幅度上涨，外汇汇率的变化会引起外汇交易的损失，国家或地区有关政策、法令（如税收、保险等）的变化会使企业支付额外的费用，债务人可能由于经济衰退或因其内部管理上的失误而无力偿还到期债务等。

四、企业损失风险的损失后果

一般情况下，企业拥有的财产遭受风险事故后，既会产生直接损失，又可能产生一些间接损失后果。

（一）直接损失

直接损失是指由风险事故直接引起的企业资产的减少或费用的增加，主要包括企业财产遭受破坏、损毁或被征收而导致的损失，企业员工因工作受到伤害而产生的费用，企业因承担法律责任被诉讼而支付的法律费用，等等。

（二）间接损失

间接损失是直接损失的后果，包括企业遭受灾害事故后导致的正常利润损失、固定费用和额外费用的支出等。例如，一场暴风雨摧毁了输电线和变压器，致使企业的正常生产被迫中断，由此导致的企业正常利润减少或者完全丧失就是间接损失。又如，在生产中断的情况下,企业为履行交货合同,不得不以更高的成本租赁替代设备来维持生产的正常运行,这种额外费用支付也是一种常见的间接损失。

第二节　企业财产损失风险分析

企业财产主要包括不动产和动产。不动产是指土地和土地上的固定物,包括各种建筑物,如房屋、桥梁、电视塔和地下排水设施等。其特点是与土地不能分离或者不可移动,一旦与土地分离或者移动将大大改变其性质或者大大降低其价值。动产是指不动产之外的财产,如机器设备、车辆和各种生活日用品等。

一、企业财产损失的分类

企业是现代经济社会的活动主体和重要支柱,但一场火灾、一次生产事故都有可能导致其元气大伤,甚至一蹶不振。因此,必须了解企业可能面临的各种财产损失,才能有的放矢地进行有效的风险管理。

(一) 建筑物

建筑物是企业财产中具有重要价值的部分,是为企业生产和经营服务的。建筑物不仅包括房屋,还包括与房屋不可分割的各种附属设备、房屋以外的各种建筑物(如码头、油库、水塔和烟筒等)及其附属设备(如水电、冷暖、卫生设备和门面装潢等附属于房屋、建筑物上较固定的设备装置)。建筑物是企业最主要的不动产,具有不可移动性,它所面临的风险与其他可移动的财产相比有较大的不同,其更容易遭受水灾、火灾等自然灾害。

(二) 建筑物中的内部财产

建筑物中内部财产的特点是可以随意移动,且价值不受影响,主要包括机器设备、工具仪器、管理工具和原材料等。机器设备是指具有改变材料属性或形态功能的各种机器及其不可分割的设备,如机床、平炉、电焊机、传动装置和传导设备等。工具仪器是指具有独立用途的各种工作用具、仪器和生产工具,如切削工具、模压器和检验用仪器等。管理用具是指一些消防用具、办公用具以及其他用于经营管理的器具设备。原材料包括原料、半成品、产成品、库存商品和特种储备商品等。

(三) 货币和有价证券

货币是指通货、硬币、支票、信用卡凭证和汇票等。有价证券是指股票和债券等代表货币和其他财产的书面凭证。实质上,货币和有价证券都不是物资,保险人通常对其不予承保,但这两种资产对企业而言极其重要,而且存在着潜在风险。货币和有价证券因其轻巧、体积小,很容易被人盗窃、隐藏和被火烧毁。

(四) 运输工具

运输工具包括汽车、火车、船舶和飞机等,其基本用途是载人或载货。这种运输过程使运输工具面临的风险具有特殊性:一方面,运输工具与其他财产一样可能遭受火灾、爆炸和洪水等灾害事故,使其本身价值受到影响;另一方面,运输工具会制造一些风险,如发生碰撞事故造成他人人身伤害或财产损失。因此,在实际中,保险公司常常将运输工具作为一类单独的对象承保,即运输工具保险。

(五) 货物

货物通常是指贸易商品,也包括一些援助物资、供展览用的物品等非贸易商品。与其他财产相比,货物通常处于运输过程中,这种移动使之面临着诸多风险。货物可能因运输工具受损(如发生碰撞、脱轨和沉没等事故)而遭到损坏,而且不同的运输工具面临不同的环境和条件,其潜在的风险也体现出明显的差异性。此外,货物既有处于运输过程中的风险,也有处于静止状态时的风险,如存仓期间的火灾和盗窃等风险。

(六) 在建工程

在建工程面临的地质环境、人文环境和现场环境通常比较复杂,影响因素很多,高空露天作业的困难和危险较多,这些外部环境因素孕育了工程风险。因此,同其他财产相比,在建工程的风险具有特殊性、长期性和复杂性等特点。此外,工程项目施工过程中的参与方众多,施工现场的协调、指挥和监理等工作复杂,对有关人员的综合素质要求很高。同时,随着经济的飞速发展和经济技术水平的提高,工程建设项目的规模越来越大,设计施工越来越复杂。例如,地铁、电站和摩天大楼等工程项目投资大、施工环境复杂,风险相对集中,此类工程项目一旦发生风险,造成的人身伤亡和经济损失都比较严重。

二、企业财产损失金额的评估标准

在评估企业财产损失风险的经济后果时,风险管理人员必须选择适当的估价标准。

(一) 原始成本

原始成本是指资产取得时的实际成本,也称历史成本,是企业购置、制造或建造各项资产所发生的全部实际支出,如购置一项固定资产,其原始成本是其发票价格加上使该项资产得以投入使用前所发生的全部支出,如包装运输费、安装费用等。原始成本的主要优点包括:①原始成本是在市场上通过正常的交易客观地确定下来的,而不是主观臆想出来的;②原始成本可以验证;③原始成本近似于购置资产时的资产价值;④原始成本数据易于取得,并且与收益计量上的实现概念相一致。原始成本计量属性的缺点主要包括:①由于资产的价值经常发生变动,经过较长时期以后,原始成本作为企业可用资产的计量属性就缺乏重大意义;②原始成本不能使利得和损失的实际发生期间得到确认;③由于资产的价值自始至终在变动,不同时期取得资产的成本在资产负债表中的累计,缺乏可解释性。

(二) 账面价值

账面价值是用资产的原始成本减去累计折旧而得到的金额。累计折旧是根据会计假设的资产使用年限与已使用年限的比例来计算的。在很多情况下,资产的账面价值与其市场价值和经济价值有很大差别,而后者是资产真实价值更准确的度量,所以当企业出售资产时,定价往往不是其资产的账面价值,而是根据市场价值或经济价值重新评估后形成的价格。若售价高于资产的账面价值,公司会盈利;若售价低于资产的账面价值,企业会亏损。

（三）重置成本

重置成本是一种现行成本，在资产取得时它和原始成本是一致的。之后，由于物价的变动，同一资产或其等价物就可能需要用较多的或较少的交换价格才能获得。因此，重置成本表示最初取得同一资产或其等价物时需要的交换价格。这种交换价格应该是从企业资产或劳务市场获得的成本价格，而不是在企业正常经营过程中通常出售其资产或劳务的市场销售价格。重置成本分为复原重置价值和更新重置价值两种。复原重置价值是指采用与评估对象相同的材料、建筑或制造标准、设计、规格及技术等，以现时价格水平重新购建与评估对象相同的全新资产所发生的费用。更新重置价值是指采用新型材料、现代建筑或制造标准以及新型设计、规格和技术等，以现行价格水平购建与评估对象具有同等功能的全新资产所需的费用。重置价值表示企业现在获得该资产或劳务所需支付的数额。它是现行投入价值的最佳计量。但在计量重置价值之日，市场上所销售的商品价格可能并非完全一致，加之销售条件等可能不完全相同，因此，企业在重置价值数额确定的过程中不可避免地会带有一些主观因素。再者，在计量重置成本之日，由于技术进步等原因，企业也可能在市场上很难找到与之相同或相似的资产，这些资产的重置价值只能依靠估计，因此，重置价值的确定带有主观的成分。

（四）市场价格

市场价格就是商品在市场上买卖的价格，是指根据目前公开市场上与被评估资产相似的或可比参照物的价格来确定的被评估资产的价格。现行市价是一种最简单、有效的方法，因为评估过程中的资料直接来源于市场，同时又为即将发生的资产行为估价。现行市价法的应用与市场经济的建立和发展以及资产的市场化程度密切相关。现行市价法日益成为一种重要的资产评估方法。

（五）实际现金价值

实际现金价值是指损失发生时的重置成本减去折旧的净值。重置成本是重建一个同样的建筑物而需要的金额。房屋的重置成本不等于财产的平均市场价值，因为市场价值中包括土地和方位的价值。方位可以是财产价值的一个重要因素，但不包括在重置成本之内。例如，在 A 地和 B 地建一座房子的费用是一样的，但 B 地位于产生难闻气味的农产加工厂的下风向，因此，B 地房子的市场价值就会小一些。实际现金价值是大多数财产和责任保险合同中衡量经济损失的基本依据。

三、企业财产损失风险管理

企业面临的财产损失风险具有损失频率低、损失程度高、属于可保风险等特点，一般适用于财产保险这种方式。财产保险有广义与狭义之分，广义的财产保险是指以财产及其有关的经济利益和损害赔偿责任为保险标的的保险；狭义的财产保险则是指以物质财产为保险标的的保险。在保险实务中，狭义的财产保险一般称为财产损失保险。

（一）企业财产保险

企业财产保险是指以企业的固定资产和流动资产为保险标的，以企业存放在固定地点的财产为对象的保险业务,即保险财产的存放地点相对固定且处于相对静止的状态。其适用范围很广,一切工商、建筑、交通、服务企业以及国家机关、社会团体等均可投保企业财产保险,即财产保险对一切独立核算的法人单位均适用。企业财产保险分为基本险和综合险两种,投保人可根据被保险人的具体风险情况进行选择。在投保时,投保人一般要向保险人提供资产负债表等能够表明企业财务资产情况和企业营业范围的材料,以便与保险人协商确定保险金额和保费率。此外,投保人还要如实填写投保单以及相关单证(可在保险公司人员的指导下完成),并交付相应的保费。

1. 企业财产基本险

企业财产基本险是为企事业单位提供保障的一个险种。其保险标的包括任何属于被保险人所有或与他人共有而由被保险人负责的财产、由被保险人经营管理或替他人保管的财产、其他具有法律上承认的与被保险人有经济利害关系的财产等。其承担的保险责任包括:①因火灾、爆炸、雷击、飞行物体及其他空中运行物体坠落所致损失;②被保险人拥有财产所有权的自用供电、供水、供气设备因保险事故遭受损坏,引起停电、停水、停气以致造成保险标的的直接损失;③发生保险事故时,为了抢救保险标的或防止灾害蔓延,被保险人采取合理必要的措施而造成保险财产的损失;④发生保险事故时,为了抢救、减少保险财产损失,被保险人对保险财产采取施救、保护措施而支出的必要、合理费用。

2. 企业财产综合险

企业财产综合险是在基本险的基础上,把保险责任范围扩展到由暴雨、洪水、台风、暴风、龙卷风、冰雹、冰凌、泥石流、崖崩、突发性滑坡、地面下陷下沉等引发的综合险保险责任,具体包括:①爆炸、雷击、暴雨、洪水、台风、暴风、龙卷风、冰凌、泥石流、崖崩、突发性滑坡、地面下陷下沉所致损失;②飞行物体及其他空中运行物体坠落所致损失;③被保险人拥有财产所有权的自用供电、供水、供气设备因保险事故遭受损坏,引起停电、停水、停气以致造成保险标的的直接损失;④发生保险事故时,为了抢救财产或防止灾害蔓延,被保险人采取合理必要的措施而造成保险财产的损失;⑤发生保险事故时,为了抢救、减少保险财产损失,被保险人对保险财产采取施救、保护措施而支出的必要、合理费用。

(二)运输保险

运输保险是指以流动状态下的财产为保险标的的一种保险,通常包括货物运输保险和运输工具保险两类。

1. 货物运输保险

货物运输保险是指货物在运输过程中因自然灾害或意外事故所致损失的保险,其按货物运输方式可分为海上货物运输保险、陆上货物运输保险、航空货物运输保险、邮包保险以及联运保险。货物运输保险的期限多以一次航程或运程计算。凡在货物运输中具有相关利益的人均可投保货物运输保险,如货主、发货人、托运人、承运人等。货物运输保险还可以分为基本保险、综合保险和附加保险三类。一般而言,货物运输基本保险的责任通常包括:①因火灾、爆炸及相关自然灾害所导致的货物损失;②因运输工具发生意外事故所导致的货物损失;③货物在装卸过程中发生的意外损失;④按照国家规定或一般惯例应当分摊的共同海损费用;⑤合理的、必要的施救费用等。货物运输综合保险则不仅承保上述责任,而且还承保盗窃、雨淋等造成的货物损失。无论是基本保险还是综合保险,保险人对下列原因导致的损失均不负责:①战争或军事行动;②被保险货物本身的缺陷或自然损耗;③被保险人的故意行为或过失;④核事件或核爆炸;⑤其他不属于保险责任范围内的损失等。

2. 运输工具保险

运输工具保险是指以各种运输工具为保险标的的保险,包括船舶保险、机动车辆保险、飞机保险等。其保险责任往往不仅承担运输工具在意外事故中造成的财产损失,也承保运输工具在营运过程中发生的第三者责任。在国内业务中,被保险的运输工具不包括各种非机动运输工具,如木船、自行车、畜力车等。机动车辆保险是运输工具保险中的主要险种,它以各种以机器为动力的陆上运输工具为保险标的,包括各种汽车、摩托车、拖拉机等,分为交强险、车辆损失保险、第三者责任保险等。船舶保险是指以各种船舶、水上装置及其碰撞责任为保险标的的一种运输工具保险,适用于各种团体单位、个人所有或与他人共有的机动船舶与非机动船舶以及水上装置等,包括运输船舶、渔业船舶、工程船舶、工作船舶、特种船舶及其附属设备,以及各种水上装置。一切船东或船舶使用人都可以利用船舶保险来转嫁自己可能遭遇的风险。同时,船舶保险的承保人往往将上述保险标的的碰撞责任亦作为船舶保险的基本责任予以承保。飞机保险是指以飞机及其相关责任风险为保险对象的一种运输工具保险,包括机身保险、飞机战争劫持保险、飞机第三者责任保险和航空旅客责任保险。

（三）工程保险

工程保险是指以各种工程项目为主要承保对象的保险,其被公认为是保障建筑工程质量和安全最为有效的方式之一。工程保险的责任范围由两部分组成:第一部分主要是指工程项下的物质损失部分,包括工程标的有形财产的损失和相关费用的损失;第二部分主要是指被保险人在施工过程中因可能产生的第三者责任而产生的经济赔偿责任损失。工程保险的主要险种包括建筑工程保险、安装工程保险、科技工程保险。

（四）农业保险

农业保险是指保险公司根据农业保险合同,对被保险人在农业生产过程中因保险标的遭受约定的自然灾害、意外事故、疫病等事故所造成的财产损失承担赔偿保险责任的保险。农业是指种植业、林业、畜牧业和渔业等产业。我国开办的农业保险主要险种包括:农产品保险;生猪保险;牲畜保险;奶牛保险;耕牛保险;山羊保险;养鱼保险;养鹿、养鸭、养鸡等保险;对虾、蚌珍珠等保险;家禽综合保险;水稻、油菜、蔬菜保险;稻麦场、森林火灾保险;烤烟种植、西瓜雹灾、香梨收获、小麦冻害、棉花种植、棉田地膜覆盖雹灾等保险。

第三节　企业净收入损失风险分析

企业净收入损失风险是指由于意外事故引起企业收入减少或费用增加的风险。净收入损失的一个显著特征就是正常的企业活动被中断。所有的净收入损失都会在一定程度上降低企业在既定成本基础上生产和获利的能力。

一、净收入损失风险的价值

估计净收入损失风险需要预测企业在不发生意外事故造成生产或营业中断情况下的正常收入和费用。净收入损失风险的价值是预期的收入减去预期的费用,即将来一定时期内预期收入与预期费用之间的差额。由于风险管理注重意外损失风险而不是与经济周期相关的不确定性,风险管理人员在估计净收入损失风险时通常不考虑经济风险,除非另有充分理由的假设,否则他们一般都假定将来的收入和费用与以往的相同。但是,我们可以根据设定的通货膨胀率和企业营业额的增减趋势对将来的收入和费用做一些适当的调整。如果一个企业现在全部停产,那么它今后 12 个月内的净收入损失风险的价值一般被假定为前 12 个月的净收入。对于企业短期的生产或营业中断,如 3 个月或 6 个月,我们可以把以前 12 个月的净收入的 1/4 或 1/2 作为这 3 个月或 6 个月净收入损失风险的价值。如果企业生产是季节性的,那么我们可以把 1 年前相同月份的净收入作为净收入损失风险的价值。

二、造成净收入损失的事件

在实践中,造成企业净收入损失的事件一般有以下三类。

(一) 财产损失

可能造成企业净收入损失的财产包括以下两种。

(1) 本企业控制的财产,包括本企业拥有、租赁或使用的财产。例如,工厂的机器损坏会使工厂的净收入受到影响。

(2) 他人控制的财产,包括主要供应商、客户,以及公用事业和其他市政部门控制的财产。例如,许多小商店的经营依靠附近大商场的人流量,一旦大商场因发生火灾而停业,小商店的净收入也会受到影响。

(二) 法律责任

企业会因面临的实际或潜在的法律责任而支付律师费、咨询费、诉讼费等费用,这会导致企业净收入减少。例如,新颁布的法律禁止某企业排放污水,并且该企业被起诉,那么,该企业除了支付法律诉讼费用,还需要支付大量防污工程的费用。为此,该企业的净收入明显受到影响。

(三) 人员损失

企业会因其员工死亡、丧失工作能力、退休、辞职而遭受人员损失。特别是那些具有特殊技艺和才能员工的丧失会削弱企业的盈利能力,从而引起企业的净收入减少。

三、净收入损失程度的衡量

企业净收入损失的程度一般和以下几方面因素直接相关。

(一) 停产或停业时间

停产或停业时间是指在工作时间内因生产活动中断所耗费的时间。它的长短取决于恢复受损财产所需要的时间。恢复时间是较难估计的,实际恢复时间往往比预期的时间要长,因为人们在估计时主要是根据以往的经验,而没有考虑其他偶然不测事件,诸如天气、设备未按时到达或自然灾害等因素。

(二) 停产或停业程度

停产或停业程度分为全部停工和各种程度的部分停工。

(三) 收入减少

可供风险管理人员选择计算收入减少的标准有以下三种。

1. 销售收入

商业企业的净收入风险是指预期的正常销售收入与停业期预期销售收入之间的差额。

2. 生产销售价值

对制造企业收入减少的估计是较为复杂的,衡量其收入减少的标准是生产销售价值,即假设企业生产继续正常进行情况下的产值。生产销售价值是用来衡量企业生产能力的,而不是其前一时期实际生产的金额。为了计算这一价值,风险管理人员必须做以下几种会计调整:①第一个调整是将企业销售账面价值加上企业正常经营中所获得的其他收入,诸如购买原材料所获得的佣金、出租场所的租金、营运资金的利息收入。②第二个调整是从销售账户上扣除给客户的报酬、备抵、坏账、预付运费,目的是使销售账面价值变为净值而不是总值。但如果这些项目是分开记账的,则不必进行调整。③第三个调整是对一定时期内存货变动进行调整,即减去期初以销售价计算的制成品的存货,再加上期末也以销售价计算的制成品的存货。如果存货增加,表明该企业在这一时期生产的产品比销售的产品多;如果存货减少,则表明销售的产品比生产的产品多。存货损失被视作为直接财产损失的一部分,存货增减表明生产活动的增减,也表明将来一段时期可供销售的产品数量。风险管理人员对销售账面价值进行以上三项调整后,可以得出假如在不发生停工的情况下在一定时期内将会产生的收入金额。

3. 预期的投资收益

尽管投资项目在建时并无收益而只有支出,但其将来会有收益。因此,投资项目在建成之前遭受损失会使投资者丧失预期的投资收益。

(四) 停产或停业期间的费用

停产或停业期间的费用包括以下三项:①继续开支的费用。尽管企业全部停产或停业,某些费用必须继续开支,包括部分人员的工资、租金、保费、税费等。②为了继续经营而发生的额外费用。有些企业即便发生生产或营业中断事故,但仍需继续经营,这时就会发生超过其正常经营的费用。这些额外费用包括租借临时替代场所和设备的租金、交通费、广告费等。③为了减少损失而发生的加急费用。企业为了尽快恢复生产或营业,宁可发生一些加急费用,包括加快处理受损财产和重建或修复受损财产的溢价、加班工资、快件运费等。

(五) 净收入正常水平

一般而言,一个净收入正常水平高的企业在停产或停业后会遭受更大的净收入损失。

对具有季节性生产和销售特点的企业来说,如果旺季发生停产或停业,则其会比淡季遭受更大的净收入损失。

(六) 恢复到正常经营状况所需要的时间

恢复期不仅包括停产或停业的时间,而且包括重新生产或营业后至恢复到正常经营的时间。这里的正常经营是指收入金额恢复到停产或停业前的状况。

第四节 企业责任风险分析

企业责任风险是指企业在生产以及销售等经营过程中,因造成员工或他人身体伤害及财产损失,而在法律上应负担的民事赔偿责任风险。企业责任风险是企业经营中的一种风险,该风险发生概率高,带来的后果严重,不可小视。

一、企业责任风险的分类

风险管理的责任是指企业因未履行某项义务而发生的法律后果,其强调的是法律责任而非道德义务。根据违法行为所违反法律的性质,法律责任按照不同的标准可以分为不同的类型,如民事责任、行政责任和刑事责任。刑事责任和和行政责任根据相应的刑事法律和行政法律规范进行界定。民事责任是指公民或法人因违反民事法律、违约或者因法律规定的其他事由而依法承担的不利后果,包括侵权责任、违约责任等,其中以侵权行为最为主要。本书主要介绍民事侵权责任,其特征包括:①侵权民事责任是法律责任,不是道义责任;②侵权责任是民事法律责任而不是刑事责任、行政责任;③承担侵权责任的后果主要是财产损失;④侵权责任的履行以补偿为主。

二、民事侵权责任损失风险度量

损害是侵权行为的一种后果,具体表现为受害人的财产损失、人身伤害和精神损失。赔偿是债权诉讼最主要的特征,也是普通法所给予的最主要的救济形式。一般情况下,赔偿能够对原告的损失进行弥补。

(一) 财产损害赔偿

财产损害是指受害人因财产受到侵害而造成的经济损失,是可以用货币来衡量的损失。经济损失包括直接的物质损失和伴随物质损失而产生的间接的物质损失。其中,直接损失是指现有财产的减少,间接损失是指可得利益的减少。

《中华人民共和国民法典》第一百八十六条规定"因当事人一方的违约行为,损害对方人身权益、财产权益的,受损害方有权选择请求其承担违约责任或者侵权责任。"第二百三十七条规定:"造成不动产或者动产毁损的,权利人可以依法请求修理、重作、更换或者恢复原状。"第二百三十八条规定:"侵害物权,造成权利人损害的,权利人可以依法请求损害赔偿,也可以依法请求承担其他民事责任。"

侵害他人物权是侵害他人财产最主要、最基本的表现形态,包括对他人所有的不动产、动产等财产进行毁损,致使该财产的外在形式、内在质量遭受破坏,甚至完全丧失,直接影响其价值和使用价值,如汽车被撞坏、古董花瓶被摔碎、家用电器被烧毁、建筑物被毁坏等。因侵权行为导致财产损失的,赔偿金额要按照财产损失发生时的市场价格计算,也就是以财产损失发生时间的市场价格为计算标准。财产完全毁损、灭失的,赔偿金额要按照该物在市场上所对应的标准全价计算,如果该物已经使用多年,其全价应当是市场相应的折旧价格。例如,一辆已经开了5年的汽车被毁坏,其全价应当是二手车市场上与该种车型及使用年限相对应的价格。财产部分毁损的,其赔偿金额应当按照由于毁损使该物价值减损的相应市场价格标准计算。如果该财产没有在市场上流通,没有市场的对应价格,其赠偿金额可以用其他方式计算,包括评估等方式。例如,家传的古董,因没有市场价格,其赠偿金额就可以按照有关部门的评估价格计算。

(二) 人身损害赔偿

人身损害是指侵害他人的身体所造成的物质机体的损害,可以分为一般伤害、残疾和死亡三种类型。

根据《最高人民法院关于审理人身损害赔偿案件适用法律若干问题的解释》及《中华人民共和国民法典》的相关规定,人身损害的赔偿范围包括医疗费、误工费、护理费、交通费、住宿费、住院伙食补助费、必要的营养费、残疾赔偿金、残疾辅助器具费、被扶养人生活费、康复费、后续治疗费、丧葬费、死亡补偿费以及受害人亲属办理丧葬事宜支出的交通费、住宿费和误工损失等其他合理费用(表8-1)。

表 8-1   不同人身损害类型的赔偿范围

损害类型	赔偿范围
一般伤害	医疗费、误工费、护理费、交通费、住宿费、住院伙食补助费、必要的营养费
残疾	医疗费、误工费、护理费、交通费、住宿费、住院伙食补助费、必要的营养费、残疾赔偿金、残疾辅助器具费、被扶养人生活费、康复费、后续治疗费等
死亡	医疗费、被扶养人生活费、丧葬费、死亡补偿费以及受害人亲属办理丧葬事宜支出的交通费、住宿费和误工损失等其他合理费用

(三) 精神损害赔偿

精神损害通常包括两个方面的情况:一方面是因遭受人身损害或者财产损害而导致的精神损害;另一方面是因遭受除人身损害和财产损害外的其他损害而导致的精神损害。精神损害也包括两种:一种是受害人可以感知到的精神损害,称为积极的精神损害;另一种是受害人由于心智丧失或者其他原因无法感知的精神损害,称为消极精神损害。受害人因遭受精神损害达到一定的程度而要求侵权人进行赔偿,这是非常有必要的,也符合法律的基本精神。根据最高人民法院2001年3月8日颁布的《关于确定民事侵权精神损害赔偿问题的解释》,精神损害赔偿的范围包括:①侵害他人生命权、健康权、身体权、姓名权、肖像权、名誉权、荣誉权、人身自由权等人格权,给他人造成精神损害;②侵犯他人监护身份权,非法使被监护人脱离监护,给监护人造成精神损害;③侵害死者人格权或非法利用、侵害遗体、遗骨给死者近亲属造成精神损害;④灭失或毁损他人具有人格象征意义的特定纪念物品而对他人造成精神损害。

三、企业责任风险管理

(一) 收集相关法律法规和信息

风险管理人员应广泛收集国内外企业忽视法律法规风险、缺乏应对措施导致企业蒙受损失的案例,并至少了解与该企业相关的以下信息:①国内外与该企业相关的政治、法律环境;②影响企业经营的新的法律法规和政策;③员工道德操守的遵从性;④该企业签订的重大协议和有关贸易合同;⑤该企业发生重大法律纠纷案件的情况;⑥企业和竞争对手的知识产权情况。

(二) 购买相关的责任保险

1. 公众责任保险

公众责任保险又称普通责任保险或综合责任保险,它以被保险人的公众责任为承保对象,是责任保险中独立的、适用范围最为广泛的保险类别。公众责任保险的适用范围非常广泛,其业务复杂,种类很多,主要包括场所责任保险、承包人责任保险和个人责任保险等。其中,场所责任保险主要承保场所所有人或经营管理人在营业过程中所造成的损害赔偿责任,是公众责任保险中的主要险种。承包人责任保险承保的是各种建筑工程、安装工程、装卸作业和各类加工的承包人在进行承包合同项下的工程或其他作业时所造成的损害赔偿责任。个人责任保险主要承保私人住宅及个人在日常生活中所造成的损害赔偿责任。任何个人或家庭都可以将自己或自己的所有物可能造成损害他人利益的责任风险通过投保个人责任保险而转嫁给保险人。

2. 产品责任保险

产品责任保险是以产品为具体指向物,以产品可能造成的对他人的财产损害或人身伤害为具体承保风险,以制造或能够影响产品责任事故发生的有关各方为被保险人的一种责任保险。生产商、出口商、进口商、批发商、零售商及修理商等一切可能对产品事故造成的损害负有赔偿责任的人,都具有可保利益,都可以投保产品责任险。产品责任保险的被保险人,除投保人本身外,经投保人申请且保险公司同意后,可以将其他有关方也作为被保险人,必要时投保人可增加保费,并规定对各被保险人之间的责任互不追偿。在各关系方中,制造商面临最大风险,因为除非其他有关方已将产品重新装配、改装、修理、改换包装或使用说明书,并因此引起产品事故,凡产品原有缺陷引起的问题,最后都要追溯至制造商负责。

3. 职业责任保险

职业责任保险在国外又被称为职业赔偿保险或业务过失责任保险,其投保人一般为提供各种专业技术服务的单位(如医院、会计师事务所等),它主要承保各种专业技术人员在从事职业技术工作时因疏忽或过失造成合同对方的人身伤害或财产损失所导致的经济赔偿责任风险。职业责任保险适用于各类专业技术人员,不同专业技术人员的职业风险不同,其保险合同内容也各不相同,保险人会为各类专业技术人员专门设计不同的职业责任保险条款。在实践中,常见的职业责任保险种类有医生职业责任保险、药剂师职业责任保险、会计师职业责任保险、律师职业责任保险、设计师职业责任保险等。

4. 雇主责任保险

雇主所承担的对雇员的责任包括雇主自身的故意行为、过失行为乃至无过失行为所致的雇员人身伤害赔偿责任,但保险人所承担的责任风险并非与此相一致,即雇主责任保险主要承保被保险人的过失行为以及无过失行为所致的损害赔偿责任。构成雇主责任的前提条件是雇主与雇员之间存在直接的雇佣合同关系,即只有雇主才有解雇该雇员的权利,雇员有义务听从雇主的管理从事业务工作,这种权利与义务关系均通过书面形式的雇佣合同或劳动合同来进行规范。各类企业以及机关事业单位对其职工在工作中发生的死亡、伤残、疾病等事故均有依法或依据劳动合同负责赔偿的义务,故其都适宜投保雇主责任保险。

5. 附加的责任保险

附加的责任保险是指从属于某一种财产保险而不需要出立专门保单的保险。

第五节　企业人力资本损失风险管理

一、人力资本损失风险的概念

企业的生产性质决定了企业不但面临实物资本的风险,还面临人力资本损失的风险。人力资本损失风险是指由企业员工死亡、受伤、疾病、年老等造成人员服务价值损失及相关费用支出的不确定性。

著名经济学家舒尔茨对人力资本的定义是:人力资本是相对于物质资本或非人力资本而言的,是指体现在人身上的、可以被用来提供未来收入的一种资本,即人类自身在经济活动中获得收益并不断增值的能力。

二、人力资本损失的度量

人力资本损失的主要原因包括死亡、重大疾病、工伤、年老和退休、失业等,我们可以从损失频率和损失幅度两个方面度量人力资本损失。

(一) 按损失频率估算

1. 死亡频率

根据中国人身保险业经验生命表(2010—2013 年),我们可以估算人在各年龄段的死亡频率(表 8-2)。

2. 重大疾病发生率

2013 年 11 月,我国保险业发布了首套重大疾病经验发生率表,该表为估算企业员工重大疾病发生率提供了参考(表 8-3)。

表 8-2   中国人身保险业经验生命表(2010—2013)(节选)

年龄	非养老类业务一表		非养老类业务二表		养老类业务表	
	男	女	男	女	男	女
0	0.000 867	0.000 620	0.000 620	0.000 455	0.000 566	0.000 453
10	0.000 269	0.000 145	0.000 187	0.000 103	0.000 146	0.000 074
20	0.000 508	0.000 269	0.000 361	0.000 163	0.000 248	0.000 120
30	0.000 797	0.000 340	0.000 595	0.000 247	0.000 407	0.000 175
40	0.001 651	0.000 692	0.001 270	0.000 542	0.000 878	0.000 410
50	0.004 249	0.001 859	0.002 908	0.001 321	0.002 148	0.000 950
60	0.009 161	0.004 414	0.006 258	0.003 088	0.004 660	0.002 315
70	0.027 495	0.015 643	0.014 192	0.009 007	0.010 888	0.006 660

资料来源:中国人身保险业经验生命表(2010—2013 年)。

表 8-3   中国人身保险业 6 种重大疾病经验发生率表(2006—2010 年)(节选)

年龄	重大疾病发生率		年龄	重大疾病发生率	
	男	女		男	女
0	0.000 350	0.000 479	40	0.002 151	0.002 403
10	0.000 210	0.000 210	50	0.007 155	0.005 442
20	0.000 340	0.000 385	60	0.017 274	0.010 487
30	0.000 783	0.000 865	70	0.034 692	0.022 095

注:6 种重大疾病是指根据中国保险行业协会颁布的重大疾病有关定义所规定的恶性肿瘤、急性心肌梗死、脑中风后遗症、重大器官移植术或造血干细胞移植术、冠状动脉搭桥术(或称冠状动脉旁路移植术)和终末期肾病(或称慢性肾功能衰竭尿毒症晚期)。

3. 工伤事故发生率

工伤是指劳动者在从事职业活动或者与职业责任有关的活动时所遭受的事故伤害和职业病伤害。根据《企业职工伤亡事故分类》(GB 6441—1986),适用于企业以及各省、市、县上报企业工伤事故发生频率的计算方法主要有千人死亡率和千人重伤率。

(1)千人死亡率。它表示某时期内,平均每千名职工中由伤亡事故造成死亡的人数。其计算公式为:

$$千人死亡率 = (死亡职工人数 \div 某一时期职工人数) \times 1\,000‰$$

(2)千人重伤率。它表示某时期内,平均每千名职工中由工伤事故造成的重伤人数。其计算公式为:

$$千人重伤率 = (重伤职工人数 \div 某一时期职工人数) \times 1\,000‰$$

4. 失业率

这里的失业是指非自愿性失业,即工人愿意接受现行工资水平与工作条件,但仍找不到工作而形成的失业。它不是由年老和死亡引起的,而是由于经济原因引起的。衡量失业发生状况的常见的指标是失业率。失业率是指一定时期内满足全部就业条件的就业人口中仍未有工作的劳动力占比,它可以衡量闲置中的劳动产能,是反映一个国家或地区失业状况的主要指标。

其计算公式为:

$$失业率 = 失业人数 \div (在业人数 + 失业人数) \times 100\%$$

根据国家统计局公布的数据,我国 2010—2016 年的城镇登记失业率为 4.1% 左右。

(二)按损失幅度估算

由于员工经济损失风险的不确定性,精确估算其损失幅度是非常困难的。人力资本损失程度的估算方法可参考个人风险管理的方法,即生命价值法和需求法,详见第七章个人与家庭风险管理,此处不再赘述。

三、企业人力资本的风险管理

企业员工的离职以及在职期间的伤、老、病、死等风险都会给企业带来难以估量的损失。因此,企业要加强对员工的日常的管理和关心,如员工福利计划可以较好地解除员工的后顾之忧。员工福利是企业人力资源薪酬管理体系的重要组成部分,是企业或其他组织以福利的形式提供给员工的报酬。对于企业来说,一个完善的员工福利计划不仅可以作为企业吸引并留住人才的重要手段,同时还能获得专业的人力资源风险管理和经济的公司财务安排;对于员工来说,员工福利可以使其得到周到全面的保障和长远的财务规划,免除其后顾之忧。员工福利包括法定福利和单位福利两种,其具体内容如图 8-1 所示。

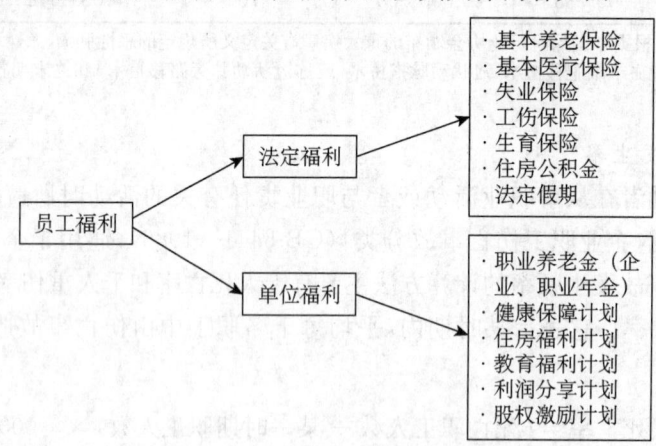

图 8-1 员工福利的内容

(一)法定福利

法定福利是指用人单位依据国家法律法规的要求向员工提供的福利,它一般带有强制性。

法定福利主要包括强制性的社会保险和劳动保护,如基本养老保险、基本医疗保险、工伤保险、失业保险、生育保险、法定假期等。《中华人民共和国劳动法》规定,员工享有的休息休假待遇包括六个基本方面:①劳动者每个工作日的休息时间;②每个工作日内的劳动者的工作时间以及用餐、休息时间;③每周休息时间;④法定节假日休息时间;⑤带薪年假;⑥特殊情况下的休假,如探亲假、病假等。这是国家关于法定假期(休假)的母法规定,其中又分别针对法定节假日、公休假、探亲假、带薪年假做了具体规定。

法定福利主要有以下四个特征:①强制实施;②强调公平;③基本保障;④税收优惠。

(二) 单位福利

单位福利,又称雇主福利,是指用人单位自主建立的、为满足员工的生活和工作需要向员工及其家属提供的福利,如企业年金计划、补充医疗保险计划、住房福利计划、股权激励计划等。一般政府对单位福利没有强制性的要求,但是对单位福利的建立有相关的规范。

单位福利一般有以下三个特征:①自愿实施;②强调效率;③更完善的保障。

第六节　案 例 分 析

2015 年 8 月 12 日,位于天津市滨海新区天津港的瑞海国际物流有限公司(以下简称瑞海公司)危险品仓库发生特别重大火灾爆炸事故。8 月 18 日,依据《中华人民共和国安全生产法》《危险化学品安全管理条例》和《生产安全事故报告和调查处理条例》等有关法律法规,国务院批准成立国务院天津港"8·12"瑞海公司危险品仓库特别重大火灾爆炸事故调查组(以下简称事故调查组)。经调查认定,天津港"8·12"瑞海公司危险品仓库火灾爆炸事故是一起特别重大生产安全责任事故。

一、事故基本情况

(一) 事故发生的时间和地点

2015 年 8 月 12 日 22 时 51 分 46 秒,位于天津市滨海新区吉运二道 95 号的瑞海公司危险品仓库运抵区最先起火,23 时 34 分 06 秒发生第一次爆炸,23 时 34 分 37 秒发生第二次更剧烈的爆炸,事故现场形成 6 处大火点及数十个小火点。8 月 14 日 16 时 40 分,现场明火被扑灭。

(二) 人员伤亡和财产损失情况

该事故造成 165 人遇难(参与救援处置的公安现役消防人员 24 人、天津港消防人员 75 人、公安民警 11 人,事故企业、周边企业员工和周边居民 55 人),8 人失踪(天津港消防人员 5 人,周边企业员工、天津港消防人员家属 3 人),798 人受伤住院治疗(伤情重及较重的伤员 58 人、轻伤员 740 人),以及 304 幢建筑物(其中办公楼宇、厂房及仓库等单位建筑 73 幢,居民 1 类住宅 91 幢、2 类住宅 129 幢、居民公寓 11 幢)、12 428 辆商品汽车和 7 533 个集装箱受损。

截至 2015 年 12 月 10 日,事故调查组依据《企业职工伤亡事故经济损失统计标准》

(GB 6721—1986)等标准和规定,已核定事故直接经济损失为 68.66 亿元人民币。

(三)环境污染情况

事故调查组通过分析事发时瑞海公司储存的 111 种危险货物的化学组分,确定至少有 129 种化学物质发生爆炸燃烧或泄漏扩散,其中,氢氧化钠、硝酸钾、硝酸铵、氰化钠、金属镁和硫化钠这 6 种物质的重量占到总重量的 50%。同时,爆炸还引燃了周边建筑物以及大量汽车、焦炭等物品。本次事故残留的化学品与产生的二次污染物逾百种,对局部区域的大气环境、水环境和土壤环境造成了不同程度的污染。

二、事故直接原因

经调查认定,最初着火物质为硝化棉。事发当天最高气温达 36 ℃,实验证实,在气温为 35 ℃时集装箱内温度可达 65 ℃以上。以上几种因素的耦合作用引起硝化棉湿润剂散失,出现局部干燥,在高温环境作用下加速分解反应,产生大量热量,由于集装箱散热条件差,热量不断积聚,硝化棉温度持续升高,最终达到其自燃温度,发生自燃。

三、事故企业相关情况及主要问题

(一)瑞海公司危险品仓库存放危险货物情况

瑞海公司危险品仓库东至跃进路,西至中联建通物流公司,南至吉运一道,北至吉运二道,占地面积为 46 226 平方米,其中运抵区面积为 5 838 平方米,设在堆场的西北侧。经调查,在事故发生前,瑞海公司危险品仓库内共储存危险货物 7 大类、111 种,共计 11 383.79 吨,包括硝酸铵 800 吨,氰化钠 680.5 吨,硝化棉、硝化棉溶液及硝基漆片 229.37 吨。其中,运抵区内共储存危险货物 72 种,共计 4 840.42 吨,包括硝酸铵 800 吨,氰化钠 360 吨,硝化棉、硝化棉溶液及硝基漆片 48.17 吨。

(二)存在的主要问题

瑞海公司违法违规经营和储存危险货物,安全管理极其混乱,未履行安全生产主体责任,致使下列安全隐患长期存在。

(1)严重违反天津市城市总体规划和滨海新区控制性详细规划,未批先建、边建边经营危险货物堆场。

(2)无证违法经营。

(3)以不正当手段获得经营危险货物批复。

(4)违规存放硝酸铵。

(5)严重超负荷经营,超量存储。

(6)违规混存、超高堆码危险货物。

(7)违规开展拆箱、搬运、装卸等作业。

(8)未按要求进行重大危险源登记备案。

(9)安全生产教育培训严重缺失。

(10)未按规定制定应急预案并组织演练。

四、有关地方政府及部门和中介机构存在的主要问题

(1) 天津市交通运输委员会(原天津市交通运输和港口管理局)滥用职权,违法违规实施行政许可和项目审批,玩忽职守,日常监管严重缺失。

(2) 天津港(集团)有限公司在履行监督管理职责方面玩忽职守,个别部门和单位弄虚作假、违规审批,对港区危险品仓库监管缺失。

(3) 天津海关系统违法违规审批许可,玩忽职守,未按规定开展日常监管。

(4) 天津市安全监管部门玩忽职守,未按规定对瑞海公司开展日常监督管理和执法检查,也未对安全评价机构进行日常监管。

(5) 天津市规划和国土资源管理部门玩忽职守,在行政许可中存在多处违法违规行为。

(6) 天津市市场和质量监督部门对瑞海公司日常监管缺失。

(7) 天津市海事部门培训考核不规范,玩忽职守,未按规定对危险货物集装箱现场开箱检查和日常监管。

(8) 天津市公安部门未认真贯彻落实有关法律法规,未按规定开展消防监督指导检查。

(9) 天津市滨海新区环境保护局未按规定审核项目,未按职责开展环境保护日常执法监管。

(10) 天津市滨海新区行政审批局未严格执行项目竣工验收规定。

(11) 天津市委、天津市人民政府和滨海新区党委、政府未全面贯彻落实有关法律法规,对有关部门和单位安全生产工作存在的问题失察失管。

(12) 交通运输部未认真开展港口危险货物安全管理督促检查,对天津市的交通运输系统工作指导不到位。

(13) 海关总署未认真组织落实海关监管场所规章制度,督促指导天津海关工作不到位。

五、事故主要教训

(一) 事故企业严重违法违规经营

瑞海公司无视安全生产主体责任,置国家法律法规、标准于不顾,只顾经济利益、不顾生命安全,不择手段变更及扩展经营范围,长期违法违规经营危险货物,安全管理混乱,安全责任不落实,安全教育培训流于形式,企业负责人、管理人员及操作工、装卸工都不知道运抵区储存的危险货物种类、数量及理化性质,冒险蛮干问题十分突出,特别是违规大量储存硝酸铵等易爆危险品,直接造成此次特别重大火灾爆炸事故的发生。

(二) 有关地方政府安全发展意识不强

瑞海公司长时间违法违规经营,有关地方政府部门在瑞海公司经营问题上一再违法违规审批、监管失职,最终导致天津港"8·12"事故的发生,造成严重的生命财产损失和恶劣的社会影响。事故的发生,暴露出天津市及滨海新区政府贯彻国家安全生产法律法规和有关决策部署不到位,对安全生产工作重视不足、摆位不够,对安全生产领导责任落实不力,

存在"重发展、轻安全"的问题,致使重大安全隐患以及政府部门职责失守的问题未能被及时发现、及时整改。

(三) 有关地方和部门违反法定城市规划

天津市政府和滨海新区政府严格执行城市规划法规意识不强,对违反规划的行为失察。天津市规划、国土资源管理部门和天津港(集团)有限公司严重不负责任、玩忽职守,违法通过瑞海公司危险品仓库和易燃易爆堆场的行政审批,致使瑞海公司与周边居民住宅小区、天津港公安局消防支队办公楼等重要公共建筑物以及高速公路和轻轨车站等交通设施的距离均不满足标准规定的安全距离要求,导致事故伤亡和财产损失扩大。

(四) 有关职能部门有法不依、执法不严,有的人员甚至贪赃枉法

涉及瑞海公司行政许可审批的天津市交通运输等部门,没有严格执行国家和地方的法律法规、工作规定,没有严格履行职责,甚至与企业相互串通,以批复的形式代替许可,行政许可形同虚设。一些职能部门的负责人和工作人员在人情、关系和利益诱惑面前,存在失职渎职、玩忽职守以及权钱交易、暗箱操作的腐败行为,为瑞海公司规避法定的审批、监管出主意,呼应配合,致使该公司长期违法违规经营。天津市交通运输委员会没有履行法律赋予的监管职责,没有落实"管行业必须管安全"的要求,对瑞海公司的日常监管严重缺失;天津市环保部门把关不严,违规审批瑞海公司危险品仓库;天津港公安局消防支队平时对辖区疏于检查,对瑞海公司储存的危险货物情况不熟悉、不掌握,没有针对不同性质的危险货物制定相应的消防灭火预案、准备相应的灭火救援装备和物资;天津市海关等部门对港口危险货物尤其是瑞海公司的监管不到位;天津市安全监管部门没有对瑞海公司进行监督检查;天津港物流园区安监站未认真履行监管职责,对瑞海公司严重违法行为未发现、未制止。上述有关部门不依法履行职责,致使相关法律法规形同虚设。

(五) 港口管理体制不顺,安全管理不到位

天津市交通运输委员会、天津市建设管理委员会、滨海新区规划和国土资源管理局违法将多项行政职能委托天津港集团公司行使,客观上造成交通运输部、天津市政府以及天津港集团公司对港区管理职责交叉、责任不明,天津港集团公司政企不分,安全监管工作同企业经营形成内在关系,难以发挥应有的监管作用。另外,港口海关监管区(运抵区)安全监管职责不明,致使瑞海公司违法违规行为长期得不到有效纠正。

(六) 危险化学品安全监管体制不顺,机制不完善

目前,危险化学品生产、储存、使用、经营、运输和进出口等环节涉及部门多,地区之间、部门之间的相关行政审批、资质管理、行政处罚等未形成完整的监管"链条"。同时,全国缺乏统一的危险化学品信息管理平台,部门之间没有做到互联互通,信息不能共享,不能实时掌握危险化学品的去向和情况,难以实现对危险化学品全时段、全流程、全覆盖的安全监管。

(七) 危险化学品安全管理法律法规标准不健全

国家缺乏统一的危险化学品安全管理、环境风险防控的专门法律。现有的《危险化学品安全管理条例》对危险化学品流通、使用等环节要求不明确、不具体,特别是针对物

流企业危险化学品安全管理的规定空白点更多。现行有关法规对危险化学品安全管理违法行为处罚偏轻,单位和个人违法成本很低,不足以起到惩戒和震慑作用。与欧美发达国家和部分发展中国家相比,我国危险化学品缺乏完备的准入制度、安全管理制度、风险评价制度。危险货物大多涉及危险化学品,危险化学品安全管理涉及的监管环节多、部门多、法规标准多,各管理部门的立法出发点不同,对危险化学品的安全要求不一致,造成当前危险化学品安全监管乏力以及企业安全管理要求模糊不清、标准不一、无所适从的现状。

（八）危险化学品事故应急处置能力不足

瑞海公司没有开展风险评估和危险源辨识评估工作,应急预案流于形式,应急处置力量、装备严重缺乏,不具备初起火灾的扑救能力。天津港公安局消防支队没有针对不同性质的危险化学品准备相应的预案、灭火救援装备和物资,消防队员缺乏专业训练演练,危险化学品事故处置能力不强。天津市公安消防部队也同样缺乏处置重大危险化学品事故的预案以及相应的装备。天津市政府在应急处置中的信息发布工作安排不周、应对不妥。从全国范围来看,专业危险化学品应急救援队伍和装备不足,无法满足处置种类众多、危险特性各异的危险化学品事故的需要。

六、事故防范措施和建议

（一）把安全生产工作摆在更加突出的位置

各级党委和政府要牢固树立科学发展、安全发展理念,坚决守住"发展决不能以牺牲人的生命为代价"的红线,进一步加强领导、落实责任、明确要求,建立健全与现代化大生产和社会主义市场经济体制相适应的安全监管体系,大力推进"党政同责,一岗双责,失职追责"的安全生产责任体系的建立健全与落实,积极推动安全生产的文化建设、法治建设、制度建设、机制建设、技术建设和力量建设,对安全生产特别是对公共安全存在潜在危害的危险品的生产、经营、储存、使用等环节实行严格规范的监管,切实加强源头治理,大力解决突出问题,努力提高我国安全生产工作的整体水平。

（二）推动生产经营单位切实落实安全生产主体责任

充分运用市场机制,建立完善生产经营单位强制保险和"黑名单"制度,将企业的违法违规信息与项目核准、用地审批、证券融资、银行贷款挂钩,促进企业提高安全生产的自觉性,建立"安全自查,隐患自除,责任自负"的企业自我管理机制,并通过调整税收、设立信用等级等经济措施,引导经营单位自觉加大安全投入,加强安全措施,淘汰落后的生产工艺、设备,培养高素质高技能的产业工人队伍。严格落实属地政府和行业主管部门的安全监管责任,深化企业安全生产标准化创建活动,推动企业建立完善风险管控、隐患排查机制,实行重大危险源信息向社会公布制度,并自觉接受社会舆论监督。

（三）进一步理顺港口安全管理体制

认真落实港口政企分离要求,明确港口行政管理职能机构和编制,进一步强化交通、海关、公安、质检等部门安全监管职责,加强信息共享和部门联动配合。按照深化司法体制改革的要求,将港口公安、消防以及其他相关行政监管职能交由地方政府主管部门承担。在港口设置危险货物仓储物流功能区,将危险货物根据性质分类储存,严格限定危险货物周转总量。进一步明确港区海关运抵区安全监管职责,加强对港区海关运抵区安全监督,严防失控漏管。抓紧解决其他领域存在的类似问题,尤其是行政区、功能区行业管理职责不明的问题。

(四)着力提高危险化学品安全监管法治化水平

针对当前危险化学品生产经营活动快速发展及其对公共安全带来的诸多重大问题,要将相关立法、修法工作置于优先地位,切实增强相关法律法规的权威性、统一性、系统性、有效性。建议立法机关在已有相关条例的基础上,抓紧制定、修订危险化学品管理、安全生产应急管理、民用爆炸物品安全管理、危险货物安全管理等相关法律、行政法规,以法律的形式明确硝化棉等危险化学品的物流、包装、运输等安全管理要求,建立易燃易爆、剧毒危险化学品专营制度,限定生产规模,严禁个人经营硝酸铵、氰化钠等易爆、剧毒物。相关部门应抓紧制定配套规章标准,进一步完善国家强制性标准的制定程序和原则,提高标准的科学性、合理性、适用性和统一性。建议进一步加强法律法规和国家强制性标准执行的监督检查和宣传培训工作,确保法律法规标准的有效执行。

(五)建立健全危险化学品安全监管体制机制

建议明确一个部门及系统承担对危险化学品安全工作的综合监管职能,并进一步明确、细化其他相关部门的职责,消除监管盲区。建议强化现行危险化学品安全生产监管部际联席会议制度,增补海关总署为成员单位,建立更有力的统筹协调机制,推动落实部门监管职责。建议全面加强涉及危险化学品的危险货物安全管理,强化口岸港政、海事、海关、商检等检验机构的联合监督、统一查验机制,综合保障外贸进出口危险货物的安全、便捷、高效运行。

(六)建立全国统一的危险化学品监管信息平台

建议利用大数据、物联网等信息技术手段,对危险化学品生产、经营、运输、储存、使用、废弃处置进行全过程、全链条的信息化管理,实现危险化学品来源可循、去向可溯、状态可控,实现企业、监管部门、公安消防部队及专业应急救援队伍之间信息共享。建议升级改造面向全国的化学品安全公共咨询服务电话,为社会公众、各单位和各级政府提供化学品安全咨询以及应急处置技术支持服务。

(七)科学规划合理布局,严格安全准入条件

建立城乡总体规划、控制性详细规划安全评价制度,提高城市本质安全水平,进一步细化编制、调整总体规划、控制性详细规划的规范和要求,切实提高总体规划、控制性详细规划的稳定性、科学性和执行刚性。建立完善高危行业建设项目安全与环境风险评估制度,推行环境影响评价、安全生产评价、职业卫生评价与消防安全评价联合评审制度,提高产业规划与城市安全的协调性。对涉及危险化学品的建设项目实施住建、规划、发改、国土、工信、公安消防、环保、卫生、安监等部门联合审批制度,严把安全许可审批关,严格落实规划区域功能。科学规划危险化学品区域,严格控制与人口密集区、公共建筑物、交通干线和饮用水源地等环境敏感点之间的距离。

（八）加强生产安全事故应急处置能力建设

合理布局、大力加强生产安全事故应急救援力量建设，推动高危行业企业建立专兼职应急救援队伍，整合共享全国应急救援资源，提高应急协调指挥的信息化水平。危险化学品集中区的地方政府，可依托公安消防部队组建专业队伍，加强特殊装备器材的研发与配备，强化应急处置技战术训练演练，满足复杂危险化学品事故应急处置需要。各级政府应切实汲取天津港"8·12"事故的教训，对应急处置危险化学品事故的预案开展检查清理，该修订的修订，该细化的细化，该补充的补充，进一步明确风险处置的程序、战术以及舆论引导、善后维稳等工作要求，切实提高应急处置能力，最大限度减少应急处置中的人员伤亡。采取多种形式和渠道，向群众大力普及危险化学品应急处置知识和技能，提高自救和互救能力。

（九）严格安全评价、环境影响评价等中介机构的监管

相关行业部门要加强相关中介机构的资质审查审批、日常监管，提高准入门槛，严格规范其安全评价、环境影响评价、工程设计、施工管理、工程质量监理等行为。切断中介服务利益关联，杜绝"红顶中介"现象，审批部门所属事业单位、主管的社会组织及其所办的企业，不得开展与本部门行政审批相关的中介服务。相关部门每年要对相关中介机构开展专项检查，对发现的问题严肃处理，并建立"黑名单"制度和举报制度，完善中介机构信用体系和考核评价机制。

（十）集中开展危险化学品安全专项整治行动

建议相关部门在全国范围内对涉及危险化学品生产、储存、经营、使用等的单位和场所普遍开展一次彻底的摸底清查，切实掌握危险化学品经营单位重大危险源和安全隐患情况，对发现掌握的重大危险源和安全隐患情况分地区逐一登记并明确整治的责任单位和时限，对严重威胁人民群众生命安全的问题采取改造、搬迁、停产、停用等措施坚决整改，对违反规划未批先建、批小建大、擅自扩大许可经营范围等违法行为，坚决依法纠正，从严从重查处。

本 章 小 结

（1）企业在生产经营过程中可能面临的风险既有财产损失风险，又有净收入损失风险，还有法律责任风险和人力资本风险。致使企业财产遭受损失的风险有很多，从风险管理的角度出发，企业财产面临的风险分为自然风险、社会风险和经济风险三类。

（2）企业财产损失的标的分为建筑物、建筑物中的内部财产、货币和有价证券、运输工具、货物、在建工程。企业财产损失金额的评估标准包括原始成本、账面价值、重置成本、市场价格、实际现金价值。企业面临的财产损失风险具有损失频率低、损失程度高、属于可保风险等特点，一般适用于财产保险这种方式。

（3）企业净收入损失风险是指由于意外事故引起企业收入减少或费用增加的风险。造成企业净收入损失的事件有财产损毁、法律责任和人员损失。衡量企业净收入损失程度一般需要考虑停产或停业时间、停产或停业程度、收入减少、停产或停业期间的费用、净收入

正常水平和企业恢复到正常经营状况所需要的时间。

(4) 企业责任风险是指企业因在生产以及销售等经营过程中造成员工或他人身体伤害、财产损失而应负担的民事赔偿责任损失。损害是侵权行为的一种后果,具体表现为受害人的财产损失、人身伤害和精神损失。

(5) 人力资本损失风险是指由企业员工因死亡、受伤、疾病、年老等造成人员服务价值损失及相关费用支出的不确定性。人力资本损失的原因主要包括死亡、重大疾病、工伤、年老和退休、失业等角度。员工福利包括法定福利和单位福利两种。

关键概念索引

财产损失风险　净收入损失风险　法律责任风险　人力资本损失风险　自然风险
社会风险　经济风险　原始成本　账面价值　重置成本　市场价格　实际现金价值
财产保险　财产损失　人身伤害　精神损失　员工福利　法定福利　单位福利

复习思考题

1. 简述企业风险的含义及特点。
2. 简述企业财产损失的评估标准。
3. 简述企业责任风险的后果及措施。
4. 简述度量企业人力资本损失的指标。
5. 举例说明企业应如何进行纯粹风险管理。

第九章　市场风险管理

 **本章要点**

- 市场风险的含义
- 利率风险的含义及来源
- 汇率风险的概念
- 汇率风险的种类
- 市场风险分析方法
- 市场风险管理方法

 思政目标

(1) 帮助学生学会使用科学、严谨的方法分析市场风险。

(2) 掌握各种市场风险管理方法,科学设定市场风险管理目标。

在各种金融风险中,市场风险是最常见、最普遍、最基本的风险之一,同时也是投资者耳熟能详的一种金融风险,即使不是金融专业人士,大部分人对市场风险也会有所耳闻。虽然市场风险在大部分银行风险中所占比例比较小,从数量上来说是无法和信用风险相提并论的,但是如果从发展趋势考虑,银行愈发频繁地参与市场交易,除了传统的贷款业务,新兴的金融业务也成为银行的涉足范围。而且近些年来,随着经济的发展,全球金融一体化以及金融资产市场化的程度日渐加深,金融机构所面临的各种风险引起了投资者的高度重视。特别是在 2008 年世界金融危机爆发后,金融风险的防范与管理得到了更高层次的关注,其中市场风险更是得到了越来越多利益相关者的重视。

第一节 市场风险概述

一、市场风险的定义

对于市场风险,巴塞尔银行监管委员会和国际清算银行分别作出了各自的定义。巴塞尔银行监管委员会把市场风险定义为因市场价格波动而造成的表内和表外头寸损失的风险,并将其划分为利率风险、股票风险、汇率风险和黄金等商品价格风险。国际清算银行把市场风险定义为资产负债表内和表外的资产价格由于股票、利率、汇率、商品价格的变动而发生的风险。这都是从银行业监管角度给出的定义,也是广义的定义。狭义的市场风险仅指股票市场风险,这也是很多股民耳熟能详的定义。由于《巴塞尔协议》在金融界的影响力日益增强,广义上的市场风险定义也愈发被人们所接受。

在我国,中国银行业监督管理委员会曾颁布《商业银行市场风险管理指引》,文中对市场风险作出了官方权威的定义——市场风险是指因市场价格(利率、汇率、股票价格和商品价格)的不利变动而使商业银行表内和表外业务发生损失的风险。

总体而言,市场风险是指由市场因素(如利率、汇率、股价以及商品价格等)的波动而导致金融参与者资产价值变化的风险,它广泛存在于股票市场、外汇市场、债券市场、期货市场、租赁市场、票据市场和基金市场之中。这些市场因素对金融参与者造成的影响可能是直接影响,也可能是间接影响。

二、市场风险的分类

市场风险其实是一种综合性风险,我们可以对其进一步划分。事物的分类是其定义的逻辑延伸,在实际应用层面上,明确的风险分类是金融机构风险管控的前提条件,极为重要。不过,市场风险的定义实际上并没有完全统一,所以它的分类也是比较复杂的。

根据市场风险发生的范围,我们可以将市场风险划分为系统性市场风险和非系统性市场风险。系统性市场风险是指由外部系统性因素所导致的、所有企业和投资项目都不可避免地受到影响的市场风险。系统性市场风险是单一经济体无法控制的,不能够通过分散化投资来消除,因此也被称作为不可分散市场风险。非系统性市场风险是指由个别企业或投资项目自身的原因所导致的、对其他的企业和投资项目没有影响的风险。对于非系统性市场风险,我们可以通过分散化的投资方法进行消除,甚至做到完全清除,所以非系统性市场风险也被称之为可分散市场风险。

损失的严重程度也是一个分类标准,我们可以将市场风险根据损失的严重程度划分为预期损失市场风险、非预期损失市场风险以及灾难性市场风险。不过这种分类方法的前提是损失的概率能够被确定。

在学术层面和实际应用层面上,最为流行的是按照市场风险产生的具体原因进行分类。如果从管理的角度出发,风险产生原因的识别是极为重要的,因为风险产生的原因不同,性质也会因此而有较大差异,这也意味着我们必须采取不同的方法应对。

根据市场风险产生的原因,市场风险可因此分为以下几类。

(一) 利率风险

利率是指一定时期内利息额与借贷资金额的比率。金融中介机构的资产与负债大多是通过利率来计价的。于是,当资产与负债对利率的敏感程度不一致时,利率风险就会产生,并给银行等金融机构带来损失。

利率风险可以说是整个金融市场风险中最为重要的风险之一,市场利率变动的不确定性有可能会致使金融机构出现损失。利率风险按照其来源不同,依据巴塞尔银行监管委员会的监管原则,可以分为重新定价风险、收益率曲线风险、基准风险和期权性风险。

(二) 汇率风险

汇率风险和利率风险一样,都是金融市场风险中最重要的风险之一。汇率的变动取决于外汇市场的供求关系,各国国内的政治经济因素是引起外汇市场供求变化和汇率变动的根本原因。对于我国来说,自从 2005 年人民币汇率形成机制改革实施以来,人民币汇率风险也随之上升。汇率风险也称为汇兑风险,是指以外币定值或衡量的资产与负债、收入与支出以及未来经营活动可能产生现金流的本币价值由于汇率的不利变动而产生损失的风险。通常情况下,汇率风险的产生大多与银行从事相应的活动有关。例如,商业银行为客户提供外汇交易服务或者自营外汇交易活动(除了外汇即期交易,还有外汇远期、期货、互换和期权等一系列金融合约),以及商业银行从事的银行账户中的外币业务活动(如外币存款、贷款、债券投资等)。由于产生的原因不同,我们可以将汇率风险分为外汇交易风险和外汇结构性风险。

根据风险发生的时间段以及影响力的不同,我们可以进一步将汇率风险分为会计风险、交易风险和经济风险。

(三) 股票价格风险

股票价格风险是指金融机构或投资者持有的股票因其价格产生不利变动而产损失的一种市场风险。对于股票的价格来说,政治、经济等宏观因素以及企业自身信息披露和一些技术手段等因素都会对其产生影响。与利率风险和汇率风险相比,股票价格风险具有更高的不确定性。

值得注意的是,股票价格风险并不仅仅是股票本身的风险,与股票有一定关联的金融产品同样会受到波及,如可转换债券等。

(四) 商品价格风险

商品价格风险是指因持有各类商品的价格及其衍生品价格发生了不利波动而给金融投资者带来损失的风险。值得注意的是,这里所指的商品均为二级市场上交易的一些实物产品,如农产品、石油以及重金属(黄金除外)等,其交易对象以商品的期货形式为主。其价格取决于国家经济形势、供需关系以及投机者炒作等。

在上述商品价格风险中,之所以将黄金排除在外,是因为黄金曾经在相当长一段时期内在国际结算体系中发挥国际货币职能,是极为重要的外汇资产。尽管 20 世纪 70 年代以后,由于布雷顿森林体系的崩溃,黄金已经不再是法定国际货币,但是黄金仍旧是各国外汇储备资产的重要形式。因此,黄金的价格变动被纳入了金融机构汇率风险的范畴。

第二节　利率风险管理

一、利率风险的概念及来源

(一)利率风险的概念

利率风险是指因利率提高或降低而产生预期之外损失的风险。巴塞尔委员会在 1997 年发布的《利率风险管理原则》中将利率风险定义为:利率变化使商业银行的实际收益与预期收益或实际成本与预期成本发生背离,使其实际收益低于预期收益,或实际成本高于预期成本,从而使商业银行遭受损失的可能性。

(二)利率风险的来源

1. 重新定价风险

作为金融机构,银行会遇到多种利率风险,其中最主要、最常见的利率风险源于银行资产、负债和表外业务中到期日(就固定利率而言)与重新定价日期(就浮动利率而言)的时间差。虽然此类重新定价的错配对银行业务十分重要,但在利率变动时,它们会给银行的收入和内在经济价值带来意外波动。例如,如果银行将短期存款作为固定利率长期贷款的融资来源,那么一旦利率上升,银行就将面临由此带来的未来收入的减少与内在价值的降低。这是由于在贷款期限内其现金流是固定的,而融资的利息支出却是可变的。

2. 收益率曲线风险

重新定价的错配也会影响银行收益率曲线的斜率与形状。当收益率曲线的意外移位对银行的收入或内在经济价值产生不利影响时,收益率曲线风险就形成了。举例来说,假设以 5 年期政府债券的空头为 10 年期政府债券的多头进行保值,那么如果收益率曲线斜率变大(变陡)的话,即便银行已经对收益率曲线上的平行变动作了保值,该多头的 10 年期债券的内在经济价值也会骤然下降。

3. 基准风险

基准风险来自对重新定价特征相似的不同工具进行利息收支调整时可能出现的不完全对称的情况。利率变动时,这些差异会给到期日和重新定价频率相似的资产、负债和表外业务之间的现金流及收益利差带来预期之外的变化。假如一家金融机构用 1 年期存款提供一笔 1 年期贷款,贷款按照 1 个月美国国库券利率每月重新定价一次,同时,1 年期存款按照 1 个月伦敦同业拆借市场利率每月重新定价一次。在这种情况下,该机构将面临两种基准利率的利差发生意外变化的基准风险。

4. 期权性风险

期权性风险来自很多银行资产、负债和表外业务中所包含的期权。一般而言,期权赋予其持有者买入、卖出或以某种方式改变某一工具或金融合同现金流量的权利,而非义务。如今,越来越多的期权品种带有极高的杠杆效应,这会进一步扩大期权头寸对公司财务状况的影响(包括有利影响和不利影响)。

二、影响市场利率变动的因素

(一) 宏观经济环境

当经济发展处于增长阶段时,投资的机会增多,人们对可贷资金的需求增加,利率上升;反之,当经济发展低迷,社会处于萧条时期时,投资意愿减少,人们对可贷资金的需求减少,市场利率一般较低。

(二) 央行的政策

一般来说,当央行扩大货币供给量时,可贷资金供给总量将增加,供大于求,自然利率会随之下降;反之,央行实行紧缩式的货币政策、减少货币供给时,可贷资金供不应求,利率会随之上升。

(三) 价格水平

市场利率为实际利率与通货膨胀率之和。当价格水平上升时,市场利率也相应提高,否则实际利率可能为负值。同时,由于价格上升,公众的存款意愿将下降,而工商企业的贷款需求上升,贷款需求大于贷款供给所导致的存贷不平衡必然导致利率上升。

(四) 股票和债券市场

如果证券市场处于上升时期,市场利率将上升;反之,市场利率将下降。

(五) 国际经济形势

一国经济参数的变动,特别是汇率、利率的变动也会影响到其他国家的利率。自然,国际证券市场的涨跌也会对国际银行业务所面对的利率产生风险。

三、稳健的利率风险管理做法

(一) 董事会和高级管理层的妥善监控

银行董事会和高级管理层的有效监督对于稳健的利率风险管理机制是至关重要的。在利率风险管理中,其所承担的责任是恰当地发挥监控与管理利率风险的作用。

(二) 完善的风险管理政策和程序

银行制定明确的、与其业务活动性质和复杂程度相一致的利率风险政策和程序是十分重要的。这些政策应在并表基础上采用,在各级附属机构中实施,尤其是各附属机构间存在可能的法律差异和现金流动障碍时,银行应当有限制和控制利率风险的明确政策与程序,这些政策不仅应限制和控制银行在并表基础上的整体风险,而且必要时还应限制和控制银行各附属机构和其他部门的风险。

（三）妥善的风险计量、监测和控制系统

1. 利率风险计量

银行应具备利率风险计量系统，这种系统应覆盖各种重要的利率风险，并能按银行的业务范围评估利率变动的影响。风险管理经理和银行管理层应清楚地了解系统采用的各项假设条件。

一般而言，银行应建立评估利率变动对其收益和经济价值影响的利率风险计量系统，但这应视各银行具体的业务范围与复杂程度而定。这种系统应该使用公认的财务概念和风险计量技术，对银行目前的利率风险状况进行有意义的计量，并能够发现可能产生的任何过高风险。此外，该系统还应该能够评估与银行资产、负债和表外业务头寸相关的所有重大利率风险。

2. 压力测试

银行应计量其在市场压力下（包括重点假设条件失效）承受损失的程度，并在制定和评审利率风险政策和限额时加以考虑。

利率风险计量系统也应支持严峻的市场条件对银行影响的评估。压力测试所设定的情景包括利率总水平的突发性变动、主要市场利率之间关系的变动（即基准风险）、收益率曲线的斜率和形状发生变化（即收益率曲线风险）、主要金融市场流动性的变化和市场利率波动性的变化。此外，压力测试预案还应包括关键业务假定和参数失灵的情况。对非流动性工具和合同期限不确定工具的假设条件进行压力测试是了解银行风险状况的关键。

3. 利率风险的监测与报告

银行须具备计量、监测、控制和报告利率风险头寸的充分的信息系统，以便及时向董事会、高级管理层和相关业务经理提供相关报告。

详细介绍银行利率风险状况的报告应由董事会定期审议。虽然为董事会和各种管理层准备的报告依银行利率风险状况的不同可以分为许多种类，但它们至少应包括下列内容：①银行总风险头寸概况；②银行遵守政策与限额的情况；③主要的假设，如无到期日存款的支取情况和提前还款信息；④应力测试的结果，包括在主要假定与参数失灵的情况下所做的压力测试的结果；⑤对利率风险政策、程序和利率风险计量系统完善程度进行审查的结论，其中包括内部审计师、外部审计师和聘请的咨询专家发现的问题。

（四）全面的内部控制和独立的审计

银行须具备利率风险管理机制方面完善的内部控制系统，必要时还应对该系统进行修改或升级。银行应当设立适当的内部控制以确保其利率风险管理程序的完整性。这些内部控制应是该银行整个内部控制系统的一个有机组成部分，它们应有利于提高银行日常运作的有效性和效率，提高财务和监管报告的可靠性，以及促进银行在相关的法律、法规和内部政策方面的合规性。在内控政策和程序方面，银行应当重视批准程序、风险限额、对账、审查和其他为合理确保实现利率风险管理目标而设置的机制。稳健风险管理程序的许多因素，包括风险计量、监测和控制职能，都是有效的内部控制系统的主要组成部分。银行应

当确保内部控制系统的所有内容都是有效的,包括那些并不直接属于风险管理程序的内容。此外,定期评估和审查是利率风险管理程序内控系统中的一个重要组成部分,这可以确保有关人员严格遵守既定政策和程序,并确保既定程序能够实现既定目标。此类审查和评估还应涉及可能影响控制有效性的重大变动,如市场条件、人员、技术和利率风险头寸限额执行情况的变化,并应确保管理层对突破限额的情况采取适当措施。管理层应确保所有此类审查和评估均由独立于所审查领域的人员定期执行。当内部控制需要修正或完善时,银行应有一定的制度来确保能够及时采取行动。此外,银行(尤其是风险构成复杂的银行)还应有一个独立的机构(如内部或外部审计师)定期审查其风险计量、监督与控制部门,并应向监管当局提交外部审计师或其他外部机构撰写的报告。外部审计者应当确保该银行的风险计量系统足以识别表内外所有重大的利率风险因素。

第三节 汇率风险管理

1973年,布雷顿森林货币体系崩溃,特别是1976年牙买加协议正式承认浮动汇率制合法化以来,世界各国普遍实行浮动汇率制,美元、日元、马克、英镑等主要货币之间的比价时刻都处在剧烈的上下浮动之中,致使国际债权债务的决算由于汇率的变动而难以掌握,汇率风险日益加剧。我国也处在浮动汇率制的国际货币体系之中,汇率风险也严重地影响着我国的国际收支平衡和企业的经济收益,特别是在我国对外投资迅速发展的今天,这种影响尤为突出。由于国际分工的存在,国与国之间贸易和金融往来便成为必然,并且成为促进本国经济发展的重要推动力,而外汇汇率的波动会给相关国际贸易者和投资者带来巨大的风险。

一、汇率风险的概念及类型

(一) 汇率风险的概念

汇率风险又称汇兑风险,是指经济实体以外币定值或衡量的资产与负债、收入与支出以及未来经营活动可能产生现金流的本币价值因货币汇率的变动而产生损失的可能性。之所以称其为风险,是由于这种损失只是一种可能性,并非必然。

汇率变动所产生的直接影响因人因时而异,不能一概而论。换而言之,它有可能产生汇率收益,也可能形成汇率损失,其最终结果要视有关当事人的净外币头寸(即汇率变动的方向)而定。如果有关当事人持有的是多头寸,则汇率上升对其有利,下跌则不利;反之,如果有关当事人持有的是缺头寸,那么汇率上涨对其不利,下跌则有利;如果其汇率净头寸为零,即头寸轧平,此时汇率无论怎样变动都不会产生汇率损益。

(二) 汇率风险的类型

银行以外的企业(一般企业)在从事贸易及非贸易业务的过程中,经常会面临以下几类汇率风险。

1. 结算风险

结算风险又称汇率交易风险,是指一般企业以外币计价进行贸易及非贸易交易时,因将来结算时所适用的外汇汇率未确定而产生的汇率风险。

企业在从事贸易及非贸易业务的过程中,从双方达成协议到最后结清债权债务,一般需要几个月甚至1年或更长的时间,而在此期间,若计价货币汇率发生变动,必将使交易双方中的某一方蒙受损失,这便产生了汇率结算风险。例如,美国某企业从日本进口一批机械设备,双方于某年3月1日签约,约定以日元计价,货款为1 400万日元,支付日期为同年6月1日。假定当年3月1日美元与日元的汇率为1美元兑换140日元,则美国需要支付10万美元来购买设备。如果到6月1日实际付款时日元升值、美元贬值,汇率变为1美元兑换120日元,则美国企业需要支付约11.667万美元来购买设备,即比原来多付了1.667万美元。也就是说,美国企业进口成本因日元升值而相应地增加。汇率结算风险从签订汇率交易合同确定以外币计价交易金额时产生,一直持续到实际结算时消除。一般而言,结算风险中的受险部分是确定的,无论是出口还是进口,从签订合同、货物装船到最终结算为止,所有未结算的余额即为受险部分。

2. 转换风险

转换风险又称为评价风险、会计风险、折算风险或换算风险,是指经济主体在对资产负债表进行会计处理的过程中,因汇率变动而引起海外资产和负债价值的变化而产生的风险。它是一种存量风险。

同一般的企业相比,跨国公司的海外分公司或子公司所面临的转换风险更为复杂。一方面,当它们以东道国的货币入账和编制会计报表时,需要将所使用的外币转换成东道国的货币,面临转换风险;另一方面,当它们向总公司或母公司上报会计报表时,又要将东道国的货币折算成总公司或母公司所在国的货币,同样面临转换风险。

转换风险主要有三类表现方式:存量转换风险、固定资产转换风险和长期债务转换风险。其风险的大小与转换方式也有一定的关系,历史上西方各国曾先后出现过以下四种折算方法。

1) 流动/非流动转换法

该方法将跨国公司海外分支机构的资产负债划分为流动资产、流动负债和非流动资产、非流动负债。根据该方法,在编制资产负债表时,流动资产和流动负债按编表时的现行汇率转换,面临转换风险;非流动资产和非流动负债则按原始汇率转换,无转换风险。

2) 货币/非货币转换法

该方法将海外分支机构的资产负债划分为货币性资产负债和非货币性资产负债。其中,如果所有金融资产和负债均为货币性资产负债,其按现行汇率来转换将面临转换风险;如果真实资产属于非货币资产负债,其按照原始汇率来转换则没有转换风险。

3) 时态法

该方法为货币/非货币转换法的变形,只是对真实资产做了更真实的处理:如果真实资产以现行市场价格表示,则按现行汇率计算,面临转换风险;如果真实资产按原始成本表示,则按原始汇率转换,没有转换风险。当全部真实资产均按原始成本表示时,时态法与货币/非货币转换法完全一致。

4)现行汇率法

该方法是将跨国公司海外分支机构的全部资产和全部负债均按现行汇率来转换,这样一来,海外分支机构的所有资产负债项目都将面临转换风险。目前,该方法已成为美国公认的会计习惯做法,并逐渐被西方其他各国所采纳。

3. 经济风险

经济风险又称经营风险,是指意料之外的汇率波动引起公司或企业未来一定期间收益或现金流量变化的一种潜在风险。在这里,收益是指税后利润,现金流量是指收益加上折旧。经济风险包括真实资产风险、金融资产风险和营业收入风险,其大小主要取决于汇率变动对生产成本、销售价格以及产销数量的影响程度。例如,一国货币贬值可能使其出口货物的外币价格下降而刺激出口,也可能使其进口原材料的本币成本提高而减少供给。此外,汇率变动对价格和数量的影响可能无法马上体现,这些因素都直接影响企业收益变化幅度的大小。

与交易风险不同,经济风险侧重于企业的全局,是从整体预测企业将来一定时间内发生的现金流量变化。因此,经济风险的来源不是会计程序,而是经济分析。经济风险能否避免,很大程度上取决于企业预测能力的高低,预测的准确程度直接影响企业在生产、销售和融资等方面的战略决策。此外,转换风险和交易风险的影响是一次性的,而经济风险的影响是长期的,它不仅影响企业在国内的经济行为与效益,而且直接影响企业在海外的经营效果和投资收益。因此,经济风险一般被认为是三种外汇风险中最重要的风险,但是由于经济风险跨度较长,其测量存在着很大的主观性和不确定性,准确计量企业的经济风险存在很大的难度。因此,在实践中,企业的经营者通常更重视对交易风险和转换风险的管理。

(三) 三种风险的侧重点

虽然交易风险、转换风险与经济风险都是由未预期的汇率变动引起的企业或个人外汇资产或负债在价值上的变动,但它们的侧重点各有不同。

1. 从损益结果的计量上看

交易风险可以体现在会计程序中,使用一个明确的具体数字来表示,可以从单笔独立的交易或从公司经营的角度来测量其损益结果,具有客观性和静态性特点。经济风险的测量需要从企业整体经济上预测和分析,涉及企业财务、生产、价格、市场等各方面,因而带有一定的动态性和主观性。

2. 从测量时间来看

交易风险与转换风险的损益结果只突出了企业过去已经发生交易在某一时间点的受险程度,而经济风险则突出将来某一时间段企业可能面临的外汇风险。不同时间段的汇率波动对各期的现金流量、经济风险受险程度以及企业资产价值的变动将产生不同的影响。

二、影响汇率波动的因素

（一）国际收支及外汇储备

国际收支是指一个国家的货币收入总额与付给其他国家的货币支出总额的对比。如果货币收入总额大于支出总额，则为国际收支顺差；反之，则为国际收支逆差。国际收支状况对一国汇率的变动将产生直接的影响，如果发生国际收支顺差，会使该国货币对外汇率上升；反之，则使该国货币汇率下跌。

（二）利率

利率作为一国借贷状况的基本反映，对汇率波动起决定性作用。利率水平直接对国际间的资本流动产生影响，高利率国家会发生资本流入，低利率国家则会发生资本外流，而资本流动会造成外汇市场供求关系的变化，并对外汇汇率的波动产生影响。一般而言，一国利率的提高将导致该国货币升值；反之，则使该国货币贬值。

（三）通货膨胀

一般而言，通货膨胀会导致本国货币汇率下跌，通货膨胀的缓解会使汇率上浮。通货膨胀会影响本币的价值和购买力，会引发进口商品竞争力减弱、出口商品增加，还会削弱本币在国际市场上的信用地位。这三方面的影响都会导致本币贬值。

（四）政治局势

一般而言，国内及国际政治局势的变化都会对外汇市场产生影响。政治局势的变化一般包括政治冲突、军事冲突、选举和政权更迭等，这些政治因素对汇率的影响很大，但影响时限一般都较短。

三、汇率风险管理的原则

（一）全面重视原则

全面重视原则要求发生涉外经济业务的政府部门、企业或个人对自身经济活动中的汇率风险高度重视。汇率风险有不同的种类，有的企业只有交易风险，有的企业还有经济风险和转换风险。不同风险对企业的影响有差异，有的是有利的影响，有的是不利的影响。因此，涉外企业和跨国公司需要对外汇买卖、国际结算、会计折算、企业未来资金运营、国际筹资成本及跨国投资收益等项目下的汇率风险保持清醒的头脑，做到胸有成竹，避免因此造成重大的损失。

（二）管理多样化原则

管理多样化原则要求涉外企业或跨国公司灵活多样地进行外汇风险管理。企业的经营范围、经营特点、管理风格各不相同，涉及的外币的波动性、外币净头寸、外币之间的相关性、外汇风险的大小都不一样。因此，每个企业都应该根据具体情况进行具体分析，寻找最适合于自身风险状况和管理需要的外汇风险战术及具体的管理方法。随着时间的推移，外部约束因素会不断变化。因此，企业的外汇风险管理战略也需要相应地更改，不能抱残守缺，长期只采用一种汇率风险管理方法。

（三）收益最大化原则

收益最大化原则要求涉外企业或跨国公司精确核算外汇风险管理的成本和收益，即在确保实现风险管理预期目标的前提下，支出最小的成本，追求最大化的收益。这是企业进行汇率风险管理的基石和出发点，也是企业确定具体的风险管理战术、选择汇率风险管理方法的准绳。汇率风险管理本质上是一种风险的转移或分摊。例如，采用远期外汇交易、期权、互换、期货等金融工具进行套期保值都要支付一定的成本，管理者应以此为基准来固定未来的收益或支出，使企业的现金流量免受汇率波动的侵扰。一般而言，汇率风险管理所支付的成本越小，风险管理得到的收益越大，企业对其汇率风险进行管理的积极性就越高，反之亦然。

四、国际贸易汇率风险管理的基本方法

（一）远期合同法

远期合同法是指借助于远期合同创造与外币流入相对应的外币流出来消除外汇市场汇率风险的方法。例如，一家意大利企业向美国某公司出口货物，该企业 3 个月后将从美国公司获得 80 000 美元的货款。为了防范 3 个月后美元汇率价格的波动风险，意大利企业可与该国外汇银行签订出卖 80 000 美元的 3 个月远期合同。假设签订此远期合同时美元对欧元的远期汇率为 1 万美元兑换 8 900 欧元，3 个月后，意大利公司履行远期合同，与银行进行交割，将收进的 80 000 美元出售给外汇银行，获得 71 200 欧元。这种操作就消除了时间风险与货币风险，最后得到本币的流入。

（二）提前借入—即期合同—投资法

提前借入—即期合同—投资法是指出口商在有应收外汇账款的情况下，为防范应收外币的汇率价格波动，先借入与应收外汇相同数额的外币（以此消除时间风险），再通过即期交易把外币兑换成本币（以此消除价值风险），然后将本币存入银行或进行投资，待应收款到期，就以外汇还银行贷款。消除风险虽然有一定费用的支出，但可在借外币后通过即期合同法卖得的本币存入银行或再进行投资，从而赚得投资收入，抵冲一部分采取防险措施相关费用的支出。

（三）提前收付—即期合同—投资法

提前收付—即期合同—投资法是指具有应收外汇账款的出口商，先征得进口方的同意，请求其提前支付货款，并给予其一定的折扣，在应收外币账款收讫后，时间风险消除，出口商再通过即期合同将外币换成本币从而消除外汇汇率风险，最后出口商为取得一定的利益，将换回的本币进行再投资。提前收付—即期合同—投资法与提前借入—即期合同—投资法的整个过程大体上相似，只是把第一步从银行借款并对其支付利息改为请债务付款方提前支付，并给予其一定折扣。

以上三种防范外汇汇率风险的管理方法，均能消除出口商应收外币与本币价值之间因为外汇汇率价格波动而带来的外汇风险。

第四节　市场风险管理

市场风险管理是一个辨识、度量、监测和控制市场风险的过程。市场风险管理的目标是将市场风险控制在企业可以承受的合理范围内,以实现收益的最大化。

一、市场风险分析的方法

(一) 缺口分析法

缺口分析法是衡量利率变动对企业当期收益影响的一种方法,是指将所有生息资产和付息负债按照重新定价的期限划分到不同的时间段内,在每一个时间段内,将利率敏感性资产减去利率敏感性负债,再加上表外业务头寸,就得到该时间段内的重新定价敏感性缺口。当某一时段内的负债大于资产(包括表外业务头寸)时,企业资产就会产生负缺口,即负债敏感性缺口,此时市场利率上升会导致企业的净利息收入下降。相反,当某一时段内的资产(包括表外业务头寸)大于负债时,企业资产就会产生正缺口,即资产敏感性缺口,此时市场利率下降会导致企业的净利息收入下降。

缺口分析法是对利率变动进行敏感性分析的方法之一,是银行业较早采用的利率风险计量方法。因为其计算简便、清晰易懂,目前仍然被广泛使用。但是,缺口分析法也存在以下局限性。

第一,缺口分析法假定同一时间段内的所有头寸到期时间或重新定价时间相同,忽略了同一时段内不同头寸的到期时间或利率重新定价期限的差异。因此,同一时间段内的加总程度越高,其计量结果的精确性就越低。

第二,缺口分析法只考虑了由重新定价期限的不同而带来的利率风险,即重新定价风险,未考虑当利率水平变化时,因各种金融产品基准利率的调整幅度不同而带来的利率风险,即基准风险。同时,缺口分析法也未考虑因利率环境改变而引起的支付时间影响,即忽略了与期权有关的头寸在收入敏感性方面的差异。

第三,非利息收入和费用是银行当期收益的重要来源,但缺口分析法未能反映利率变动对非利息收入和费用的影响。

第四,缺口分析法主要衡量利率变动对银行当期收益的影响,未考虑利率变动对银行经济价值的影响,所以它只能反映利率变动的短期影响。因此,缺口分析法只是一种初级的、粗略的利率风险计量方法。

(二) 久期分析法

久期分析法也称持续期分析法或期限弹性分析法,它是衡量利率变动对银行经济价值影响的一种方法。具体而言,该方法就是通过对各时段的缺口赋予相应的敏感性权重得到加权缺口,然后对所有时段的加权缺口进行汇总,以此估算某一给定的小幅利率变动(通常小于1%)可能会对银行经济价值产生的影响(用经济价值变动的百分比表示)。各个时段的敏感性权重通常由假定的利率变动乘以该时段头寸的假定平均久期来确定。一般而言,金融工具的到期日或距下一次重新定价日的时间越长,并且在到期日之前支付的金额越小,则久期的绝对值越高,利率变动将会对银行的经济价值产生较大的影响。久期分析法也是对利率变动进行敏感性分析的方法之一。

与缺口分析法相比较,久期分析法是一种更为先进的利率风险计量方法。缺口分析法侧重于计量利率变动对银行短期收益的影响,而久期分析法则能计量利率风险对银行经济价值的影响,即通过估算利率变动对所有头寸未来现金流现值的潜在影响评估利率变动对银行收益的长期影响,它可以更为准确地估算利率风险对银行的影响。但是,久期分析法仍然存在一定的局限性。第一,如果在计算敏感性权重时对每一时段使用平均久期,即采用标准久期分析法,久期分析仍然只能反映重新定价风险,不能反映基准风险,以及因利率和支付时间的不同而导致的头寸实际利率敏感性差异,也不能很好地反映期权性风险。第二,对于利率的大幅变动(大于 1%),头寸价格的变化与利率的变动无法近似为线性关系,因此,久期分析的结果就不再准确。

(三) 外汇敞口分析法

外汇敞口分析法是衡量汇率变动对银行当期收益影响的一种方法。外汇敞口主要来源于银行表内外业务中的货币错配。当在某一时段内,银行某一币种的多头头寸与空头头寸不一致时,其所产生的差额就形成了外汇敞口。在存在外汇敞口的情况下,汇率变动可能会给银行的当期收益或经济价值带来损失,从而形成汇率风险。在进行敞口分析时,银行应当分析单一币种的外汇敞口以及各币种敞口折成报告货币并加总轧差后形成的外汇总敞口。对于单一币种的外汇敞口,银行应当分析即期外汇敞口、远期外汇敞口以及即期、远期加总轧差后的外汇敞口。此外,银行还应当对交易业务和非交易业务形成的外汇敞口加以区分,对因存在外汇敞口而产生的汇率风险通常采用套期保值和限额管理等方式进行控制。外汇敞口限额包括单一币种的外汇敞口限额和外汇总敞口限额。外汇敞口分析是银行业较早采用的汇率风险计量方法,具有计算简便、清晰易懂的优点。但是,外汇敞口分析也存在一定的局限性,主要是它忽略了各币种汇率变动的相关性,难以揭示由于各币种汇率变动的相关性所带来的汇率风险。

(四) 风险值分析法

1. 基本原理

风险值(value at risk,VaR)按字面意思可解释为"在险价值",是指在市场正常波动下,某一金融资产或证券组合的最大可能损失。更为确切地讲,它是指在一定概率水平(置信度)下某一金融资产或证券组合价值在未来特定时期内的最大可能损失。其计算公式如下:

$$P(\Delta P \Delta t \leqslant VaR) = a$$

其中:P 表示资产价值损失小于可能损失上限的概率;ΔP 表示某一金融资产在一定持有期 Δt 的价值损失额;VaR 表示给定置信水平 a 下的风险值,即可能的损失上限;a 表示给定的置信水平。

VaR 从统计的意义上讲,本身是个数字,是指金融资产面临正常的市场波动时处于风险状态的价值,即在给定的置信水平和一定的持有期限内,金融资产预期的最大值(可以是绝对值,也可以是相对值)。例如,某一投资公司持有的证券组合在未来 24 小时内置信度为 95%,在证券市场正常波动的情况下,VaR 值为 520 万元,其含义是指该公司的证券组合在一天(24 小时)内,由于市场价格变化而带来的最大损失超过 520 万元的概率为 5%,平均 20 个交易日才可能出现一次这种情况,或者说有 95% 的把握判断该投资公司在下一个交易日内的损失在 520 万元以内。5% 的概率反映了金融资产管理者的风险厌恶程度,此值可根据不同的投资者对风险的偏好程度和承受能力来确定。

在正常的市场情况下,VaR 是非常有用的风险衡量工具。在市场振荡期,压力测试和情景分析往往作为 VaR 的辅助工具来对市场风险进行分析,金融监管者将这两种工具视为 VaR 的必要补充。

2. 参数选择

由上述定义出发,要确定一个金融机构或资产组合的 VaR 值或建立 VaR 的模型,必须首先确定以下三个系数:一是持有期间;二是置信区间;三是观察期间。

1) 持有期间

确定了持有期间,就可以明确资产在一天内一周内还是一个月内的风险价值。持有期间的选择应依据所持有资产的特点来确定,对于一些流动性很强的交易头寸往往需以每日为周期计算风险收益和 VaR 值,如国际 30 小组在 1993 年的衍生产品的实践和规则中就建议对场外 OTC 衍生工具以每日为周期计算其 VaR;而对一些期限较长的头寸,如养老基金和其他投资基金,则可以以每月为周期。从银行总体的风险管理看,持有期长短的选择取决于资产组合调整的频度及进行相应头寸清算的速率。巴塞尔银行监管委员会在这方面采取了比较保守和稳健的态度,要求银行以两周(即 10 个营业日)为持有期间。

2) 置信区间

一般来说,对置信区间的选择在一定程度上反映了金融机构对风险的不同偏好。金融机构选择较大的置信水平意味着其对风险比较厌恶,希望能得到把握性较大的预测结果,希望模型对于极端事件的预测准确性较高。根据各自的风险偏好不同,金融机构选择的置信区间也各不相同。比如,JP 摩根公司与美洲银行选择 95% 的置信区间,花旗银行选择 95.4% 的置信区间,大通曼哈顿银行选择 97.5% 的置信区间,信孚银行选择 99% 的置信区间。作为金融监管部门的巴塞尔银行监管委员会则要求采用 99% 的置信区间,这与其稳健的风格是一致的。

3) 观察期间

观察期间是指对给定持有期间回报的波动性和关联性考察的整体时间长度,是整个数据选取的时间范围,又称"数据窗口"。例如,金融机构选择对某资产组合在未来 6 个月或是 1 年的观察期间内,考察其每周回报率的波动性(风险)。这种选择要在历史数据的可能性和市场发生结构性变化的风险之间进行权衡。为克服商业循环等周期性变化的影响,历史数据越长越好,但是时间越长,收购、兼并等市场结构性变化的可能性越大,历史数据也越难以反映现实和未来的情况。巴塞尔银行监管委员会目前要求的观察期间为1年。

3. 计算方法

1) 方差—协方差法

方差—协方差法又称德尔塔正态法，是一种运用历史资料计算资产组合 VaR 值的方法。其基本思路为：首先，利用历史数据计算资产组合收益的方差、标准差、协方差；其次，假定资产组合收益是正态分布，可求出在一定置信水平下反映分布偏离均值程度的临界值；最后，建立与风险损失的联系，推导出 VaR 值。

方差—协方差法的优点是原理简单、计算快捷。其缺点表现在三个方面：一是不能预测突发事件的风险，因为方差—协方差法是基于历史数据来估计未来收益的，其成立的假设条件是未来和过去存在着分布的一致性，而突发事件打破了这种分布的一致性，其风险无法从历史序列模型中得到揭示；二是方差—协方差法的正态假设条件受到质疑，由于"肥尾现象"广泛存在，许多金融资产的收益率分布并不符合正态分布，这样，基于正态近似的模型往往会低估实际的风险值；三是方差—协方差法只反映了风险因子对整个组合的一阶线性影响，无法充分度量非线性金融工具（如期权）的风险。

2) 历史模拟法

历史模拟法是指借助过去一段时间内资产组合风险收益的频度分布，找到历史上一段时间内平均收益以及在既定置信区间内的最低收益率，从而计算出资产组合 VaR 值的方法。历史模拟法假定收益随时间独立同分布，以收益历史数据样本的直方图为对收益真实分布的估计，分布形式完全由数据决定，不会丢失和扭曲信息，然后用历史数据样本直方图的 p 分位数作为对收益分布的 p 分位数波动的估计。在频度分布图中，横轴数据代表某机构某日收入的大小，纵轴数据代表1年内出现相应收入的天数，以此反映该机构过去1年内资产组合收益的频度分布。

历史模拟法是运用当前资产组合中各证券的权重和各证券的历史数据重新构造资产组合的历史序列，从而得到重新构造资产组合收益率的时间序列。历史模拟法克服了方差—协方差法的一些缺陷，如考虑了"肥尾现象"并能够度量非线性金融工具的风险等，而且历史模拟法通过历史数据构造收益率分布，不依赖特定的定价模型，这样也就不存在模型风险。但历史模拟法仍存在以下缺陷：①风险包含着时间的变化，单纯依靠历史数据进行风险度量，将低估突发性的收益率波动；②风险度量的结果受制于历史周期的长度；③历史模拟法以大量的历史数据为基础，对数据的依赖性较强；④历史模拟法在度量较为庞大且结构复杂的资产组合风险时，工作量十分繁重。

3) 蒙特卡洛模拟法

蒙特卡洛模拟法是指基于历史数据和既定分布假定的参数特征，借助随机产生的方法模拟出大量的资产组合收益的数值，再计算出 VaR 值的方法。蒙特卡洛法分两步进行：第一步先设定金融变量的随机过程及过程参数；第二步针对未来利率所有可能的路径情景模拟资产组合中各证券的价格走势,然后通过确定资产组合的收益率分布来度量 VaR。

蒙特卡洛模拟法的优点包括:①它是一种全值估计方法,可以处理非线性、大幅波动及"肥尾现象";②它基于大量路径模拟情景,比历史模拟方法更精确和可靠;③它可以通过设置消减因子,使模拟结果对近期市场的变化更快地做出反应。其缺点包括:①它对于基础风险因素仍然有一定的假设,存在一定的模型风险;②计算量很大,且准确性的提高速度较慢,如果一个因素的准确性要提高 10 倍,模拟数就必须增加 100 倍以上;③如果产生的数据序列是伪随机数,其结果可能是错误的。

4. 优势与缺陷

风险值分析法是市场风险的主要计量方法。与缺口分析法、久期分析法等传统的市场风险计量方法相比,风险值分析法的主要优点是可以将不同业务、不同类别的市场风险用一个确切的数值来表示,它是一种能在不同业务和风险类别之间进行比较和汇总的市场风险计量方法,而且它可以将隐性风险显性化,有利于风险的监测、管理和控制。同时,风险价值具有高度的概括性,简明易懂,适用于董事会和高级管理层了解本行市场风险的总体水平。

风险值分析法也存在一定的局限性:第一,通过市场风险内部模型计算的风险水平不能反映资产组合的构成及其对价格波动的敏感性,对风险管理的具体作用有限,需要辅之以敏感性分析、情景分析等非统计类方法;第二,风险值分析法未涵盖价格剧烈波动等可能会对银行造成重大损失的突发性小概率事件,需要采用压力测试对其进行补充;第三,大多数市场风险内部模型只能计算交易业务中的市场风险,不能计量非交易业务中的市场风险。因此,采用风险值分析法的商业银行应当恰当理解和运用市场风险内部模型的计算结果,并充分认识到内部模型的局限性,运用压力测试和其他非统计类计量方法对内部模型方法进行补充。

5. 应用

采用风险值分析方法计量市场风险的商业银行应当根据本行的业务规模和性质,参照国际通行标准,合理选择、定期审查和调整模型技术及模型的假设前提和参数,并制定和实施引进新模型、调整现有模型及检验模型准确性的内部政策和程序。模型的检验应当由独立于模型开发和运行的人员负责。

巴塞尔银行监管委员会对 VaR 提出了以下技术要求:①置信水平采用 99% 的单尾置信区间;②持有期为 10 个营业日;③市场风险要素价格的历史观测期至少为 1 年;④至少每 3 个月更新一次数据。

考虑到市场风险内部模型本身存在的一些缺陷,巴塞尔银行监管委员会要求各国监管当局在计算市场风险监管资本时,必须将计算出来的风险价值乘以一个乘数因子,使所得出的资本数额足以抵御市场发生不利变化时可能对银行造成的损失。乘数因子一般由各国监管当局根据对银行风险管理体系质量的评估自行确定,巴塞尔银行监管委员会规定该值不得低于 3。

二、市场风险管理的一般方法

一旦企业确认了自身面临的主要风险,并且通过风险度量方法对这些风险有了定量的把握,那么企业就可以运用多种手段和工具对其所面临的风险加以定量的管理。

首先需要明确的是,并不存在一种对所有企业都是最优的风险管理方法。不同的企业,甚至是同一企业在不同的发展阶段,其所面临的风险类型和规模都不一样,因此风险管理人员需要针对具体情况采取不同的优化风险管理策略。一般来讲,当企业认为其面临的风险超过可以承受的标准时,可以采用以下几种方式来管理风险。

(一) 风险规避

风险和收益总是相伴而生的,企业在获得收益的同时必然要承担相应的风险。试图完全规避某种市场风险的影响则意味着完全退出这一市场,因此,对企业在所有者而言,完全规避风险通常不是最优的风险应对策略。

(二) 风险接受

有些企业在经营活动中会忽略其面临的部分风险,不会采取任何措施来管理某些类别的风险。有研究发现,几乎所有的瑞士公司都不关心他们所面临的汇率风险。

(三) 风险分散

很多大型公司和机构往往采取"把鸡蛋放在不同篮子里面"的方法来分散风险,即通过持有多种不同种类的并且相关程度很低的资产达到降低风险的目的,而且这种方法的成本往往比较低廉。但是对于小型公司或者个人来说,由于其缺乏足够的资金和研究能力而常无法有效地分散风险。同时,现代资产组合理论也证明,分散风险的方法只能降低非系统风险,而无法降低系统风险。

(四) 风险转移

市场风险本身是不可能从根本上被消除的,但是我们可以通过各种现有的金融工具对市场风险加以管理。例如,企业可以通过运用一定的方法将其面临的风险加以分解,从而使其自身保留一部分必要的风险,然后将其余风险通过衍生产品(如互换,远期等)工具传递给他人;或者通过"操作对冲"的形式把风险暴露降低到可以承受的水平之下。例如,企业可以通过调整原料供应渠道、在销售地直接设厂生产或者调整外汇的流入和流出额度等方法来达到上述目的。

第五节　案　例　分　析

一、案情背景

中信泰富是中国大型央企中信集团在香港上市的 6 家子公司之一,其前身泰富发展有限公司(简称泰富公司)成立于 1985 年,1986 年"借壳"新景丰公司上市,同年 2 月,泰富公司发行 2.7 亿股新股给予中国国际信托投资(香港)集团有限公司(简称中信集团),使中信集团持有泰富公司 64.7％股权。自此,泰富公司成为中信集团子公司,1991 年正式易名为中信泰富。中信泰富的业务集中在香港及内地市场,业务重点以基建为主,包括投资物业、基础设施(如桥、路和隧道)、能源项目、环保项目、航空以及电讯业务。

2008 年 10 月 20 日,中信泰富发布公告称,公司在西澳洲铁矿项目中因签订若干杠杆式外汇买卖合约而引致亏损,实际已亏损 8.07 亿港元,至 10 月 17 日,仍在生效的杠杆式外汇合约按公平价定值的亏损为 147 亿港元,相关外汇合约导致已变现及未变现亏损总额为 155.07 亿港元,而且亏损有可能继续扩大。当日,中信泰富股价开盘即暴跌 38％,盘中更一度跌至 6.47 港元,跌幅超过 55.4％,当日收报于 6.52 港元,跌幅达 55.1％。2008 年 10 月 22 日,香港证监会确认已经对中信泰富的业务展开调查,由于中信泰富的股价在两天内已经跌了近 80％,香港联交所发布的公告显示,中信泰富主席荣智健及母公司中信集团于场内分别增持中信泰富股票 100 万股和 200 万股,以维持股价稳定。2008 年 11 月,中信泰富终于获母公司中信集团出手相助,中信集团向中信泰富授出 116 亿港元的备用信贷,认购中信泰富发行的可换股债券,以及承担中信泰富相关外汇累计期权合约的损失。2009 年 3 月 26 日,中信泰富公布 2008 年全年业绩——亏损 126.62 亿港元。荣智健也因此事件辞去中信泰富集团主席一职。

二、中信泰富外汇合约巨亏原因分析

(一) 直接原因:市场风险

中信泰富的澳元累计合约损失是由澳元兑美元汇率的剧烈波动(即汇率市场风险)造成的。澳元汇率非正常暴跌,特别是自澳元累计合约订立之初(2008 年 7 月初)至中信泰富汇率衍生品巨亏公告预警(2008 年 10 月底)的 3 个多月,澳元兑美元汇率跌幅超过 30％。由于未来有兑换澳元的需要,为规避汇价继续上升的风险,中信泰富签订了澳元累计目标可赎回远期合约以及每日累计澳元远期合约。根据合约,中信泰富每月需要购入一批澳元,加权平均兑换价为 1 澳元兑换 0.87 美元,但从 7 月下旬开始,国际货币市场出现异动,澳元兑换美元平均价掉头下跌。此前市场普遍认为澳元会升值,用远期合约锁定收益是合理的。但 2008 年金融危机导致美元升值以及澳元汇率暴跌。在长达 3 个多月的跌势中,中信泰富却没有做对冲并及时停止交易,所以导致公司巨额受损。

(二) 外部原因:金融衍生品交易内含的风险

金融衍生品交易本就具有复杂性,中信泰富选择的累计期权也颇为复杂,累计期权的重点不是用来套期保值的,而是一个投机产品。金融衍生品设计的复杂性往往极大地掩盖其蕴含的巨大风险,而且金融市场,特别是汇率市场的走势,是大国间各种政治、经济、金融力量激烈博弈的中心战场。中信泰富并不擅长金融复杂衍生品的交易,其在难以掌握交易所规则、难以确保获知第一手信息的情况下,贸然涉足不熟悉的领域,加之金融衍生产品的复杂性,遭遇损失是在所难免的。

(三) 间接原因:对手方布置的合约陷阱

在此次交易中,除了交易对象是金融衍生品,中信泰富没有识别出合约中隐含的陷阱也是重要原因。第一是工具错选。累计期权不是用来套期保值的,而是一个投机产品。虽然企业需求各异,通常需要定制产品来满足其特定需求,但是在定制产品过程中,企业自身应发挥主导作用,而不应是被动的角色。另外,在很多情况下,通过对远期、期货、互换、期权等进行组合,也可以达到企业特定的套期保值需求,而不必通过累计期权。第二是对手欺诈。花旗银行香港分行、渣打银行、汇丰银行、德意志银行等利用它们的定价优势对中信泰富进行恶意欺诈,因为定价能力和对市场情况分析的不对等,在签订外汇买卖合约时,中信泰富就已经产生亏损。

(四) 根本原因:内部风险控制出现问题

中信泰富作为最早在香港证券交易所上市的大型国有控股公司,应该建立完善的重大事项对外信息披露制度,明确规定重大信息披露的范围和内容,确保在成本效益原则的基础上披露所有重要信息,以保障投资者的利益。然而现实情况是,中信泰富在发现问题 6 个星期之后才进行相应的信息披露。据中信泰富审核委员会的调查,此事并不牵涉欺诈或其他不法行为,而是财务董事未遵守集团对冲风险政策,且在进行交易前未按规定取得主席批准,超越其权限所为。显然,风险控制关系到公司的治理结构,如果治理机制不健全,其本身就是企业的一大风险源。一个内部治理结构混乱的企业,其风险控制的能力就差,从而引发的经营风险也多。

三、中信泰富事件的启示

(一) 完善内部控制制度,真正落实公司治理制度

中信泰富事件反映出其内部的风险监管和治理机制存在以下问题:一是董事会对公司的重大决策缺乏监管责任。作为中信泰富董事局主席的荣智健声称,有关外汇买卖合约的签订未经过恰当的审批,而且其潜在的风险也未得到正确的评估。二是公司信息披露的严重违规。中信泰富在 2008 年 9 月 7 日发现有关合约问题,但直到 10 月 20 日才正式公布,而其公司半年报根本没有提及投资外汇这项业务。三是累计期权的风险与收益严重不匹配,收益固定但风险却无限。

中信泰富事件折射出我国国有企业公司治理存在的弊端和漏洞。内部控制制度是控制风险的第一道屏障,要求每一个金融衍生品交易人员满足风险管理和内部控制的基本要求,而且必须接受董事会和高级管理层的充分监督。同时,公司应成立由实际操作部门、高级管理层和董事会组成的自律机构,保证相关法规、原则和内部管理制度得到贯彻执行,并应严格执行交易程序,将操作权、结算权、监督权分开,加大对越权交易的处罚力度。

(二) 正确认识套期保值,防范投机心理,保护企业财富

套期保值是指把期货市场当作转移价格风险的场所,将期货合约作为将来在现货市场上买卖商品的临时替代物,对其现在买进、准备以后售出商品或对将来需要买进商品的价格进行保值的交易活动。我国金融市场开放得比较晚,因此很多企业虽然有这方面的需求却苦于缺乏套期保值的经验。对于这些企业来说,其在执行套期保值的过程中一定要注

意两点：第一是要明确套期保值的目的，其最终的目的是规避风险而不是放大风险敞口，因此企业要时刻保持一个谨慎的态度，以免走入投机的轨道；第二是企业有必要聘请一些专业人士，成立专门的套期保值部门，多分析研究，做到对商品市场的走势比较有把握后再出手。只有认真贯彻以上两点，企业才能真正利用期货市场的套期保值功能锁定自身的财富。

（三）完善衍生金融工具的信息披露

在信息披露上，管理层应通过讨论和分析为我国衍生金融工具定性信息的披露制定标准，定性信息披露的内容至少应当包括：衍生金融工具的持有目的、管理风险和动机，与衍生金融工具相关的风险管理制度、程序及重大变化，衍生金融工具使用策略描述、风险上限和相关的应急处理程序，整体风险的计量和管理政策，公允价值的取得程序，相关的会计政策。企业应该以直观、简洁的形式披露定量信息，对于那些不是以市场可观察数据为基础进行评估的衍生金融工具，企业应当进行敏感性分析。

本 章 小 结

（1）市场风险是指因市场价格（如利率、汇率、股票价格和商品价格等）的不利变动而使商业银行表内和表外业务发生损失的风险。市场风险可以分为利率风险、汇率风险、股票价格风险和商品价格风险。

（2）利率风险是指因利率提高或降低而产生预期之外损失的风险。利率风险的来源包括重新定价风险、收益率曲线风险、基准风险和期权性风险。影响市场利率变动的因素包括宏观经济环境、央行的政策、价格水平、股票和债券市场以及国际经济形势。稳健的利率风险管理做法包括董事会和高级管理层的妥善监控，完善的风险管理政策和程序，妥善的风险计量、监测和控制系统，全面的内部控制和独立的审计。

（3）汇率风险又称汇兑风险，是指经济实体以外币定值或衡量的资产与负债、收入与支出以及未来的经营活动可望产生现金流的本币价值，因货币汇率的变动而产生损失的可能性。汇率风险包括结算风险、转换风险和经济风险。汇率风险管理的原则包括全面重视原则、管理多样化原则和收益最大化原则。

（4）市场风险管理是辨识、度量、监测和控制市场风险的全过程。市场风险管理的目标是将市场风险控制在企业可以承受的合理范围内，实现收益最大化。市场风险分析的方法包括缺口分析法、久期分析法、外汇敞口分析法和风险值分析法。市场风险管理的一般方法包括风险规避、风险接受、风险分散和风险转移。

关键概念索引

市场风险　利率风险　重新定价风险　收益率曲线风险　基准风险　期权性风险

汇率风险　市场风险管理　缺口分析法　久期分析法　外汇敞口分析法　风险值分析法

风险规避　风险接受　风险分散　风险转移

复习思考题

1. 简述利率风险的含义。
2. 简述利率风险的来源。
3. 简述汇率风险的概念。
4. 简述汇率风险的种类。
5. 简述市场风险分析的方法。
6. 简述市场风险管理的方法。

第十章　信用风险管理

 **本章要点**

- 信用风险的基本含义
- 信用风险的特点
- 信用风险的评级体系
- 信用风险管理的特点
- 信用风险管理的方法

思政目标

(1) 科学认知信用风险,突出诚信在社会体系中的重要作用。

(2) 将信用风险管理目标与社会主义核心价值观中的"诚信、法治"紧密联系在一起,塑造学生的规则意识和法治观念,引导学生依法从业。

> 信用风险是一种古老的风险形式。长期以来,人们采取了许多方法来规避信用风险,以期减少损失。随着金融改革和金融市场的不断发展,信用风险也在不断地增长,如何管理信用风险成为各企业面临的最大难题。现代金融业的发展使得传统的信用风险管理方法显得有些过时和不精确。随着现代科学技术的发展以及对市场风险等其他风险管理水平的提高,现代信用风险的管理水平也得到了提升。

第一节　信用风险概述

一、信用风险的概念

信用风险又称违约风险,是指交易对手未履行契约中的义务而造成经济损失的风险,即受信人不能履行还本付息的责任而使授信人的预期收益与实际收益发生偏离的风险。银行存在的主要风险是信用风险，即交易对手不能完全履行合同的风险。这种风险不只出现在贷款中，也发生在担保、承兑和证券投资等表内或表外业务中。如果银行不能及时识别损失的资产、增加核销呆账的准备金并在适当条件下停止利息收入确认，银行就会面临严重的风险问题。

信用风险是由两方面的因素造成的：一是经济运行的周期性。在经济处于扩张期时，信用风险会降低，因为较强的赢利能力会使总体违约率降低。在经济处于紧缩期时，信用风险会增加，因为赢利情况总体恶化，借款人因各种原因不能及时足额还款的可能性会增加。二是对公司经营有影响的特殊事件。这种特殊事件的发生与经济运行周期无关，而是与公司经营有关，如产品的质量诉讼。当人们知道石棉对人类健康有影响时，所发生的产品的责任诉讼使约翰·曼维尔公司这个在石棉行业中处于领头羊地位的公司破产并无法偿还其债务。

二、信用风险的特征

(一) 信用风险概率分布的"肥尾现象"

与市场风险相比，信用风险的一个重要特点在于其概率分布。我们通常认为，市场风险的概率分布可以被假定为正态分布，因为市场价格的波动以及由此而带来的投资收益以其期望值为中心，主要集中于相近的两侧，而远离期望值的极端情况发生的可能性较小，而且大致是呈"钟型"对称的。尽管现实中可能存在"肥尾现象"，但这种"钟型"正态分布的假设在许多情况下都反映了市场风险的基本特征。然而，信用风险的分布却与此不同。例如，无抵押贷款的风险特征是，在贷款安全收回（通常可能性大）的情况下放款人能获得正常的利息收益，一旦风险转化为实际损失（通常可能性较小），这种损失要比利息收益大得多。

(二) 道德风险在信用风险的形成中起重要作用

贷款等信用交易存在明显的信息不对称现象，即交易对方对交易信息的了解程度是不对等的。一般情况下，借款人掌握更多的交易信息，处于有利地位，放款人所拥有的信息较少而处于不利地位，这就会产生所谓的道德风险问题，而道德风险是产生信用风险的一个重要因素。对于市场风险而言，除非有非法内幕交易，交易双方所拥有的信息基本上是对等的，基本不存在信息不对称的问题。

(三) 信用风险承担者对风险状况及其变化的了解更加困难

信息不对称的另外一个结果表现为授信对象信用状况的变化不如市场价格变化那样容易被察觉，因而投资者对信用风险的了解不如对市场风险的了解那样及时、深入。授信者对受信者信用状况及变化的了解主要有两条渠道：一是通过长期业务了解有关信息；二是通过外部信息评级机构公布的评级信息。然而，这两条渠道都有很大的局限性，前者明显受到自身业务范围的局限，而后者只能覆盖有限的大企业，对于众多的中小公司则不能提供相应的信用信息。这一特点造成了计算两个或更多企业间信用风险的相关系数远比计算两个市场产品价格的相关系数困难得多。

(四) 信用风险的非系统性特征

信用风险的非系统性特征较明显,而市场风险则表现出较强的系统性特征,尤其是利率和汇率风险。尽管系统因素是对所有交易对手都产生影响的因素,如经济周期、利率汇率变动等,但商业银行交易对手的还款能力主要取决于很多与交易对手相关的非系统因素,如交易对手的财务状况、经营能力、还款意愿等。

(五) 信用风险的观察数据不易获取

造成信用风险的观察数据不易获取的原因主要有四点:①贷款等信用产品的流动性差,缺乏二级交易市场,而对于市场风险而言,各种金融产品发达的二级市场为观察市场风险的变化提供了大量的数据,从而使得运用各种数理模型来衡量市场风险成为可能;②二级市场交易损益的衡量一般可以采取盯市的原则,市场风险的变化因而能得到及时的反映,但信用产品的交易一般不采取盯市的原则,因而其价格数据难以反映信用风险的变化;③由于交易双方所拥有的信息不对称,直接观察信用风险的变化较困难;④贷款的持有期限一般都较长,即便到期出现违约,其频率也远比市场风险的观察数据少。

三、信用风险的分类

(一) 违约风险

违约风险是指债务人由于种种原因不能按期还本付息,不履行债务契约的风险。例如,授信企业可能因经营管理不善而亏损,也可能因市场变化出现产品滞销、资金周转不灵,到期不能偿还债务。一般说来,借款人经营风险越大,信用风险就越大,风险的高低与收益的高低呈正相关关系。

(二) 市场风险

市场风险是指资金价格的市场波动造成证券价格下跌的风险。例如,市场利率上涨导致债券价格下跌,债券投资者就会受损。期限越长的证券对利率波动就越敏感,市场风险也就越大。

(三) 收入风险

在信用风险中,收入风险是指人们运用长期资金进行多次短期投资时,实际收入低于预期收入的风险。

(四) 购买力风险

购买力风险是指未预期的高通货膨胀率所带来的风险。当实际通货膨胀率高于人们预期的水平时,无论是获得的利息还是收回的本金所具有的购买力都会低于最初投资时预期的购买力。

四、信用的形式

信用的形式是指信用关系的类型。按行为的主体划分,信用分为商业信用、银行信用和国家信用;按行为的时间跨度划分,信用分为短期信用、中期信用和长期信用;按行为的目的或功能划分,信用分为生产信用、流通信用和消费信用。除此之外,信用还有其他的划分标准和相应的形式。

按照现代社会信用行为的主体来划分,信用可以简单分为个人信用、企业信用和政府信用。

(一) 个人信用

个人信用是指个人通过信用方式向银行等金融机构获得自己当前所不具备的预期资本或消费支付能力的经济行为。它可以使个人不再仅仅依靠个人资本积累才能进行生产投资或消费支出,而是通过信用方式向银行等金融机构获得预期资金或消费支付能力。个人信用的基本特征是利率较高、风险较大。一般情况下,个人信用的活跃程度同一个国家、一个地区的金融服务发达状况成正比。

(二) 企业信用

企业信用是企业在资本运营、资金筹集及商品生产流通中的一种信用工具。企业信用也称商业信用,是指工商企业之间在商品交易时以契约(合同)作为预期的货币资金支付保证的经济行为,其物质内容可以是商品的赊销,其核心是资本运作,是企业间的互相信任。企业信用在商品经济中发挥着润滑生产和流通的作用。企业信用的形式主要是商业票据。

银行信用实质上也是一种企业信用,它是以货币资本借贷为经营内容,以银行及其他金融机构为行为主体的信用活动。银行信用是在企业信用基础上发展起来的一种间接信用。银行信用与企业信用相比,具有以下特征:①作为银行信用载体的货币,在它的来源和运用上没有方向限制,既可以流入,也可以流出;②由于金融交易的数量和规模一般都比较大,现代银行信用较企业信用发展更快,银行信用产生以后,在规模、范围、期限上都大大超过了企业信用,成为现代市场经济中最基本的占主导地位的信用形式。

还需要指出的是,银行信用和企业信用之间具有非常密切的联系。两者之间的关系为:①企业信用始终是一切信用制度的基础;②企业信用发展到一定阶段后才出现了银行信用,银行信用是在企业信用广泛发展的基础上产生与发展的;③银行信用的产生又反过来促使企业信用进一步发展与完善;④企业信用与银行信用各具特点,两者之间是相互促进的关系,但不能相互替代。

(三) 政府信用

在信用经济的链条中,政府信用是极其重要的一环。政府不仅运用信用手段筹集资金,为社会提供公共产品、服务并承担风险较大的投资项目,而且政府信用所创造的金融工具也为中央银行调节货币供应量提供了操作基础。政府信用具体表现在两方面:一是政府政策、条例不能随意撤销、变更和废除;二是政府如果迫不得已要撤销、变更或废除相关政策或条例,也要赔偿因此给民众造成的损失。

第二节 信 用 评 级

信用风险评估是现代信用风险管理的基础和关键,是指管理人充分利用现有行业与公司研究力量,根据发债主体的经营状况和现金流等情况对其信用风险进行评估。信用风险评估通常采用信用评级的方式进行。

信用评级又称资信评级,它由独立的信用评级机构或经济主体对影响评级对象的诸多信用风险因素进行分析研究,就其偿还债务的能力及其偿债意愿进行总体评价,并且用简单明了的评级符号表示出来。信用评级最初产生于20世纪初期的美国。1902年,穆迪公司的创始人约翰·穆迪开始对当时发行的铁路债券进行评级,后来信用评级延伸到各种金融产品及各种评估对象。由于信用评级的对象和要求有所不同,信用评级的内容和方法也有较大区别。

一、信用评级指标体系

信用评级指标体系是指信用评级机构在对被评对象的资信状况进行客观公正的评价时所采用的评估要素、评估指标、评估方法、评估标准、评估权重和评估等级等项目的总称。

信用评级指标体系是资信评级的依据,如果没有一套科学的资信评级指标体系,资信评级工作就无法进行,更谈不到资信评级的客观性、公正性和科学性。在我国,企业发行债券和银行发放贷款时都必须进行资信评级,但相关发债和贷款企业的信用评级指标体系还没有统一和规范起来,各家评级机构各有一套体系,其标准各不相同。目前,我国已经逐步向国际接轨,商业银行和其他金融机构也将被列入资信评级对象。因此,相关各方对信用评级指标体系必须在理论上有一个统一的认识,以便在此基础上逐步提高信用评级指标体系的客观性、公正性和科学性,从而保证资信评级结果的准确性。

信用评级指标体系作为一个完整的体系来说,应该包括以下六个方面内容。

(一) 信用评级的要素

从狭义上来说,信用是指还本付息的能力。从广义上来说,信用是指履行经济责任的能力及其可信任程度。目前,国际上对形成信用的要素有很多种说法,包括5C要素、3F要素、5P要素等,其中5C要素影响最广。我国通常主张信用状况的五性分析,即安全性、收益性、成长性、流动性和生产性。即通过五性分析对信用状况作出客观的评价。一般来说,国际上都把5C要素作为评级的内容,但我国则侧重于五性分析。

(二) 信用评级的指标

体现信用评级要素的具体项目一般以指标表示,指标的选择必须以能充分体现评级的内容为条件,即这些指标要能把企业信用的情况充分揭示出来。例如,企业的盈利能力可以通过销售利润率、资本金利润率和成本费用利润率等指标加以体现,企业的营运能力可以通过存货周转率、应收账款周转率和营业资产周转率等指标加以体现。

(三) 信用评级的标准

要把资信状况划分为不同的级别,就要对每一项指标定出不同级别的标准,以便参照定位。明确标准是建立信用评级指标体系的关键,如果标准定得过高,则有可能把信用好的企业排挤出投资等级;反之,又有可能把信用不好的企业混入投资等级。因此,标准的制定必须十分慎重。一般来说,信用评级的标准要根据企业所在行业的总体水平来确定,国际上的信用评级通常采用全球标准，即信用评级的标准要反映整个世界的水平。目前，我国信用评级的标准基本只考虑国内企业的总体水平。

（四）信用评级指标的权重

信用评级指标的权重是指各项指标在评级指标体系中的重要性。信用评级的各项指标在评级体系中的作用是不同的，有些指标对企业信用等级起到决定性作用，占有重要地位，故其权重就应大一些；有些指标的作用可能小一些，则其权重就相对要小。

（五）信用评级的等级

信用评级的等级即反映信用等级高低的符号和级别。在信用评级中，有的采用 5 级评价体系，有的采用 9 级或 10 级评价体系；有的用 A、B、C、D、E 或特级、一级、二级、三级、四级表示，有的用 AAA、AA、A、BBB、BB、B、CCC、CC、C 表示，也有的用 prime1、prime2、prime3、not prime 表示。一般来说，长期债务时间长，影响面广，信用波动大，其信用评级级别较宽，通常分为 9 级；而短期债务时间短，信用波动小，其信用评级级别较窄，一般分为 4 级。在国际上还有一种惯例，即一国企业发行外币债券的信用等级要以所在国家的主权信用评级为上限，不得超过。

（六）信用评级的方法

信用评级的方法通常有自我评议、群众评议和专家评议三种。例如，由独立的专业评估机构组织的评级，一般多由专家参与；由政府机关统一组织的评级，可采用自我评议、群众评议和专家评议相结合的方法。评级的具体方法可以采用定量分析法或定性分析法，也可两者结合运用。其中，定量分析法中还包括功效系数法、分段计分法、梯级递减法等多种方法。

二、信用评级的分类

（一）按照评估对象分类

1. 企业信用评级

企业信用评级包括工业、商业、外贸、交通、建筑、房地产、旅游等公司企业和企业集团的信用评级，以及商业银行、保险公司、信托投资公司、证券公司等各类金融机构的信用评级。金融机构与企业的信用评级要求不同，一般来说，企业生产经营比较正常，虽有风险，但容易识别，企业的偿债能力和盈利能力也易测算；而金融机构就不一样，其经营容易受环境影响，尤其是经营货币借贷和证券买卖的金融机构，涉及面广，风险大，在资金运用上要求营利性、流动性和安全性的协调统一，要实行资产负债比例管理，要受政府有关部门监管，其风险更大。因此，金融机构信用评级的风险性比一般企业要大，评估工作也更复杂。

2. 证券信用评级

证券信用评级包括长期债券、短期融资券、优先股、基金、各种商业票据等的信用评级。其中，债券信用评级在我国已经形成制度，国家已有明文规定，企业发行债券要向认可的债券信用评级机构申请信用等级。关于股票评级，除优先股外，国内外都不主张在发行前对普通股票进行评级，但主张对普通股票发行后上市公司的业绩进行评级，即对上市公司的经营业绩进行综合排序。

3. 国家主权信用评级

国际上流行国家主权信用评级,它能体现一国偿债意愿和能力。国家主权信用评级涉及的内容很广,它除了要对一个国家国内生产总值增长趋势、对外贸易、国际收支情况、外汇储备、外债总量及结构、财政收支、政策实施等影响国家偿还能力的因素进行分析,还要对金融体制改革、国企改革、社会保障体制改革所造成的财政负担进行分析。根据国际惯例,国家主权信用等级可作为该国境内单位发行外币债券的评级上限。

4. 其他信用评级

例如,项目信用评级,即对其一特定项目进行的信用评级。

(二) 按照评估方式分类

1. 公开评估

公开评估一般是指独立的信用评级公司进行的评估,其评估结果要向社会公布,向社会提供资信信息。评估公司要对评估结果负责,评估结果具有社会公证的性质。这就要求信用评级公司必须具有独立的地位,不带行政色彩,不受任何单位干预,评估依据要符合国家有关法规政策的规定,具有客观公正性,在社会上具有相当的权威性。

2. 内部评估

内部评估的评估结果一般不向社会公布,由内部掌握。例如,银行对借款人的信用等级评估就属于内部评估,它由银行信贷部门独立进行,作为审核贷款的内部参考,不向外提供。

(三) 按照评估收费与否分类

1. 有偿评级

有偿评级是指独立的信用评级公司接受客户委托进行的信用评级,这种评级一般都要收费。对于有偿评级,信用评级公司特别要讲究客观公正性,不能因为收费而失去实事求是的作风,忽视投资者的利益。如果违背了这一点,信用评级公司就会丧失社会的信任。

2. 无偿评级

信用评级机构有时为了向社会提供资信信息或为了内部掌握,会进行无偿评级。无偿评级通常只能按照有关单位的公开财务报表和资料进行,不能进行深入现场调查,因而资信信息比较单一,评估程序和方法也较简单。

(四) 按照评估内容分类

1. 综合评级

综合评级是指对评估客户的各种债务信用状况进行评级,提出一个综合性的信用等级。它是对企业客户各种债务信用状况的综合判断。

2. 单项评级

单项评级是指对某一具体债务进行有针对性的评估,如对长期债券、短期债券、长期存款、特定建设项目等进行的信用评级。债券评级属于单项评级的典型例子,通常采用"一债一评"的方式。

三、信用评级的方法

(一) 要素分析法

要素分析法又称专家分析法,是最古老的信用评级方法,是指专家通过分析借款人的相关信息,对其资信、品质等进行评判,以确定是否给予贷款。要素分析法主要包括以下几种方法。

1. 5C 要素分析法

5C 要素分析法是对客户进行信用风险分析时经常采用的要素分析法之一。它主要从借款人的道德品质(character)、经营能力(capacity)、资本(capital)、资产抵押(collateral)和经济状况(condition)五个方面进行全面的定性分析,以判别借款人的还款意愿和还款能力。

(1) 借款人品德品质:要求借款人必须诚实可信、善于经营。这要根据过去记录结合现状调查来进行分析,包括借款人的年龄、文化、技术结构、遵纪守法情况,开拓进取及领导能力,有无获得荣誉奖励或纪律处分,团结协作精神及组织管理能力。

(2) 经营能力:主要分析借款企业的生产经营能力及获利情况,管理制度是否健全,管理手段是否先进,产品生产销售是否正常,在市场上有无竞争力,经营规模和经营实力是否逐年增长,财务状况是否稳健。

(3) 资本:企业资本往往是衡量企业财力和贷款金额大小的决定因素,企业资本雄厚说明企业具有强大的物质基础和抗风险能力。因此,企业信用分析必须调查了解企业资本规模和负债比率,以反映企业资产或资本对于负债的保障程度。

(4) 资产抵押:资产可以用作贷款担保和抵押品,有时企业申请贷款也可由其他企业提供担保。有了担保抵押,信贷资产就有了安全保障。信用分析必须分析担保抵押手续是否齐备、抵押品的估值和出售有无问题以及担保人的信誉是否可靠。

(5) 经济环境:经济环境对企业发展前途具有一定影响,是影响企业信用的一项重要的外部因素。信用分析必须对企业的经济环境,包括企业发展前景、行业发展趋势、市场需求变化等进行分析,预测其对企业经营效益的影响。

2. 5P 要素分析法

5P 要素分析法中的要素包括个人因素(personal factor)、资金用途因素(purpose factor)、还款财源因素(payment factor)、债权保障因素(protection factor)和企业前景因素(perspective factor)。

3. 5W 要素分析法

5W 要素分析法中的要素包括借款人(who)、借款用途(why)、还款期限(when)、担保物(what)及如何还款(how)。

4. 4F 要素分析法

4F 要素分析法主要着重分析以下四个方面要素:组织要素(organization factor)、经济要素(economic factor)、财务要素(financial factor)、管理要素(management factor)。

5. CAMPARI 要素分析法

CAMPARI 要素分析法主要是对借款人以下七个方面进行分析:品德(即偿债记录)

(character)，借款人偿债能力(ability)，企业从借款投资中获得的利润(margin)，借款的目的(purpose)，借款金额(amount)，偿还方式(repayment)，贷款抵押(insurance)。

6. LAPP 要素分析法

LAPP 要素分析法主要分析以下要素：流动性(liquidity)，活动性(activity)，营利性(profitability)，潜力(potentialities)。

7. "骆驼"评估法

"骆驼"评估法包括五个要素：资本充足率(capital adequacy)，资产质量(asset quality)，管理水平(management)，收益状况(earnings)，流动性(liquidity)，其英文第一个字母组合在一起为"CAMEL"，因正好与"骆驼"的英文名称相同而得名。

上述评级方法在内容上都大同小异，都是根据信用的形成要素进行定性分析，必要时配合定量计算。它们的共同之处都是将道德品质、还款能力、资本实力、担保和经营环境条件，或者借款人、借款用途、还款期限、担保物及如何还款等要素逐一进行评分，即把影响企业信用的各个因素都包括进去，不能遗漏，否则信用分析就不能达到全面反映企业信用情况的要求。传统的信用评级要素分析法均是金融机构对客户进行信用风险分析时所采用的要素分析法，其分析重点是在定性指标上，即通过与客户的经常性接触而积累的经验来判断客户的信用水平。另外，美国几家信用评级公司都认为信用分析基本上属于定性分析，虽然其也重视一些定量的财务指标，但最终结论还要依靠信用分析人员的主观判断，最后由评级委员会投票决定。

(二) 综合分析法

综合分析法是指依据受评客体的实际统计数据计算其综合评级得分(或称指数)的研究方法。企业信用综合评级方法很多，但在实际计算中普遍采用的方法主要有以下四种。

1. 加权评分法

这是目前在信用评级中应用最多的一种方法。其一般做法是根据各具体指标在评级总目标中的不同地位设定其标准权数，同时确定各具体指标的标准值，然后通过比较指标的实际数值与标准值得到级别指标分值，最后汇总指标分值求得加权评估总分。

加权评分法的最大优点是简便易算，但它也存在三个明显的缺点：①未能区分指标的不同性质，这会导致计算出的综合指数不尽科学。信用评级中往往会有一些指标属于状态指标，如资产负债率并不是越大越好，也不是越小越好，而是越接近标准水平越好。对于状态指标，加权评分法很容易得出错误的结果。②不能动态地反映企业发展的变动状况。企业信用是不断变化的，而加权评分法只能反映企业的时点状态，很难判断企业信用风险的发展状况和趋势。③忽视了权数作用的区间规定性。严格意义上讲，权数作用的完整区间应该是在指标最高值与最低值之间。加权评分法计算综合指数时是用指标数值实际值与标准值进行对比后再乘上权数，这就忽视了权数的作用区间，会造成评估结果的误差。

2. 隶属函数评估法

这种方法是根据模糊数学的原理，利用隶属函数对企业信用进行综合评估。其一般步骤为:首先利用隶属函数给定各项指标在闭区间[0,1]内相应的数值(称为单因素隶属度),对各指标作出单项评估;然后对各单因素隶属度进行加权算术平均,通过计算综合隶属度得出综合评估的指标值,其结果越接近 0 越差,越接近 1 越好。

隶属函数评估方法较之加权评分法具有更大的合理性,但该方法对状态指标缺乏有效的处理办法,会直接影响评级结果的准确性。同时,该方法未能充分考虑企业近几年各项指标的动态变化,评级结果很难全面反映企业生产经营发展的真实情况。因此,隶属函数评估法同样不适用于科学的信用评级。

3. 功效系数法

功效系数法是根据多目标规划原理对每一个评估指标分别确定满意值和不允许值,然后以不允许值为下限计算其指标实现满意值的程度,并转化为相应的评估分数,最后加权计算综合指数。

各项指标的满意值与不允许值一般均取自行业的最优值与最差值,因此,功效系数法的优点是能反映企业在同行业中的地位。但是,功效系数法同样既没有区别对待不同性质的指标,也没有充分反映企业自身的经济发展动态,这使得评级结论不尽合理,不能完全实现信用评级的评级目的。

4. 多变量信用风险二维判断分析法

对信用状况的分析、关注、集成和判断是一个不可分割的有机整体,也是多变量信用风险二维判断分析法的评级过程。

多变量特征是以财务比率为解释变量,运用数量统计方法推导而建立起的标准模型。评级人员运用此模型可以预测某种性质事件发生的可能性,及早发现信用危机信号。长期实践证明,这类模型的应用是最有效的。多变量分析就是要从若干表明观测对象特征的变量值(财务比率)中筛选出能提供较多信息的变量并建立判别函数,使推导出的判别函数对观测样本分类时的错判率最小,然后根据判别分值确定的临界值对研究对象进行信用风险的定位。

二维判断就是从两方面同时考察信用风险的变动状况:一是空间,即正确反映受评客体在本行业(或全产业)时点状态所处的地位;二是时间,即尽可能考察一段时期内受评客体发生信用风险的可能性。

(三) 以资本市场理论和信息科学为支撑的新方法

随着资本市场的迅速发展,融资的非中介化、证券化趋势以及金融创新工具的大量涌现,信用风险的复杂性也日益显著。人们认为,以财务比率为基础的统计分析方法不能反映借款人和证券发行人的资产在资本市场上快速变化的动态价值。鉴于此,一系列信用风险衡量的新方法相继被提出。

1. 破产模型

这类模型的理论依据在很多方面与布莱克-斯科尔斯(Black-Scholes),默顿(Merton)以及赫尔(Hull)和怀特(White)的期权定价模型相似,因此也称作信用风险的期权定价模型。该模型表明,公司的破产概率取决于公司资产相对于其短期负债时的初始市场价值和资产(股票)市价的波动率,当公司资产的市场(清算)价值低于其短期负债价值(即资不抵债)时,那么该公司实质上已经破产。1993年,KMV公司研究提出的期望违约率模型也是基于这一理论。该模型的结构包含两种理论联系:一是将股票价值看作建立在公司资产价值上的一个看涨期权;二是公司股票价值波动率与公司资产价值变化之间具有一定的关系。在实践中,评级人员可以通过观察在一定标准差(资产市价与偿债价值的标准差)水准上的公司(其初始资产高于负债)1年内的破产比例,来衡量任一具有同样标准差公司的违约概率。但资产市值的估算取决于股价波动率的估算,因此令人质疑的是估算的股价波动率是否可作为公司资产价值估算的可信指标。

2. 债券违约率模型

阿尔特曼研究的债券违约率模型是按穆迪和标准普尔的信用等级和债券到期年限,采用债券实际违约的历史数据建立的违约概率经验值对各类信用等级和期限债券违约风险的衡量。美国穆迪和标准普尔两家著名评级公司修正了这一模型,并将其作为常规金融分析工具。此类模型有望扩展到贷款违约风险分析中,但目前的障碍是银行无法通过收集足够的贷款违约历史数据来建立一个非常稳定的违约概率数据库,因此,美国许多大型银行正致力于建立一个全国贷款违约和违约损失率的共享数据库。

3. 神经网络分析系统

虽然神经网络理论可追溯到20世纪40年代,但其在信用风险分析中的应用还是20世纪90年代的新生事物。神经网络分析系统是从神经心理学和认识科学研究成果出发,应用数学方法发展起来的一种并行分布模式处理系统,它具有高度并行计算能力、自学能力和容错能力。神经网络分析系统的结构由一个输入层、若干个中间隐含层和一个输出层组成。

(四) 衍生工具信用风险的衡量方法

衍生工具是指其价值依赖于基本标的资产价格的金融工具,如远期、期货、期权、互换等。20世纪80年代以来,金融市场风起云涌,变幻莫测,市场风险与日俱增,衍生金融工具因其在金融、投资、套期保值和利率行为中的巨大作用而获得了飞速的发展,尤其充实、拓展了银行的表外业务。然而,这些旨在规避市场风险应运而生的衍生金融工具又蕴藏着新的信用风险。例如,利率互换和货币互换虽能减少利率风险,但却存在互换对方的违约风险。如果银行只是作为互换的中间人和担保人介入互换业务,互换中的任何一方违约,其损失都将由银行承担。另外,随着场外市场期权交易违约风险的日益增加,衍生金融工具信用风险的管理也日益受到各国金融监管当局的重视。原则上,前面讨论的方法对衍生金融工具信用风险的预测仍有"用武之地",因为引起合同违约的一个重要因素通常是对方陷入财务困境。尽管如此,在贷款、场外交易和表外衍生工具的违约风险上仍存有许多细微的区别:第一,即使对方陷入财务困境,也只可能对虚值合同(履约带来负价值的合同)违约而力求履行所有的实值合约(履约带来正价值的合同);第二,在任一违约概率水准上,衍生金融工具违约遭受的损失往往低于贷款违约的损失。鉴于此,研究者相继提出许多其他方法,不过主要集中在期权和互换这两类衍生工具上,最具代表性的有下列三种方法。

1. 风险敞口等值法

风险敞口等值法(risk equivalent exposure，REE)是贯穿衍生工具信用风险衡量的核心方法。这类方法是以估测信用风险敞口价值为目标，考虑了衍生金融工具的内在价值和时间价值，并以特殊方法处理的风险系数来建立一系列 REE 计算模型。其中，既有以衍生工具交易的名义本金和合同价值为基础的 REE 模型，也有以衍生金额工具类别和组合策略为基础的 REE 模型。风险系数是将衍生金融工具交易的名义本金转化为风险敞口等同值的核心工具。依据投资者的风险偏好，该方法可计算 4 种概念的风险敞口等同值，即到期风险敞口等同值、平均风险敞口等同值、最坏情况风险敞口等同值和期望风险敞口等同值，以度量信用风险的高低。

2. 模拟法

模拟法是一种计算机集约型的统计方法，它采用蒙特卡罗模拟过程，模拟影响衍生工具价值关键随机变量的可能路径和交易过程中各时间点或到期时的衍生金融工具价值，并经过上千次的反复计算得出一个均值。衍生工具的初始价值与模拟平均值之差是对未来任一时间点和到期信用风险敞口值的一个度量。

3. 敏感度分析法

衍生金融工具交易者通常采用衍生金融工具价值模型中的一些比较系数来估测衍生金融工具的价值。敏感度分析法就是利用这些比较值通过方案分析或应用风险系数来估测衍生金融工具价值的一种方法。

四、信用评级机构

(一) 国外信用评级机构

国际公认的专业信用评级机构只有三家，分别是穆迪投资服务有限公司(简称穆迪公司)、标准普尔公司和惠誉国际信用评级有限公司(简称惠誉公司)。

1. 穆迪评级

穆迪公司的创始人是约翰·穆迪，他在 1909 年出版的《铁路投资分析》一书中发表了债券资信评级的观点，使资信评级首次进入证券市场，并开创了利用简单的资信评级符号来分辨 250 家公司发行的 90 种债券的做法。正是这种做法才将资信评级机构与普通的统计机构区分开来。因此，后人普遍认为资信评级最早始于穆迪开创的铁道债券资信评级。1913 年，穆迪将资信评级扩展到公用事业和工业债券上，并创立了利用公共资料进行第三方独立资信评级或无经授权的资信评级方式。穆迪评级和研究的对象以往主要是公司和政府债务、机构融资证券和商业票据，最近也开始对证券发行主体、保险公司债务、银行贷款、衍生金融产品、银行存款和其他银行债以及管理基金等进行评级。其评级级别由最高的 AAA 级到最低的 C 级，一共有 21 个级别。其评级级别分为两个部分，包括投资等级和投机等级。

2. 标准普尔评级

标准普尔公司由普尔出版公司和标准统计公司于1941年合并而成。普尔出版公司的历史可追溯到1860年,当时,其创始人普尔先生(Henry V. Poor)出版了《铁路历史》及《美国运河》,率先进行金融信息服务和债券评级。1966年,标准普尔公司被麦格劳-希尔公司收购,主要对外提供关于股票、债券、共同基金和其他投资工具的独立分析报告,为世界各地超过22万多家证券及基金进行信用评级。标准普尔公司的信用等级标准从高到低可划分为:AAA级、AA级、A级、BBB级、BB级、B级、CCC级、CC级、C级和D级。

3. 惠誉评级

惠誉公司是1913年由约翰·惠誉(John K.Fitch)创办的,起初是一家出版公司,它于1924年就开始使用AAA级到D级的评级系统对工业证券进行评级。后来,惠誉公司进行了多次重组和并购,规模不断扩大。目前,惠誉公司的评级对象主要包括企业、金融机构和地方政府、国家主权等。惠誉公司在美国市场上的规模要比其他两家评级公司小,但在全球市场上,惠誉评级的敏感度较高,视野比较国际化。2000年,惠誉公司正式进入中国市场,并于2003年6月份在北京成立了代表处。2020年5月,美国惠誉评级公司获准进入中国信用评级市场。

自1975年美国证券交易委员会认可上述三家公司为国家认定的评级组织(Nationally Recognized Statistical Rating Organization, NRSRO)后,这三家公司就垄断了国际评级行业。据国际清算银行的报告,在世界上所有参加信用评级的银行和公司中,穆迪评级涵盖了80%的银行和78%的公司,标准普尔评级涵盖了37%的银行和66%的公司,惠誉评级涵盖了27%的银行和8%的公司。

(二)国内信用评级机构

目前,我国开展债券评级业务的信用评级机构主要有中诚信国际、中诚信证券、联合资信、联合评级、大公、新世纪、鹏元资信、东方金诚、中债资信。其中,中诚信国际、中诚信证券同属于中诚信集团,联合资信、联合评级同属于联合信用管理公司。

五、信用评级的指标

评级机构一般均以现金流量对债务的保障程度为分析和预测的核心,信用评级机构采用多变量指标,运用二维判断方法对相关风险进行定量分析和定性判断,并注重不同地区、不同行业或同行业内评级对象信用风险的相互比较。其评级指标根据被评对象及经济主体所处行业的不同而不同。

(一)定量指标

定量指标主要对被评估人运营的财务风险进行评估,考察其会计质量,主要包括以下四种指标。

1. 资产负债结构

评级人员通过分析受评企业负债水平与债务结构,可以了解管理层的理财观念和对财务杠杆的运用策略,如债务到期安排是否合理、企业偿付能力如何等。如果受评企业到期债务过于集中,那么其到期不能偿付的风险会明显加大,而过分依赖短期借款则有可能加剧再筹资风险。此外,受评企业的融资租赁、未决诉讼中的负债项目也会加大其债务负担,增加其对现金流量的需求,从而影响评级结果。

2. 盈利能力

较强的盈利能力及其稳定性是企业获得足够现金以偿还到期债务的关键因素。盈利能力可以通过销售利润率、净值报酬率、总资产报酬率等指标进行衡量,同时,评级人员要对盈利的来源和构成进行深入分析,并在此基础上对影响企业未来盈利能力的主要因素及其变化趋势作出判断。

3. 现金流量充足性

现金流量是衡量受评企业偿债能力的核心指标,其中,评级人员尤其要关心的是企业经营活动中产生的净现金流量。净现金流量、留存现金流量和自由现金流量与到期总债务的比率,基本可以反映受评企业营运现金对债务的保障程度。对于不同行业,现金流量充足性的标准是不同的,评级人员通常会将受评企业与同类企业相对照,以对受评企业现金流量充足性作出客观、公正的判断。

4. 资产流动性

资产流动性是指资产的变现能力,主要考察企业流动资产与长期资产的比例结构。同时,评级人员还可以通过存货周转率、应收账款周转率等指标来考察受评企业流动资产转化为现金的速度,以评估其偿债能力的高低。

(二) 定性指标

定性指标主要包括行业风险评估和业务风险评估。

1. 行业风险评估

行业风险评估是指对受评公司所在行业的现状及发展趋势、宏观经济景气周期、国家产业政策、行业和产品市场所受的季节性、周期性影响以及行业进入门槛、技术更新速度等进行考察,以评估企业未来经营的稳定性、资产质量、盈利能力和现金流。一般来说,垄断程度较高的行业比自由竞争的行业盈利更有保障,风险相对较低。

2. 业务风险评估

业务风险评估是指对受评企业的基本经营情况和市场竞争地位,管理水平,关联交易、担保和其他还款保障等进行分析评估。

1) 基本经营情况和市场竞争地位

受评企业的经营历史、经营范围、主导产品和产品的多样化程度,特别是主营业务在企业整体收入和盈利中所占比例及其变化情况,可以反映企业收入来源是否过于集中,以及其盈利能力易受市场波动、原料供应和技术进步等因素的影响。此外,企业营销网络与手段、对主要客户和供应商的依赖程度等因素也是业务风险评估必须考虑的分析要点。

2) 管理水平

在管理水平方面,评级人员主要考察企业管理层素质的高低及稳定性,行业发展战略和经营理念是否明确、稳健,企业的治理结构是否合理,等等。

3）关联交易、担保和其他还款保障

如果有实力较强的企业为评级对象提供还款担保，受评对象的信用等级将得以提升，但信用评级机构分析师要对该担保实现的可能性和担保实力作出评估。此外，政府补贴、母公司对子公司的支持协议等也可以在某种程度上提高子公司的评级结果。

六、信用评级的等级

（一）信用评级的等级符号

信用评级的等级符号是指信用评级机构基于评估对象的信用、品质、偿债能力以及资本等的指标，用既定的符号来标识债券主体未来偿还债务能力及偿债意愿可能性的级别结果。不同的信用评级机构采用的等级符号也不相同，有的用 A、B、C、D、E 或特级、一级、二级、三级、四级表示，有的用 AAA、AA、A、BBB、BB、B、CCC、CC、C 表示，也有的用 prime1、prime2、prime3、not prime 表示。另外，还有的信用评级公司在每一个等级上又用"＋、－"符号进行微调，表示属于这个等级的上限或下限。

标准普尔、穆迪和惠誉评级公司采用的等级符号如表 10-1 所示。

表 10-1　标准普尔、穆迪和惠誉评级公司采用的信用等级符号

标准普尔		穆迪		惠誉	
长期	短期	长期	短期	长期	短期
AAA	A-1	Aaa	P-1	AAA	F1
AA	A-2	Aa	P-2	AA	F2
A	A-3	A	P-3	A	F3
BBB	B	Baa	NP	BBB	B
BB	C	Ba		BB	C
B	D	B		B	RD
CCC		Caa		CCC	D
CC		Ca		CC	
C		C		C	
D				RD	
				D	

（二）信用评级等级的风险程度

从国外惯例来看，人们通常都把前四个等级定为投资级（如 AAA～BBB），把后五个等级定为投机级（如 BB～C）。投资级表示收益正常，风险很小；投机级表示收益没有保障，风险更大。目前，我国企业信用评估的信用等级采用国际通行的"四等十级制"评级等级，各等级对应的风险程度如表 10-2 所示。

表 10-2　各信用等级符号的含义及风险程度

等级	含义	说明
AAA	信誉极好	该类企业具有优秀的信用记录,经营状况佳,盈利能力强,发展前景广阔,不确定性因素对其经营与发展的影响极小
AA	信誉优良	该类企业具有优良的信用记录,经营状况较好,盈利水平较高,发展前景较为广阔,不确定性因素对其经营与发展的影响很小
A	信誉较好	该类企业具有良好的信用记录,经营处于良性循环状态,但是可能存在一些影响其未来经营与发展的不确定因素,进而削弱其盈利能力和偿还能力
BBB	信誉一般	该类企业的信用记录正常,但其经营状况、盈利水平及未来发展易受不确定因素的影响,偿债能力有波动
BB	信誉欠佳	该类企业有较多不良信用记录,未来前景不明朗,含有投机性因素
B	信誉较差	企业的信用程度差,偿债能力较弱
CCC	信誉很差	企业信用很差,企业盈利能力和偿债能力很弱,对投资者而言投资安全保障较小,存在重大风险和不稳定性,几乎没有偿债能力
CC	信誉太差	企业信用极差,企业已处于亏损状态,没有偿债能力
C	没有信用	企业无信用,企业基本无偿还债务能力
D	没有信用	企业已濒临破产

第三节　信用风险管理

信用风险管理是指通过制定信息政策,指导和协调各机构业务活动,对从客户资信调查、付款方式的选择、信用限额的确定到款项回收等环节实行全面监督和控制,以保障应收款项的安全、及时回收。

一、信用风险管理的特点

(一) 信用风险管理的量化困难

信用风险管理存在难以量化分析和衡量的问题。相对于数据充分、数理统计模型运用较多的市场风险管理而言,传统信用风险管理由于缺乏科学的定量分析手段而更多地倚重定性分析以及管理者的主观经验和判断。信用风险难以采用定量分析和模型化管理的主要原因在于两个方面:一是数据匮乏;二是难以检验模型的有效性。数据匮乏的原因主要是信息不对称、每日损益无法计量、持有期限长、违约事件发生少等。模型检验的困难在很大程度上也是在于信用产品持有期限长、数据有限等原因。近些年来,在市场风险量化模型技术和信用衍生产品市场发展的推动下,以 Creditmetrics、KMV、Creditrisk＋为代表的信用风险量化和模型管理的研究及应用获得了相当大的发展,信用风险管理决策的科学性不断增强,现代信用风险管理的理念和方法不断形成。

（二）信用风险管理实践中存在信用悖论现象

这种信用悖论包括两个方面：一方面，风险管理理论要求银行在管理信用风险时应遵循贷款分散化和多样化原则，防止授信集中化，尤其是在传统的信用风险管理模型中缺乏有效对冲信用风险手段的情况下，贷款分散化更是重要的、应该遵循的原则；另一方面，实践中的银行信贷业务往往很难贯彻执行该原则，许多银行的贷款业务分散程度不高。造成这种信用悖论的主要原因在于以下几个方面：一是对于大多数没有信用评级的中小企业而言，银行对其信用状况的了解主要来源于长期发展的业务关系，这种信息获取方式使得银行比较倾向将贷款集中于有限的老客户企业；二是有些银行在其市场营销战略中将贷款对象集中于自己比较了解和擅长的某一领域或某一行业；三是贷款分散化会使贷款业务小型化，不利于银行在贷款业务上获取规模效益；四是有时市场的投资机会也会迫使银行将贷款投向有限的部门或地区。

（三）信用风险的定价困难

信用风险的定价困难主要是因为信用风险属于非系统性风险，而非系统性风险理论上是可以通过多样化的投资分散的。因此，基于马柯威茨资产组合理论而建立的资本资产定价模型和基于组合套利原理而建立的套利资产定价模型都只对系统性风险因素（如利率风险、汇率风险、通货膨胀风险等）进行了定价，而没有对信用风险因素进行定价。这些模型认为，非系统性风险是可以通过多样化投资分散的，理性、有效的市场不应该对这些非系统性因素给予回报。因此，信用风险没有在这些资产定价模型中体现出来。

对任何风险的定价都是以对风险的准确衡量为前提条件的。由于前述的一些原因，信用风险的衡量非常困难，在国际市场上，由 J.P.摩根公司等机构所开发的信用风险计量模型，如 Creditmetrics、Creditrisk＋、KMV 模型等，其有效性、可靠性仍有争议。因此，从总体上来说，人们对信用风险仍缺乏有效的计量手段。

（四）对企业间交易信用风险的把控困难

大部分经营失败的企业都呈现出延迟付款或付款波动的现象，而且付款信息具有时效性，其他财务信息则陈旧滞后，因此，付款信息具有独特的预测性作用。为获得及时且真实的付款信息，企业可以加入第三方付款信息交流平台，从而快速分享并获得具有高度预测性的付款信息。目前，国际上提供该项服务的平台主要有邓白氏付款信息交流计划项目，该项目已覆盖全球 57 个国家和地区，每日更新的应收账款信息超过 150 万条，拥有超过 600 万家企业的付款信息，可以通过免费的数据交换及时发现潜在风险客户，提升应收账款回款水平，改善现金流。

二、信用风险管理的目标

对政府、企业、个人而言，其信用风险管理的目标不尽相同，但不同主体进行信用风险管理的目的大多是追求微观层面上的利益或平衡宏观层面上的资源配置需求。

（一）从微观层面上看，主体通过风险调整实现收益最大化

企业使用信用工具的目标是维护信用风险与收益之间的平衡。这个平衡的判断标准是通过增加授信带来的边际收益与边际成本在数量上相等。企业决策的目标则是以信用为条件，追求企业自身利益的最大化，即通过全面系统的信用风险管理，使企业有更大的选择

空间,从而有可能付出更小的风险成本,进而降低信用风险的发生概率和损失程度。

(二)从宏观层面上看,主体通过风险管理减少信息不对称并优化市场效率

由于交易双方所拥有的信息不对称,市场上同时又广泛存在信息干扰和信息传递障碍,市场通常并不能完全有效地实现资源配置的帕累托效率。宏观的风险管理在很大程度上减少了市场信息的不对称情况,同时增强了企业对信息的分析、鉴别、处理的能力,使信息在传递和使用方面的效率都得到了提高。由此可见,宏观的风险管理在促进市场公平竞争、提高市场运作效率等方面发挥着不可替代的作用。

三、信用风险管理的方法

(一)传统的信用风险管理方法

贷款审查标准化和贷款对象分散化是信用风险管理的传统方法。

贷款审查标准化就是依据一定的程序和指标考察借款人或债券的信用状况,以避免可能发生的信用风险。例如,银行在决定是否贷款给一家公司之前,银行首先要详细了解这家公司的财务状况,其次要考虑借款公司的各种因素,如盈利情况、边际利润、负债状况和所要求的贷款数量等,若这些情况都符合贷款条件,则应考虑欲借款公司的行业情况,分析竞争对手、行业发展前景、生产周期等各个方面,最后应依据贷款的数量与借款公司协商偿还方式等合同条款。尽管共同基金与债券投资并不能确定投资期限,但它们也是通过类似的信用风险分析来管理投资资本的信用风险。

除了贷款审查标准化,银行还可以通过贷款对象分散化来降低信用风险。贷款对象分散化的基本原理是信用风险的相互抵消。例如,某一停车场的两个小卖部同时向银行申请贷款,银行了解到其中一家在卖冰棒,另一家则卖雨具。在晴天时,卖冰棒的小卖部生意好,卖雨具的小卖部生意不好;而在雨天则情况相反。因为这两家小卖部收入的负相关性,其总收入波动性就会较小,银行可利用这样的原理来构造自己的贷款组合和投资组合,即对不同行业企业贷款可以减少一定的信用风险。

如上所述,贷款审查标准化和投资对象分散化是信用风险管理的传统方法,但利用这两种方法来控制信用风险的能力往往会因为银行的投资分散化程度而受到限制。例如,因为商业银行规模较小,其发放贷款的地区和行业往往是有限的,而贷款发放地区的集中使银行贷款收益与当地经济状况密切相关,同样,贷款发放行业的集中也使银行贷款收益与行业情况紧密相关。而且在贷款发放地区和行业集中的情况下,银行贷款审查所依赖的标准也会有所影响,不能从更为广泛的角度考虑贷款收益的前景。因此,利用上述传统方法控制信用风险的效果是有限的。

(二)现代信用风险管理方法

近年来,信用风险管理的新方法是信用证券化和贷款出售。

信用证券化是将有信用风险的债券或贷款的金融资产组成一个资产池,并将其出售给其他金融机构或投资者。从投资者的角度来看,因为通过投资多个贷款或债券的组合可以使信用风险降低,所以这种资产组合产生的证券是有吸引力的。同时,购买这样的证券也

可以帮助投资者调整投资组合、减少风险。因此,信用证券化近年来发展迅速。

贷款出售则是银行通过贷款出售市场将其贷款转售给其他银行或投资机构。通常,银行在为企业并购提供短期贷款后,往往会将其贷款出售给其他投资者。只有在极少数情况下,银行可以对某一单一并购提供大量贷款。这时,信用风险分析就显得十分重要。

信用证券化和贷款出售均为信用风险管理的有效工具。不过,信用证券化只适合那些有稳定现金流或有类似特征的贷款项目,如房地产和汽车贷款。目前,正在逐渐兴起的信用风险管理工具是信用衍生工具。

第四节 案 例 分 析

一、基本案情

周辉,男,1982年2月出生,原系浙江省衢州市中宝投资有限公司(以下简称中宝投资公司)法定代表人。

2011年2月,被告人周辉注册成立中宝投资公司,并担任法定代表人,该公司主要运营中宝投资网络平台。借款人(发标人)在网络平台注册、交纳会费后,可发布各种招标信息,吸引投资人投资。投资人在网络平台注册成为会员后可参与投标,并通过银行汇款、支付宝、财付通等方式将投资款汇至平台公布的个人账户或第三方支付平台账户。借款人可直接从平台取得所融资金。项目完成后,借款人返还资金,平台再将收益给予投资人。运行前期,周辉通过网络平台为13个借款人提供了总金额约为170万元的融资服务,因部分借款人未能还清借款而造成公司亏损。此后,周辉除了用本人真实身份信息在公司网络平台注册了两个会员,自2011年5月至2013年12月还陆续虚构了34个借款人,并利用上述虚假身份自行发布大量虚假抵押标、宝石标等,以支付投资人约20%的年化收益率及额外奖励等为诱饵,向社会不特定公众募集资金。所募资金未进入公司账户,全部由周辉个人掌控和支配。这些资金除了部分用于归还投资人到期的本金及收益,其余主要用于周辉个人购买房产、高档车辆、首饰等。2011年5月至案发时,周辉通过中宝投资网络平台累计向全国1 586名不特定对象非法集资共计10.3亿余元,这些资金除了支付投资人本金及收益回报6.91亿余元,尚有3.56亿余元无法归还。案发后,公安机关从周辉控制的银行账户内扣押现金1.8亿余元。

二、指控与证明犯罪

2014年7月15日,浙江省衢州市公安局以涉嫌集资诈骗罪将周辉移送衢州市人民检察院审查起诉。

在审查起诉阶段,衢州市人民检察院审查了全案卷宗,讯问了犯罪嫌疑人。针对该案犯罪行为涉及面广、众多集资参与人财产遭受损失的情况,检察机关充分听取了辩护人和部分集资参与人的意见,进一步核实了非法集资金额,对被扣押的房产等作出司法鉴定或价格评估。针对辩护人提出的非法证据排除申请,检察机关审查后发现,涉案证据存在以下瑕疵:公安机关向部分证人取证时,存在取证地点不符合刑事诉讼法规定以及个别辨认笔录缺乏见证人等情况。为此,检察机关要求公安机关予以补正或作出合理解释。公安机关作出如下情况说明:证人从外地赶来,经证人本人同意,取证工作在宾馆进行。关于此项情况说明,检察机关审查后予以采信。对于缺乏见证人的个别辨认笔录,检察机关审查后予以排除。

2015年1月19日,浙江省衢州市人民检察院以周辉犯集资诈骗罪向浙江省衢州市中级人民法院提起公诉。6月25日,衢州市中级人民法院公开开庭审理本案。

在法庭调查阶段,公诉人宣读起诉书,指控被告人周辉以高息为诱饵,虚构借款人和借款用途,利用网络P2P形式面向社会公众吸收资金,主要用于个人肆意挥霍,其行为构成集资诈骗罪。对于指控的犯罪事实,公诉人出示了四组证据予以证明:一是被告人周辉的立案情况及基本信息;二是中宝投资公司的发标、招投标情况及相关证人证言;三是集资情况的证据,包括银行交易清单、司法会计鉴定意见书等;四是集资款的去向,包括所购车辆、房产等物证及相关证人证言。

在法庭辩论阶段,公诉人发表如下公诉意见:被告人周辉,注册网络借贷信息平台并在早期从事少量融资信息服务,在公司亏损、经营难以为继的情况下,虚构借款人和借款标的,以欺诈方式面向不特定投资人吸收资金,自建"资金池";在公安机关立案查处时,虽暂可通过"拆东墙补西墙"的方式偿还部分旧债维持周转,但根据其所募资金主要用于还本付息和个人肆意挥霍,未投入生产经营,不可能产生利润回报的事实来判断,其后续资金缺口势必不断扩大,无法归还所募全部资金,故可以认定其具有非法占有的目的,应以集资诈骗罪对其定罪处罚。

辩护人提出,周辉的行为系单位行为且一直在偿还集资款,主观上不具有非法占有集资款的意图,而且周辉利用互联网从事P2P借贷融资,不构成集资诈骗罪,而是构成非法吸收公众存款罪。

公诉人针对辩护意见进行如下答辩:第一,中宝投资公司是由被告人周辉控制的一人公司,不具有经营实体,不具备单位意志,集资款未纳入公司财务进行核算,而是由周辉一人掌控和支配,因此周辉的行为不构成单位犯罪。第二,周辉本人主观上认识到资金不足,少量投资赚取的收益不足以支付许诺的高额回报,没有将集资款用于生产经营活动,而是主要用于个人肆意挥霍,其主观上对集资款具有非法占有的目的。第三,P2P网络借贷是指个人利用中介机构的网络平台将自己的资金出借给资金短缺者的商业模式。根据《网络借贷信息中介机构业务活动管理暂行办法》等监管规定,P2P作为新兴金融业态,必须明确其信息中介性质,平台本身不得提供担保,不得归集资金搞"资金池",不得非法吸收公众资金。因此,周辉吸收资金建"资金池",不属于合法的P2P网络借贷。非法吸收公众存款罪与集资诈骗罪的区别关键在于行为人对吸收的资金是否具有非法占有的目的。利用网络平台发布虚假高利借款标的募集资金,采取借新还旧的手段短期内募集大量资金,不用于生产经营活动,或者用于生产经营活动与筹集资金规模明显不成比例,致使集资款不能返还的,是典型的利用网络中介平台实施集资诈骗行为。本案中,周辉采用编造虚假借款人、虚假投标项目等欺骗手段集资,所融资金未投入生产经营,大量集资款被其个人肆意挥霍,具有明显的非法占有目的,故其行为构成集资诈骗罪。

法庭经审理认为,公诉人出示的证据能够相互印证,予以确认;对周辉及其辩护人提出的不构成集资诈骗罪及本案属于单位犯罪的辩解、辩护意见,不予采纳。综合考虑犯罪事实和量刑情节,2015 年 8 月 14 日,浙江省衢州市中级人民法院做出一审判决,以集资诈骗罪判处被告人周辉有期徒刑 15 年,并处罚金人民币 50 万元,继续追缴其违法所得,返还各集资参与人。

一审宣判后,浙江省衢州市人民检察院认为,被告人周辉非法集资 10.3 亿余元,属于刑法规定的集资诈骗数额特别巨大并且给人民利益造成特别重大损失的情形,依法应处无期徒刑或者死刑,并处没收财产,一审判决量刑过轻。2015 年 8 月 24 日,浙江省衢州市人民检察院向浙江省高级人民法院提出抗诉。被告人周辉不服一审判决,提出上诉,其上诉理由是量刑畸重,应判处缓刑。

本案二审期间,2015 年 8 月 29 日,第十二届全国人大常委会第十六次会议审议通过了《中华人民共和国刑法修正案(九)》,删去《刑法》第一百九十九条关于犯集资诈骗罪"数额特别巨大并且给国家和人民利益造成特别重大损失的,处无期徒刑或者死刑,并处没收财产"的规定,于 2015 年 11 月 1 日起施行。

浙江省高级人民法院经审理后认为,《中华人民共和国刑法修正案(九)》取消了集资诈骗罪死刑的规定,根据从旧兼从轻原则,一审法院判处周辉有期徒刑 15 年符合修订后的法律规定。上诉人周辉具有集资诈骗的主观故意及客观行为,原审定性准确。2016 年 4 月 29 日,浙江省高级人民法院作出裁定,维持原判。终审判决作出后,周辉及其父亲不服判决提出申诉,浙江省高级人民法院受理申诉并经审查后认为,原判事实清楚,证据确实充分,定性准确,量刑适当,于 2017 年 12 月 22 日驳回申诉,维持原判。

三、案例意义

是否具有非法占有目的是正确区分非法吸收公众存款罪和集资诈骗罪的关键,对非法占有目的的认定应当围绕融资项目的真实性、资金去向、归还能力等事实和证据进行综合判断。行为人未将所吸收资金大部分用于生产经营活动,或名义上投入生产经营但又通过各种方式抽逃转移资金,或供其个人肆意挥霍,归还本息主要通过借新还旧来实现,造成数额巨大的募集资金无法归还的,可以认定其具有非法占有的目的。

集资诈骗罪是近年来检察机关重点打击的金融犯罪之一。对该类犯罪,检察机关应着重从以下几个方面开展工作:一是强化证据审查。非法集资类案件由于参与人数多、涉及面广,受主客观因素影响,取证工作易出现瑕疵和问题。检察机关对重大复杂案件要及时介入侦查、引导取证,在审查案件中要强化对证据的审查,需要退回补充侦查或者自行补充侦查的,要及时退查或补查,以建立完整、牢固的证据锁链,夯实认定案件事实的证据基础。二是在法庭审理中要突出指控和证明犯罪的重点。检察机关要紧紧围绕集资诈骗罪构成要件,特别是行为人主观上具有非法占有目的、客观上以欺骗手段非法集资的事实梳理组合证据,运用完整的证据体系对认定犯罪的关键事实予以清晰证明。三是要将办理案件与追赃挽损相结合。检察机关要积极配合公安机关、人民法院依法开展追赃挽损、资产处置等工作,最大限度地减少人民群众的实际损失。四是要结合办案开展以案释法,增强社会公众的法治观念和风险防范意识,有效预防相关犯罪的发生。

本 章 小 结

(1)信用风险又称违约风险,是指交易对手未能履行契约中的义务而造成经济损失的风险。信用风险与市场风险相比,其特征包括概率分布的"肥尾现象"、道德风险在信用风险的形成中起重要作用、信用风险承担者对风险状况及其变化的了解更加困难、信用风险的非系统性特征和信用风险的观察数据不易获取。

(2)信用风险的评估是现代信用风险管理的基础和关键,是指管理人充分利用现有行业与公司的研究力量,根据发债主体的经营状况和现金流等情况对其信用风险进行评估,以此作为品种选择的基本依据。信用风险评估通常采用信用评级的方式进行。信用评级又称资信评级,是由独立的信用评级机构或经济主体对影响评级对象的诸多信用风险因素进行分析研究,就其偿还债务的能力及其偿债意愿进行总体评价,并且用简单明了的评级符号表示出来。信用评级指标体系是信用评级机构在对被评对象的资信状况进行客观公正的评价时所采用的评估要素、评估指标、评估方法、评估标准、评估权重和评估等级等项目的总称。

(3)信用风险管理是指通过制定信息政策指导和协调各机构业务活动,对从客户资信调查、付款方式的选择、信用限额的确定到款项回收等环节实行全面监督和控制,以保障应收款项的安全及时回收。信用风险管理存在量化困难、实践中存在信用悖论现象、信用风险定价困难和对企业间交易信用风险把控困难的特征。

关键概念索引

信用风险　信用风险评估　信用评级　评估要素　评估指标　要素分析法
5C要素分析法　5P要素分析法　5W要素分析法　4F要素分析法　CAMPARI要素分析法
LAPP要素分析法　"骆驼"评估法　加权评分法　隶属函数评估法　功效系数法
多变量信用风险二维判断分析法　破产模型　债券违约率模型　神经网络分析系统
风险敞口等值法　模拟法　信用证券化　贷款出售

复 习 思 考 题

1. 简述信用风险的含义及特点。
2. 简述信用评级体系。
3. 简述信用评估指标。
4. 简述信用评估的方法。
5. 简述信用评估的等级。
6. 简述信用风险管理的方法。

第十一章　操作风险管理

 **本章要点**

- 操作风险概述
- 操作风险识别及产生的原因
- 操作风险的计量
- 控制操作风险的措施和方法
- 操作风险案例分析

 **思政目标**

(1) 使用科学、严谨的方法分析操作风险，增强学生对创造和谐社会的责任感和使命感。

(2) 将操作风险管理目标与社会主义核心价值观中的"公平、公正、诚信、法治"紧密联系在一起。

> 操作风险之所以受到金融界的高度重视，是因为随着金融机构越来越庞大，金融产品越来越多样化和复杂化，银行、证券等业务对以计算机为代表的IT技术高度依赖。这使得一些操作上的失误会给从业人员和金融机构带来很大的风险，甚至造成极其严重的后果。因此，操作风险不容忽视。

第一节　操作风险概述

一、操作风险的定义

操作风险是指由信息系统或内部控制缺陷导致意外损失的风险。引起操作风险的原因包括人为错误、电脑系统故障、工作程序和内部控制不当等。本章仅讨论金融业操作风险。

巴塞尔银行监管委员会对操作风险的正式定义为：操作风险是指由于不完善或有问题的内部操作过程、人员、系统或外部事件而导致的直接或间接损失的风险。这一定义包含法律风险，但是不包含策略性风险和声誉风险。

英国银行家协会（British Banker Association，BBA）最早给出了操作风险的定义。他们认为，操作风险与人为失误、不完备的程序控制、欺诈和犯罪活动相联系，是由技术缺陷和系统崩溃引起的风险。经过广泛的讨论和争论，1998 年 5 月，IBM 公司发起设立了第一个行业先进思想管理论坛——操作风险论坛。在这个论坛上，人们将操作风险定义为：操作风险是遭受潜在损失的可能，是指由客户、设计不当的控制体系、控制系统失灵以及不可控事件导致的各类风险。这种潜在损失可能来自内部或外部事件、宏观趋势以及不能被公司决策机构和内部控制体系、信息系统、行政机构组织、道德准则或其他主要控制手段所洞悉并控制的操作风险，不包括已经存在的其他风险种类，如市场风险、信用风险及决策风险。通过这次论坛，上述结论性的定义开始被多数银行所接受。巴塞尔银行监管委员会关于操作风险的定义也是建立在这个基础之上的。

根据《巴塞尔新资本协议》，操作风险可以分为由人员、系统、流程和外部事件所引发的四类风险，并由此分为七种表现形式：内部欺诈，外部欺诈，聘用员工做法和工作场所安全性，客户、产品及业务做法，实物资产损坏，业务中断和系统失灵，交割及流程管理。

根据全球风险专业人员协会（Global Association of Risk Professionals，GARP）的定义，操作风险分为模型风险、人为风险和法律风险。模型风险是指模型误用或者模型本身有误导致的损失的风险。人为风险是指由内部雇员和外部个人欺诈等行为所引发的风险。法律风险是指由法律问题，包括诉讼、罚款、惩罚、损害等导致的损失的风险。

二、操作风险的特点

与信用风险、市场风险相比，操作风险具有以下五个特点。

（1）操作风险中的风险因素很大比例上来源于银行的业务操作，属于银行可控范围内的内生风险。单个操作风险因素与操作损失之间并不存在清晰的、可以界定的数量关系。

（2）从覆盖范围看，操作风险几乎覆盖了银行经营管理方面所有的不同风险，既包括发生频率高、损失相对较低的日常业务流程处理上的小纰漏，也包括发生频率低、但可能会造成极大损失甚至危及银行存亡的自然灾害风险和大规模舞弊风险等。因此，试图用一种风险管理方法来覆盖操作风险的所有领域几乎是不可能的。

（3）对于信用风险和市场风险而言，风险与报酬之间存在映射关系，但这种关系并不一定适用于操作风险。

（4）对于业务规模大、交易量大、结构变化迅速的业务领域，其受操作风险冲击的可能性最大。

（5）操作风险是一个涉及面非常广的范畴，操作风险管理几乎涉及银行内部的所有部门。因此,操作风险管理不只是风险管理部门和内部审计部门的事情。

第二节　操作风险识别及产生的原因

一、操作风险识别

(一) 人员因素

1. 内部欺诈

内部欺诈引发的操作风险是指员工故意骗取、盗用财产以及违反监管规章、法律或公司政策导致的风险。此类事件至少涉及内部人员一方,但不包括歧视/差别待遇事件。

2. 失职违规

失职违规引发的操作风险是指金融机构内部员工因过失没有按照雇用合同、内部员工守则、相关业务及管理规定操作或者办理业务造成的风险。

3. 知识/技能匮乏

知识/技能匮乏包含三个方面:①在工作中自己意识不到缺乏必要的知识,按照自己认为正确而实际错误的方式工作;②意识到自己缺乏必要的知识,但是由于顾及颜面或者其他原因而不向管理层提出;③意识到本身缺乏必要的知识,并进而利用这种缺陷危害商业银行的利益。

4. 核心雇员流失

核心雇员流失引发的风险属于人员因素引起的操作风险,它体现为对关键人员依赖的风险,包括缺乏足够的后援/替代人员,相关信息缺乏共享和文档记录,缺乏岗位轮换机制。

5. 违反用工法

违反用工法——《劳动合同法》引发的雇员流失的风险,也属于人员因素引起的操作风险。

(二) 内部流程因素

1. 财务/会计错误

新的会计准则实施之后,上市商业银行在不良贷款拨备方面存在的财务/会计错误,是银监会监管的重点。

2. 文件/合同缺陷

作为关键流程有效控制与否的证据,文件/合同历来是各商业银行加强档案管理的一个重点。

3. 产品设计缺陷

产品设计缺陷是指商业银行为公司、个人、金融机构等客户提供的产品在业务管理框架、权利义务结构、风险管理要求等方面存在不完善、不健全等问题。产品的竞争是各商业银行市场竞争的一个体现。

4. 错误监控/报告

错误监控/报告是指商业银行监控/报告流程不明确,监控/报告部门的职责不清晰,有关数据不全面、不及时、不准确,未履行必要汇报任务或者对外部汇报不准确。

5. 结算/支付错误

结算/支付错误是指金融机构在清算/支付的过程中由内部流程不规范产生的错误。

6. 交易/定价错误

交易/定价错误属于操作风险的内部流程因素,它是指在交易的过程中相关人员未遵循操作规定而引发的交易/定价错误。

(三) 系统缺陷因素

系统缺陷指的是由系统设计不完善和系统开发不完善而产生的系统运行不畅或安全性不强等问题,包括数据/信息质量问题、违反系统安全规定问题、系统设计/开发问题以及系统的稳定性、兼容性、适宜性问题,等等。

(四) 外部事件因素

1. 外部欺诈/盗窃

外部欺诈是指外部人员故意骗取、盗用财产或逃避法律而给商业银行造成损失的行为,包括银行外部的盗窃、抢劫、涉枪行为,以及内部的伪造、变造多户头支票和骗贷等欺诈行为。该类风险是给商业银行造成损失最大、发生次数最多的操作风险之一。

2. 洗钱

洗钱是一种将非法所得合法化的行为,主要指将违法所得及其产生的收益通过各种手段掩饰、隐瞒其来源和性质,以及使用假名登记,使其在形式上合法化。

3. 政治风险

政治风险是指由战争、征用、罢工以及政府行为等引起的风险,包括政府新兴的立法、公共利益集团持续的压力/运动、极端组织的行动或政变等。

4. 监管风险

监管风险是指银保监会及证监会等监管机构规定的突发性变动而引起的风险。

5. 业务外包

业务外包是指企业利用专业化分工优势,将日常经营中的部分业务委托给本企业以外的专业服务机构或经济组织完成的经营行为,通常包括研发、资信调查、可行性研究、委托加工、物业管理、客户服务、IT服务等。合理的业务外包可使商业银行提高效率,节约成本,但银行将部分责任转移给外部服务提供商会存在操作风险的隐患。

6. 恐怖威胁

任何恐怖行动都会造成操作风险如抢劫商业银行或运钞车、盗窃银行现金等。

二、操作风险产生的原因

(一) 公司治理结构不健全

(1) 所有者虚位,对代理人监督不够。

(2) 内部制衡机制不完善。董事会、监事会、经营管理层之间的制衡机制还未真正建立起来。

（3）存在"内部人控制现象"。国有商业银行所有者虚位，很容易导致银行高管人员利用政府产权上的弱控制而形成事实上的"内部人"控制，进行违法违纪活动。

（4）内部控制能力逐级衰减。国有商业银行采用五级直线式管理架构，其内部管理链条过长，信息交流不对称，总行对分支机构的控制力层层衰减，管理漏洞比较多。

（二）内控制度建设尚不完备

（1）没有形成系统的内部控制制度，控制不足与控制分散并存，业务开拓与内控制度建设缺乏同步性，特别是新业务的开展缺乏必要的制度保障，风险较大。

（2）内控制度的整体性不够，对所属分支机构控制不力，对决策管理层缺乏有效的监督，制约力不强。

（3）内控制度的权威性不强。银行内部审计资源配置不足，稽核审计职能和权威性没有充分发挥，内部审计部门没有完全起到查错防漏、控制操作风险的作用。

（三）风险管理方法落后，信息技术的运用严重滞后

在大多数情况下，操作风险都隐藏在业务流程中。一方面，由于金融机构设定的业务流程过于复杂，操作起来非常困难，员工会过于追求速度而忽视业务流程标准。另一方面，由于内部监管部门未有效监督管理业务流程的操作，员工经常对业务流程随意改动，在未发生事故的情况下，管理部门对于下属的违规操作常常是"睁一眼闭一只眼"，未给予相应的处罚。

（四）员工队伍管理不到位

在日常工作中，由于管理人员重业务开拓、轻队伍建设，重员工使用、轻员工管理，对员工思想动态掌握不够，加之举报机制不健全，本来可以超前防范的操作风险不能及时被发现和制止。

（五）与风险控制有冲突的考核激励政策容易诱发操作风险

在业绩和风险控制的选择上，无论是高层领导还是基层员工都会选择业绩。虽然有运营主管、监管经理、风险经理等对风险进行管控，但是由于业绩考核机制的不完善、岗位独立性的缺乏，这些监管人员无法真正履行职责，从而容易诱发操作风险。

第三节　操作风险的计量方法和措施

在不少金融机构中，操作风险导致的损失已经明显大于市场风险和信用风险。因此，国际金融界和监管组织开始致力于操作风险管理技术、方法和组织框架的探索与构建，并已取得了明显的进展。但是，从国内银行业情况来看，其对操作风险的认识和管理还停留在比较肤浅的层次，监管当局关注的焦点一直定位在信用风险领域，监管资源过分倾斜于银行不良资产的处置，以至于银行操作风险近些年呈持续上升趋势。因此，关注操作风险已成为我国金融业不可回避的话题，操作风险是当前银行业风险管理的重中之重。

一、《巴塞尔新资本协议》对操作风险经济资本的计量方法

《巴塞尔新资本协议》对操作风险经济资本的计量方法主要有三种：第一是基本指标法，第二是标准法，第三是高级计量法。这三种方法在复杂性和风险敏感性方面是逐渐增强的。

（一）基本指标法

基本指标法是指将单一的指标作为衡量银行整体操作风险的尺度，并以此为基础配置操作风险资本的方法。其依据是金融机构越大，非利息收入越高，操作风险就越大，分配的经济资本就越多。相关计算公式如下：

操作风险的监管成本 ＝（前三年的总收入×固定百分比加总）÷3

其中：总收入＝净利息收入＋净非利息收入，不包括保险收入、银行账户上出售证券实现的盈利；固定百分比为15％。

（二）标准法

标准法是先将整个业务分成几条产品线，分别度量每个业务线的风险，然后再把所有产品线的风险加总。以银行业为例，银行的产品线包括公司融资、交易和销售、个人业务、公司业务等。

标准法实施的基本要求包括：①董事会和高管层应当积极参与监督操作风险管理架构；②应当具备完整而且切实可行的操作风险管理系统；③银行应该拥有充足的资源来支持在主要产品线上和控制及审计领域采用该方法。

（三）高级计量法

高级计量法是通过精确化的模型把金融机构实际需要的经济资本计算出来。高级计量法需要得到监管部门的批准之后才可以使用。金融机构一旦使用了高级计量法，没有经过监管部门的批准不能从高级计量法退回到标准法或者基本指标法。

巴塞尔银行监管委员会对金融机构实施高级计量法提出了具体标准，包括六个方面：①资格要求。②定性标准。商业银行必须设置独立的操作风险管理岗位，负责设计和实施商业银行的操作风险管理框架，必须在全行范围内对主要业务条线分配操作风险资本，必须以正式文件形式制定内部操作风险管理政策、制度和流程，并在文件中明确规定违规的处理办法。③定量标准。商业银行必须表明采用的操作风险计量方法考虑到了潜在的较为严重的概率分布"尾部"损失事件，也就是说，无论采用哪种方法，商业银行必须表明操作风险计量方法，与信用风险的内部评级法具有相当的稳健标准。④内部数据要求。无论是用于损失计量还是用于验证，商业银行必须具有至少5年的内部损失数据。对于初次使用高级计量法的商业银行，该要求可以适度放宽，允许其使用3年的历史数据。⑤外部数据要求。商业银行必须对外部数据进行情景分析，求出严重风险事件下的风险暴露，这相当于一个极端情况下的压力测试。⑥业务经营环境和内部控制因素。

二、控制操作风险的措施和方法

操作风险可能带来极其严重的后果，因此，如何控制操作风险显得格外重要。为此，金

融机构内部必须加大改革力度,严明法律约束,同时要建立一个强大的监管体系。

(一)加大组织结构和系统流程的改革力度

1. 建立完善的公司法人治理结构

金融机构应建立规范的股东大会、董事会、监事会制度,设立独立董事,构建自上而下、层级分明的权力划分和权力制衡内部结构,通过高级管理层权力制衡,抑制"内部人"控制和道德风险的发生。

2. 推进管理架构和业务流程再造

金融机构应按照"机构扁平化,业务垂直化"的要求,推进管理架构和业务流程再造,从根本上解决操作风险的控制问题。

3. 改革考核考评办法

金融机构应正确引导分支机构在调整结构和防范风险的基础上提高经营效益,要合理确定任务指标,把风险及内控管理纳入考核体系,切实加强和改善机构内部审慎经营和管理,严防操作风险。

(二)不断完善内部控制制度

金融机构在坚持过去行之有效的内部控制制度的同时,要把握形势、紧贴业务,不断研究新的操作风险控制点,完善内部控制制度,及时有效地评估并控制可能出现的操作风险,把各种安全隐患消除在萌芽状态。

当前,金融机构应重点要在以下七个方面完善内部控制制度:一是建立相应的授权体系,实行统一法人管理和法人授权;二是建立必要的职责分离,以及横向与纵向相互监督制约的制度;三是明确关键岗位、特殊岗位、不相容岗位及其控制要求;四是对重要活动实施连续记录和监督检查;五是对产品、组织结构、流程、计算机系统的设计过程建立有效的控制程序;六是建立信息安全管理体系,对硬件、操作系统和应用程序、数据和操作环境,以及设计、采购、安全和使用实施控制;七是建立并保持应急预案和程序,确保业务持续开展。

(三)全面落实操作风险管理责任制

第一,金融机构要通过签订防范操作风险责任合同,使风险防范责任目标与员工个人利益直接挂钩,形成各级"一把手"负总责,分管领导直接负责,相关部门各司其职、各负其责,一线员工积极参与的大防范工作格局。第二,金融机构要真正落实问责制,明确各级管理者及每位操作人员在防范操作风险中的权力与责任,并进行责任公示。今后如果发生大案,既要有人及时问责,又要深入追查事件责任人。对出现大案、要案或措施不得力的,要从严追究高管人员和直接责任人的责任,并相应追究检查部门、审计部门对检查发现的问题隐瞒不报、上报虚假情况或检查监督整改不力的责任。

(四)切实改进操作风险管理方法

1. 逐步完善操作风险计量方法

虽然业界对操作风险的计量还没有一个十分完善的方法,但是随着金融机构全面风险管理的深入开展,准确计量操作风险并计提准备金是一个必然的发展趋势。

2. 加强信息技术应用

在大量数据集中的进程中,金融机构要加强业务系统操作平台建设,全面查找设计上的漏洞,完善系统软件。

3. 建立健全操作风险识别和评估体系

金融机构要借鉴国际先进经验并运用现代科技手段,逐步建立覆盖所有业务类别操作风险的监控、评价和预警系统,识别、评估所有当前和未来潜在的操作风险及其性质。

4. 建立和完善内部信息交流制度

针对管理人员带头实施违规、强迫下属违规操作而形成案件和资金风险的问题,金融机构要建立和完善员工举报制度,依靠和发动一线员工,鼓励检举违法违规问题,坚决遏制各类案件特别是大案要案的高发势头。

(五) 加强人员管理

(1) 牢固树立以人为本的经营思想,充分发动和依靠广大员工抓好操作风险管理工作。

(2) 加强思想政治教育,深入开展矛盾纠纷和不安定因素排查化解工作,多方面、多层次将矛盾纠纷和不安定因素化解在单位内部和萌芽状态。

(3) 加强风险意识教育,坚持不懈地进行安全形势教育、典型案例教育、规章制度教育,提高员工安全防范意识和遵纪守法观念。

(4) 要及时、深入了解重要岗位人员工作和生活情况,掌握其思想和行为变化动态,对行为失范的员工要及时进行教育疏导和诫勉谈话,情节严重的,要严肃处理。

第四节 案例分析

1995 年 2 月 26 日,一条消息震惊了整个金融市场。具有 230 多年历史、其核心资产在世界 1 000 家大银行中排名第 489 位的英国巴林银行,因进行巨额金融期货投机交易,造成 9.16 亿英镑的巨额亏损,在经过国家中央银行——英格兰银行的拯救失败之后,被迫宣布破产。后经英格兰银行的斡旋,1995 年 3 月 5 日,荷兰国际集团以 1 美元的象征价格宣布完全收购巴林银行。

一、事件的经过

巴林银行创立于 1762 年,至今已有 233 年的历史,其最初从事贸易活动,后涉足证券业,于 19 世纪初成为英国政府证券的首席发行商。此后 100 多年来,该银行在证券、基金、投资、商业银行业务等方面取得了长足发展,成为伦敦金融中心位居前列的集团化证券商,连英国女皇的资产都委托其管理,素有"女皇的银行"美称。在《亚洲金融》杂志组织的由机构投资者评选亚洲最佳经纪活动中,巴林银行连续 4 年名列前茅。巴林银行 1993 年的资产为 59 亿英镑,负债为 56 亿英镑,资本金加储备为 4.5 亿英镑,拥有海内外职员雇员 4 000 人,盈利 1.05 亿英镑。该行管理着 300 亿英镑的基金资产、15 亿英镑的非银行存款和 10 亿英镑的银行存款。就是这样一个历史悠久、声名显赫的银行,竟因一个 28 岁的青年员工进行期货投机失败所累而陷入绝境。28 岁的尼克·里森于 1992 年被巴林银行总部任命为新加坡巴林期货公司的总经理兼首席交易员,负责该行在新加坡的期货交易。

巴林银行有一个代码为"99905"的"错误账号",专门处理交易过程中因疏忽而造成的差错(如将买入误操作为卖出等),新加坡巴林期货公司的差错记录均进入这一账号,并发往伦敦总部。1992年夏天,伦敦总部的清算负责人乔丹·鲍塞要求里森另行开设一个"错误账户",以记录小额差错,并自行处理,以省却伦敦总部的麻烦。受新加坡华人文化的影响,此"错误账户"以代码"88888"为名设立。数周之后,巴林银行总部换了一套新的电脑系统,决定重新将新加坡巴林期货公司的所有差错记录仍经由"99905"账户向伦敦总部报送,"88888"差错账户因此搁置不用,但它却成为一个真正的错误账户留存下来。这个被人疏忽的账户后来就成为里森造假的工具。

1992年7月17日,里森手下一名刚加盟巴林银行的王姓交易员出现了一笔差错:将客户的20份日经指数期货合约买入委托误操作为卖出。里森在当晚清算时发现了这笔差错,但要矫正这笔差错就必须买回40份合约,按当日收盘价计算,损失为2万英镑,并应报告巴林总部。在种种考虑之下,里森决定利用"88888"错误账户承接40份卖出合约,以使账面平衡。由此,一笔代理业务衍生出了一笔自营业务,并形成了空头敞口头寸。数天以后,日经指数上升了200点,这笔空头头寸的损失也由2万英镑增加到6万英镑。里森当时的年薪还不足5万英镑,且先前已有瞒上不报的违规之举,因而他更不敢向总部上报了。此后,里森便频频利用"88888"错误账户吸收下属的交易差错。其后仅不到半年的时间里,该账户就吸收了30次差错。为了应付每月巴林总部的账户审查,里森就将自己的佣金收入转入账户,以弥补亏损。由于这些亏损的数额不大,结果倒也"相安无事"。

1993年1月,里森手下有一名交易员出现了两笔大额差错:一笔是客户的420份合约没有卖出;另一笔是100份合约的卖出指令误操作为买入。里森再次作出了错误的决定——用"88888"错误账户保留了敞口头寸。由于这些敞口头寸的数额越积越多,随着行情出现不利的波动,亏损数额也日趋增长至600万英镑,以致无法用个人收入予以填平。在这种情况下,里森被迫尝试以自营收入来弥补亏损。幸运的是,到1993年7月,"88888"错误账户居然由于自营获利而转亏为盈。如果里森就此打住,巴林银行的倒闭厄运也许能得以幸免。然而,这一次的成功却为他继续利用"88888"错误账户吸收差错增添了信心。

1993年7月,里森接到了一笔买入6 000份期权的委托业务,但由于价格过低而无法成交。为了做成这笔业务,里森又按惯例用"88888"错误账户卖出部分期权。后来,他又用该账户继续吸收其他差错。结果,随着行情的不利变化,里森再一次陷入了巨额亏损的境地。到1994年时,亏损额已增加到5 000万英镑。为了应付总部的查账,里森假造称花旗银行有5 000万英镑的存款。其间,巴林银行总部虽曾派人花了1个月的时间调查里森的账目,但却无人去核实花旗银行是否真有这样一笔存款。

1994年下半年起,里森在日本东京市场上做了一种十分复杂、期望值很高、风险也极大的衍生金融商品交易——日本日经指数期货。他认为,日本经济已走出衰退,日元坚挺,日本股市必大有可为,日经指数将会在19 000点以上浮动,如果跌破此位,一般情况下日本政府会出面干预。因此,他想赌一赌日本股市劲升,便逐渐买入日经225指数期货建仓。不料,日经指数从1月初起一路下滑,而且1995年1月18日又发生了日本神户大地震,股市因此暴跌。里森所持的多头头寸遭受重创。为了反败为胜,他继续从伦敦调入巨资,增加持仓,大量买进日经股价指数期货,沽空前日本政府债券。1995 年 2 月 10 日,里森已在新加坡国际金融交易所持有 55 000 份日经股价指数期货合约,创出该所的历史记录。所有这些交易均进入"88888"错误账户。

为维持数额如此巨大的交易,里森每天需要 3 000 万~4 000 万英镑。巴林总部竟然接受里森的各种理由,照付不误。2 月中旬,巴林总部转至新加坡巴林期货公司 5 亿多英镑,已超过了其 47 000 万英镑的股本金。

1995 年 2 月 23 日,日经股价指数急剧下挫 276.6 点,收报 17 885 点,里森持有的多头合约已达 6 万余份,面对日本政府债券价格的一路上扬,里森持有的空头合约也多达 26 000 份,由此造成的损失则激增至令人咋舌的 86 000 万英镑,这导致了巴林银行的最终垮台。当天,里森已意识到无法弥补亏损,于是被迫仓皇出逃。2 月 26 日晚 9 点 30 分,英国中央银行英格兰银行在未拿出其他拯救方案的情况下只好宣布对巴林银行进行倒闭清算,寻找买主来承担其债务。同时,伦敦清算所表示,经与有关方面协商,将巴林银行作为无力偿还欠款处理,并根据有关法律赋予的权力,将巴林银行自营未平仓合约平仓,将其代理客户的未平仓合约转由其他会员处置。2 月 27 日(周一),东京股市日经平均指数再急挫 664 点,又令巴林银行的损失增加了 2.8 亿美元,全部损失达 6 亿英镑,折合 9 亿多美元。截至当日,里森持的未平仓合约总值达 270 亿美元,包括购入 70 亿美元日经指数期货和沽出 200 亿美元日本政府债券。

在英国央行及有关方面的协助下,3 月 2 日(周四),在日经指数期货反弹三百多点情况下,巴林银行所有未平仓期货合约(包括日经指数及日本国债期货等)分别在新加坡国际金融期货交易所和东京及大阪交易所被全部平仓。至此,巴林银行由金融衍生工具投资失败引致的亏损高达 9.16 亿英镑,约合 14 亿多美元。3 月 6 日,荷兰荷兴集团与巴林银行达成协议,愿出资 7.65 亿英镑接管其全部资产与负债,使其恢复运作,将其更名为巴林银行有限公司。3 月 9 日,此方案获得英格兰银行及法院批准,荷兴集团收购巴林银行的法律程序完成,巴林银行全部业务恢复运作。至此,巴林银行倒闭风波暂告一段落,令英国人骄傲了两个世纪的银行已易新主,可谓百年基业毁于一旦。

此案中,使巴林银行遭受灭顶之灾的里森于 1995 年 2 月 23 日被迫仓皇逃离新加坡,3 月 2 日凌晨在德国法兰克福机场被捕。11 月 22 日,应新加坡司法当局的要求,德国警方将在逃的里森引渡到新加坡受审。12 月 2 日,新加坡法庭以非法投机并致使巴林银行倒闭的财务欺诈罪名判处里森有期徒刑 6 年 6 个月,同时令其缴付 15 万新加坡元的诉讼费。1999 年 4 月 5 日,新加坡司法当局宣布,因其在狱中表现良好,里森将被提前于 1999 年 7 月 3 日获释。7 月 4 日,里森回到伦敦。

二、原因分析

(一)巴林集团管理层的失职

在考虑新加坡国际金融交易所是否称职时,有一点必须先弄清楚,新加坡国际金融交易所没有管理新加坡巴林期货公司或任何清算会员事务的责任。新加坡国际金融交易所只是一个供清算会员进行交易的交易场所。不过，即便如此，新加坡国际金融交易所还是有机会识别并反映其会员有不正当行为征兆的。这种机会曾在 1994 年年末和 1995 年年初出现，当时，新加坡国际金融交易所发现新加坡巴林期货公司的交易存在若干异常，并向巴林银行提出了一些关于新加坡巴林期货公司的征询。根据官方委托清盘人的观点，如果巴林银行的管理层适当检讨并理解新加坡国际金融交易所在致该集团的征询函中所表述的忧虑，那么巴林银行的倒闭是可能挽回的。官方委托清盘人认为，巴林银行资产负债管理委员会回复新加坡国际金融交易所第二封征询函的态度尤其该受到严厉指责，该回信向新加坡国际金融交易所作出了许多毫无基础的错误保证。同样，作为新加坡巴林期货公司财务董事的琼斯对新加坡国际金融交易所的两封征询函的态度，也反映了他对问题掉以轻心到了令人无法接受的程度。我们无法理解，琼期未经独立地详细了解整个事件，就在里森草拟的回复新加坡国际金融交易所征询函上签字的行为。

（二）松散的内部控制

从巴林银行破产的整个过程看，无论是各国金融监管机构还是国际金融市场都普遍认为，金融机构内部管理是风险控制的核心问题，而巴林银行的内部控制却是非常松散的。据报载，在 2015 年 2 月 26 日悲剧发生之前，巴林银行的证券投资已暴露出极大的风险性，但竟未引起该行高级管理人员的警惕。2015 年 1 月份第 1 周，里森持有合约 3 024 份，20 天后，持有合约 16 852 份（短短 20 天内，合约持有额增长了 4 倍）。到 2 月中旬，里森持有的合约突破 20 000 份，比在同一市场操作的第二大交易商持有的头寸多 8 倍。这么明显的信号却没有被巴林银行的最高管理当局注意到，也就是说，巴林银行本身的内部控制制度失灵了，最终导致了悲剧的发生。巴林银行破产后不久，该银行高级主管人员称对里森在新加坡的所为一无所知，因为直到里森去职的那天，即 2015 年 2 月 23 日（星期四），公司的风险报告仍显示交易平衡。

在巴林银行破产前，里森主要是与巴林银行的伦敦总部、东京分部及香港分部交易，而在新加坡的期货交易仅有少数客户，其中三个为巴林分支，另一个是巴黎国家银行，且每笔交易都会经过一家巴林分支，因此，巴林总部的主管人员完全不知晓里森所作所为是不可能的。里森后来在狱中感慨："对于没有人来制止这件事，我觉得不可置信。伦敦的人应该知道我的数字都是假造的……这些人都应该知道我每天向伦敦总部要求现金是不对的，但他们却仍旧支付这些钱。"可见，巴林银行的倒闭不是一人所为，而是组织结构漏洞百出、内部管理失控所致。

（三）业务交易部门与行政财务管理部门职责不明

在巴林银行新加坡分部，里森本人就是制度，他分管交易和结算，这与让一个小学生给自己改作业、打分没什么区别，这种做法给了里森许多自己作决定的机会。作为总经理，他除了负责交易，还集以下四种权力于一身：①监督行政财务管理人员；②签发支票；③负责把关与新加坡国际货币交易所交易活动的对账调节；④负责把关与巴林总部的对账调节。虽然公司总部对他的职责非常清楚，但未采取任何行动，他们生怕因得罪他而失去了这个

"星级交易员"。由于工作便利,代码为"88888"的错误账户被里森用了1年多,直到1995年2月23日他逃离时才被发现。

伦敦总部虽然曾指派一个审计组来到新加坡分部查账。但审计组主要依靠里森提供的情况编制了一个长达四页的报告。该报告中这样写道:"管制有可能被总经理一人取代,他负责前台交易及财务管理,他可能会以集体的名义做交易,并按自己的意图去交割和记录。"但是报告接着又写道:"鉴于行政财务管理方面缺少有经验的资深骨干,总经理必须积极兼任交易和后勤管理两职。"审计组对里森的交易策略也非常了解,许多交易并非低风险的套利,而是日经指数的单向高风险投赌,虽然风险高,却可能有更高的回报。

(四) 代客交易部门与自营交易部门划分不清

以一个公司的资本做交易叫作公司自营交易,除此之外,公司还可以代客户交易。当然,在第二种情况下,公司会向客户收取一定的佣金或交易费。但在这种情况下,由于公司仅仅按照客户的要求代其行使权利,如有损失客户必须自己负责,如果出现维持金不够的情况,也应由客户自己垫付。

里森所做的交易也曾受到巴林银行新加坡期货部同行们的质询,但是他总是说自己是代客户交易。也有人提出里森在撒谎,因为代客户垫付期货合同的维持金是非常少有的事。在许多公司里,代客户交易与自营交易的混淆会带来了管理上的困难,只有把两者划分清楚,才能进行有效的风险管理。

(五) 奖金结构与风险参数比例失当

许多公司为鼓励员工辛勤工作而采取发放奖金的办法,其奖励金额一般根据员工的职务、工作经验、工作成绩以及其他诸多因素来确定,各个公司规定不一。当然,表彰工作成绩是一回事,根据交易所得利润支付大笔奖金而不考虑公司的风险参数或公司的长期策略则是另一回事。巴林银行一直将公司50%的毛利作为奖金发给雇员,这个百分数比绝大多数公司的比例都高。这种把交易员的收入与他的交易利润挂钩的奖励制度是有缺陷的,最大的问题是刺激了交易员的贪利投机行为,高额的奖金会使雇员急于赚钱而很少考虑公司所承担的风险。

本 章 小 结

(1) 操作风险是指由信息系统或内部控制缺陷导致意外损失的风险。引起操作风险的原因包括人为错误、电脑系统故障、工作程序和内部控制不当等。巴塞尔银行监管委员会对操作风险的正式定义为:操作风险是指由不完善或有问题的内部操作过程、人员、系统或外部事件而导致的直接或间接损失的风险。这一定义包含法律风险,但是不包含策略性风险和声誉风险。

(2) 操作风险中的风险因素很大比例上来源于银行的业务操作,属于银行可控范围内的内生风险。单个操作风险因素与操作损失之间并不存在清晰的、可以界定的数量关系。从覆盖范围看,操作风险既包括发生频率高但损失相对较低的日常业务流程处理上的小纰漏,也包括发生频率低但可能造成极大损失、甚至危及银行存亡的自然灾害和大规模舞弊等。对于信用风险和市场风险而言,风险与报酬之间存在映射关系,但这种关系并不一定适用于操作风险。

(3)《巴塞尔新资本协议》对操作风险经济资本的计量主要有三种方法:第一是基本指标法,第二是标准法,第三是高级计量法。这三种方法在复杂性和风险敏感性方面是逐渐增强的。操作风险更易发生在公司治理结构不健全、内控制度建设不完备、风险管理方法落后、信息技术的运用严重滞后、员工队伍管理不到位的金融机构。若要控制操作风险金融机构必须建立完善的公司法人治理结构,按照"机构扁平化,业务垂直化"的要求推进管理架构和业务流程再造,改革考核考评办法,全面落实操作风险管理责任制,切实改进操作风险管理方法,加强人员管理。

关键概念索引

操作风险　巴塞尔协议　人员因素　内部流程　系统缺陷　外部事件　基本指标法
标准法　高级计量法　内控制度建设　操作风险管理责任制

复习思考题

1. 简述操作风险的定义和类型及特点。
2. 简述操作风险的识别及主要原因。
3. 简述操作风险发生的控制措施。
4. 简述几个操作风险案例。

第十二章 巨灾风险管理

 **本章要点**

- 巨灾风险的含义
- 巨灾风险的特点
- 巨灾风险的发展趋势
- 巨灾风险管理的国际探索
- 我国农业巨灾风险管理体系

思政目标

(1) 引导学生动态理解保险的职能及其在巨灾风险管理中的作用,深化学生的职业荣誉感和社会责任担当。

(2) 突出保险业服务国家治理体系和治理能力现代化的重要作用,帮助学生坚定"道路自信"和"制度自信"的信念。

巨灾风险与一般的风险不同,它具有发生频率低、损失程度巨大、影响范围广和难以准确预测等特点。由于巨灾风险发生次数少又缺乏可靠的参考资料,保险公司无法用大数法则和概率论来厘定巨灾保险费率。针对巨灾风险,各国均采取了各具特色的风险管理措施。借鉴国外的成功经验,我国应构建政府主导、各方共同参与的巨灾保险制度,发挥保险在巨灾中的"减震器"作用,减轻政府在防灾防损中的压力。

第一节 巨灾风险概述

一、巨灾的定义

巨灾通常是指在一定时期内发生频率较低但损失大于预期,累积损失超过主体承受能力的事件。换句话说,巨灾是指造成巨大财产损失和人员伤亡的重大事故,包括自然事故和人为事故。狭义的巨灾是指暴风、洪水、地震、旱灾以及森林草原火灾等自然灾害。广义的巨灾通常还包括恐怖袭击、爆炸、航海、航空等重大事故。

美国保险服务局理赔服务部将巨灾风险描述为:导致直接财产保险损失大于 2 500 万美元并对极大量保险人和被保险人产生重大不良影响的事件。它通常指突发的、无法预料的、无法避免的、严重的灾害事故。

瑞士再保集团将巨灾风险分为自然灾害风险(一般包括洪水、地震、海啸、飓风等)和人为灾难事件(主要指恐怖袭击事件或其他类似的人为事故)。

我国每年因自然灾害造成的直接经济损失高达 1 000 亿元以上。巨灾风险管理需要政府、保险市场、金融市场和消费者共同参与。虽然政府加大了对灾民的救助力度,但是仅靠财政支持,一方面会加重政府的财政负担,另一方面由于重大自然灾害的受灾面和受灾程度很大,政府的救助作用有限。因此,巨灾保险对巨灾管理有重要的现实意义。

二、巨灾风险的特点

根据巨灾的发生原因,巨灾风险分为自然灾害风险和人为灾难风险。巨灾风险具有以下特点。

(一)发生频率低,损失程度大

相比普通的灾害事故,巨灾风险虽然发生的频率不高,但是巨灾风险一旦发生,就会造成巨大的损失。受台风"摩羯"和"温比亚"叠加影响,2018 年 8 月 13 日至 19 日,"中国蔬菜之乡"山东省潍坊市下辖的寿光市平均降水量达到 378.6 毫米,为 1959 年有记录以来同期最多降水值的近两倍。截至 8 月 23 日,潍坊全市 152.86 万人受灾,13 人死亡,3 人失踪,紧急转移安置人口 17.26 万人,需紧急生活救助 3.42 万人。其中,农作物受灾面积达 16.79 万公顷,成灾面积为 7.86 万公顷,绝收面积为 2.14 万公顷;因灾死亡大牲畜 162 头(只),因灾死亡小牲畜 10 125 只;倒塌房屋 10 335 间,损坏严重房屋 8 240 间,损坏较轻房屋53 465间。

(二)不确定性程度高

巨灾的发生具有突发性和偶然性,发生的原因复杂多样,历史损失数据较少,难以准确预测,而且巨灾发生后产生的损失也很大。

(三)不完全满足可保风险的条件

可保风险的特征之一是有足够多的同类或者相似的保险标的,并且保险标的的大多数或全部不能在同一时间遭受损失。

地震、飓风、洪水这样的自然灾害不满足可保风险的这一特征,因此,单纯采用传统的商业保险不能应对巨灾风险。

三、巨灾风险的发展趋势

近年来,全球巨灾风险的发展呈现越来越严峻的态势,其原因主要有以下三点。

(一) 全球气候变暖,生态环境恶化

由气候变暖带来的洪水、旱灾、台风等自然灾害呈现越来越频繁的态势,被盲目开采的自然资源、被破坏的生态平衡以及大量排放的温室气体,这些都直接或者间接地导致了巨灾的发生。因此,我国近年来提倡绿色发展,推动供给侧结构性改革,关停或治理污染物排放不合格的企业,以促进人与自然的和谐发展。

(二) 社会经济的快速发展

在经济快速发展的形势下,巨灾风险发生后产生的损失金额越来越大。我们用数值模拟的方法可以发现,同等级别的地震发生在较为发达地区比发生在经济相对落后地区产生的损失要大得多。

(三) 人口和财产的高度集中化趋势

以我国长三角地区为例,虽然其面积仅占国土面积约 3.7%,但是却集中了全国超过 10% 的人口,创造了全国约 1/4 的国内生产总值。这种经济和人口高度集中的地区一旦发生巨灾,将会导致严重的财产损失和人员伤亡。

第二节　巨灾风险管理的国际探索

一、美国国家洪水保险计划

美国是世界上第一个实施洪水保险并将洪水保险作为国家水灾区治理主要手段的国家。美国是一个自然灾害频发的国家,其自然灾害主要包括洪水、海啸、飓风、地震等。其中,洪水的危害性最大,巨灾损失的 90% 以上来自洪水灾害。美国国土面积的 7% 受到洪水威胁,1/6 的城市处在洪泛平原内,2 万个社区易受洪灾,平均每年有 960 万个家庭和 3 900 亿美元的财产受到洪水威胁。因此,美国是世界上最早建立国家强制性洪水保险的国家。

美国国会于 1968 年投票通过了《联邦洪水保险法》,并于第二年批准执行了国家洪水保险计划,创设了联邦洪水保险制度,建立了国家洪水保险基金,成立了联邦保险管理局,负责洪水保险的经营和管理。在美国的洪水保险体系中,在国家认定的洪水风险区域内的社区必须要参加国家洪水保险计划。两百多家私营保险公司与联邦保险管理局共同实施国家洪水保险计划,即参加国家洪水保险计划的私营保险公司仅以自己的名义出售洪水保险,但不承担赔付的风险,售出的保单全部转给联邦保险管理局。私营保险公司按保单数量获取佣金,并在洪灾发生时及时办理有关赔偿手续和垫付赔偿资金,政府承担最终的保险风险和承保责任。美国还将巨灾保险与资本市场相结合,通过保险衍生产品,如巨灾债券、巨灾期货、巨灾风险互换等,将巨灾风险证券化,使保险风险向资本市场转移。为了增加该计划的实施力度,美国国会于 1973 年表决通过了《洪水灾害防御法》,此举将国家洪水保险计划的性质由自愿转为强制。

二、英国洪灾保险体系

英国的保险业非常发达,其商业保险的保险责任涵盖了所有的巨灾风险责任。政府对巨灾保险无强制性要求,也不对巨灾保险提供再保险方面的支持。以洪水保险为例,英国保险业自愿地将洪水风险纳入标准家庭及小企业财产保单的责任范围,政府的主要职责在于投资防洪工程并建立有效的防洪体系,并向保险公司提供气象预报、灾害预警及风险评估等相关的公共服务。

英国的洪灾保险体系与美国的洪水保险计划截然不同的是,其洪水保险模式完全以市场行为为基础,政府不参与任何风险的承担,商业保险公司自发将洪灾风险归入标准家庭与小企业财产保单的承保责任范围。政府承诺建立有效的防洪工程体系,使巨灾风险的损失控制在一个可以承受的范围之内。在某些地区具有特定程度的防御措施或大力推进防洪工程建造的条件下,各保险公司才会对其所属建筑物及内部设备承保洪灾风险。英国采用市场机制提供洪水保险,洪水保险业务全部由商业保险公司承保,投保人自愿选择保险公司进行投保。总之,英国的洪水保险投保率较高,保险成本较低,保障效果明显。

三、日本巨灾管理体系

日本是一个地震频发的国家。日本巨灾保险体系主要由政府主导,日本政府通过法律、财政、税收、金融等手段支持保险公司开展巨灾保险业务。日本的相关法律要求企业及国民对地震、火山爆发、海啸等巨灾风险投保。日本在 20 世纪 60 年代开始执行地震再保计划,并颁布了配套的《地震保险法》及系列措施。日本的地震保险体现着明显的公益性,该项目下的保费全都用作地震风险赔款的准备金。居民将自家住宅和附属财产作为标的向保险公司购买保险以后,保险公司再将全部风险责任转移给日本的地震再保险公司。地震再保险公司仅留存较小比例的风险,其余风险则向政府进行转分保。日本法律规定,家庭财产地震保险为强制性、非营利性保险,政府对家庭财产地震保险提供后备保证金和政府再保险的政策支持。

此外,日本在 20 世纪 40 年代就颁布了《农业灾害补偿条例》,开创了强制农业保险和合作组织形式的农业保险制度先例。该法律规定:对粮食、作物、牲畜以及拥有一定经营规模的务农人员实行强制保险制度;对规模达不到规定标准的农户,执行自愿保险制,并对该类农户采取民间非营利团体联合、再保险协助和政府补贴的防险模式。

四、土耳其巨灾管理体系

土耳其是地震灾害发生较多的国家,尤其是 1999 年在伊兹米特发生的 7.8 级强地震,造成了 1.6 万人死亡,2.6 万人受伤,倒塌房屋 10 万余间,近 300 万人无家可归,直接经济损失超过 200 亿美元。

土耳其巨灾保险体系由保险公司、政府以及国际组织共同组成。2000 年,土耳其政府在世界银行帮助下建立了巨灾保险基金,成为发展中国家地震保险制度的先行者。其主要做法是通过立法要求所有登记在册的城市住宅必须购买保强制性地震保险,最高保额为

2.5万美元。其巨灾保险条款全国统一,基础费率的厘定根据地震区域、土地和建筑物结构的风险类别进行划分。

第三节 我国农业巨灾风险管理体系

一、农业保险概念

农业风险是指农业生产经营者在农业生产与经营的过程中,由自身无法控制的外在不确定因素的影响导致期望农业收益与实际农业收益发生偏离的风险。其特点是未来性、不确定性和不利性。

按照风险的来源分类,农业风险可以分为自然风险、价格风险、制度风险和技术风险;按照风险发生的阶段分类,农业风险可以分为生产风险和市场风险;按照风险的性质分类,农业风险可以分为独立风险和系统风险;按照风险的大小分类,农业风险可以分为常规风险和巨灾风险。

农业风险管理是指农业生产经营者在对自身风险环境进行识别、评估和分析的基础上,运用一系列风险管理策略,选择恰当的工具和手段,依据符合自身风险偏好的方式,以最小的成本为实现农业经营目标提供合理的保障。风险管理应在预期收益、承担的风险程度以及投入成本三者之间寻求平衡。

农业风险管理人员应针对不同类型的风险选择适当的风险管理方案。对于常规农业风险,通常应采用风险自留的方式,由农民自己应对,实现收支平衡。对于符合可保风险的农业风险,应采用风险缓释和风险转移的方式,主要包括商业保险、政策性保险以及利用金融工具(期货、期权等)进行风险转移等。农业巨灾风险管理通常需要政府干预和市场运作"双管齐下",建立巨灾分散制度,设立巨灾风险基金。从2007年开始,我国实施了政府保费补贴制度,这项制度与巨灾风险管理制度相结合,使农业巨灾风险由不可保风险变为商业可保风险。

所谓农业保险,狭义上是指保险机构根据农业保险合同,对被保险人在种植业、林业、畜牧业和渔业生产中因保险标的遭受约定的自然灾害、意外事故、疫病、疾病等保险事故所造成的财产损失,承担赔偿保险金责任的保险活动。广义上农业保险是指所有涉农领域的保险,包括农民、农机具、农民人身意外、农民健康和养老等,都可称为农业保险。

二、农业保险的现状和面临的主要问题

(一)我国农业保险的现状

中共十六届三中全会以后,我国开始探索建立政策性农业保险制度。2007年,我国开始对6个省份的5类经济作物启动保费补贴试点。2012年,我国正式颁布了《农业保险条例》。我国农业保险的制度设计的基本原则是在政府引导下,通过市场运作使农民自主自愿投保。

近年来,我国农业保险的保险品种不断增多,2007年由中央财政补贴的农业保险只有

6 个品种,即小麦、水稻、玉米、棉花、油料作物、能繁母猪,到 2016 年 5 月,农业保险的保险品种已经增加到 211 种,其中包括 15 个中央补贴品种和 196 个地方特色品种,各地根据地方农业产业规划和农户需求,积极发展地方特色优势农产品保险,包含苹果、烟叶、甲鱼等多类农产品保险。同时,农业保险覆盖面不断增大,2016 年共计承保农作物 17.2 亿亩,已覆盖农作物播种面积的 70.2%,接近发达国家水平。在过去十几年时间里,农业保险产品服务创新不断涌现,在高保障产品的创新方面,黑龙江省开发了多档次的农业保险产品,湖南省和安徽省针对新型农业经营主体的"基本保险＋附加保险"试点,将水稻保额提至 800 元;在指数类产品的创新方面,出现了价格保险、收入保险、天气指数保险等,比如山东等 31 个省市启动价格保险,覆盖生猪、蔬菜、粮食作物和地方特色农产品等 4 大类 50 个品种,保费突破 10 亿元;在经营模式的创新方面,出现了互助保险或"互保协会＋商业保险"共同开展以及政企合作的新模式;在农业保险功能扩展试点创新方面,主要有"保险＋期货""保险＋信贷""保险＋无害化处理""险资直贷"试点、扶贫保险、"互联网＋农业保险"等。

在特大灾害中,农业保险突出地发挥了"稳定器"的作用。例如,2015 年,辽宁省发生特大旱灾,农业保险支付赔款 14.3 亿元,简单赔付率达 133.3%。在过去十几年里,农业保险简单赔付率提升了约 20 个百分点,达到 83%;农业保险基础建设得到加强,农业保险经办机构从最初的 6 家增至 30 多家,绝大多数省市有 3 家以上经办机构。银保监会数据显示,2018 年全国农业保险保费收入为 572.65 亿元,同比增长 19.54%,为 1.95 亿农户承保,保障总额高达 3.46 万亿元,承保的农作物品种达 200 多种;2019 年全国农业保险保费收入达到 672.50 亿元,为 1.91 亿农户承保,保障总额约 3.81 万亿元,承保的农作物品种超过 270 种;2020 年全国农业保险保费收入达 814.93 亿元,共计为 1.89 亿农户提供风险保障,保障总额为 4.13 万亿元,向 5181.86 万户受灾农户支付赔款 616.59 亿元。

(二) 我国农业保险面临的主要问题

随着农业生产方式的转变和农业现代化进程的加快,传统的农业保险已经不能适应广大农户日益增长的保险需求。全球农业保险深度约为 0.8%,我国仅为 0.66%。美国主要粮食作物的保障水平(产业保障率)和保障深度(收入保障率)分别为 56% 和 60%,我国仅为 18% 和 37%。

目前,我国农业保险面临的主要问题有以下四点。

1. 保障程度偏低

2016 年,我国三大口粮作物亩均保险金额为 369 元,不到全部生产成本的 40%。例如,湖南省早稻、晚稻亩均生产成本为 1 000 元左右,亩均保额仅为 360 元;湖北省水稻亩均物化成本为 483 元,亩均保额仅为 200 元。

2. 保险的覆盖面还有待进一步扩大

我国农业保险存在地域分布不均衡的问题,例如,海南、浙江、安徽、上海、内蒙古、辽宁等地的农业保险接近 100% 全覆盖,而西藏、广西、青海等地则不到 30%。此外,中央财政补贴的品种覆盖率较高,没有财政补贴的地方优势品种覆盖率较低。例如,湖北省水产养殖保险覆盖率不到0.5％、新疆 2 000 多万亩林果和 4 000 多万只羊几乎没有保险。

3. 产品和服务还有差距

（1）我国农业保险产品单一，同质化现象严重，农户急需的高保障产品和地方特色农业保险产品较少。

（2）对设立农村基层服务网点投入不足，基层服务力量严重不足，保险服务"最后一公里"不畅通。

4. 巨灾风险分散机制还不健全

在农业保险中，干旱、洪涝等灾害造成的损失远大于普通风险。例如，辽宁省农业保险开办 9 年来，该省有 3 年出现特大旱灾，保险公司简单赔付率超过 100％。又如，2013 年，黑龙江省发生特大洪涝灾害，种植业保险赔款达 27.16 亿元，相当于该省 2009—2012 年农业保险赔款的总和。目前，保险机构主要通过再保险和提取巨灾风险准备金来转移分散风险。巨灾风险管理多集中在企业层面，缺少国家层面的制度支撑。在这种情况，区域性或大面积巨灾一旦出现，可能会影响农业保险体系的稳定运行。

三、如何建立由政府主导、市场化运作的农业巨灾保险制度

（一）完善农业巨灾保险立法

农业保险制度的建立离不开法律法规的完善。但是，我国至今还没有一部健全的农业保险法，这使得农业保险的主体无法可依，无章可循，在农业巨灾保险的具体运作中没有明确的规定和法律约束。因此，我国应加快农业保险法的立法进程，并在立法中明确农业巨灾保险的性质、地位、经营原则、组织形式、承保范围、保险责任、补贴方式、理赔计算、费率厘定、损失评估以及农业巨灾保险的监管等重要内容，为农业巨灾保险的发展提供配套的法律保障。

（二）建立农业巨灾保险再保险

对于资本金有限的原保险公司而言，其经营农业保险业务将面临很大的风险，一场巨灾会带来极大的营运危机。农业巨灾再保险是保险公司转移巨灾风险最主要的手段。但是，我国的再保险市场还没有提供转移农业巨灾再保险的完善产品。为此，一方面，中国再保险公司应开发农业巨灾再保险产品，提供比例再保险和超额损失再保险等再保险保障，分散经营农业保险的原保险公司的农业巨灾风险；另一方面，我国应着手建立政策性的巨灾再保险公司，承担国内农业巨灾保险的再保险业务。

（三）提供充足的财政补贴

关系国计民生的农业具有正外部性，这决定了农业巨灾保险不应是完全的商业保险，应得到国家的财政支持。我国政府应充分利用世贸组织"绿箱"政策，借鉴国外成熟经验，对农业巨灾保险提供一定的财政补贴。例如，可以为投保人提供补贴，以增强他们的投保能力；也可以给予承保公司和再保险公司补贴，如向经营农业巨灾保险的保险公司提供保费补贴、业务费用补贴、管理费用补贴、税收优惠等，以促进我国农业巨灾保险体系的建立与完善，从而促进农业的健康发展。

（四）试行农业巨灾保险证券化

我国可以通过发行农业巨灾债券,以农业巨灾保险证券化方式为保险公司和再保险公司提供大量资本,以应付发生巨灾时的资金需求,弥补农业巨灾风险损失补偿的不足,提高保险公司和再保险公司承保农业巨灾风险的能力。同时,农业巨灾债券的发行还可丰富我国资本市场,为投资者提供新的投资工具,促进我国保险市场和资本市场的创新与发展。

第四节　案例分析

2016年7月,广东率先在国内落地实施巨灾保险制度,并首创巨灾指数保险,在湛江、韶关等10个试点地市全面落地,涵盖台风、强降雨、地震三类重大自然灾害。巨灾指数保险是地方政府运用商业保险机制防范和化解巨灾风险,为灾后损失提供经济补偿的制度安排。目前,巨灾指数保险已经覆盖广东省内大部分城市。

2016年8月,强台风"海马"袭击广东,根据协议,人保财险广东省分公司将巨灾指数保险首笔赔款1 000万元支付给汕尾市财政局,成为广东省乃至全国范围内巨灾指数保险首例赔付。不久后,强台风"天鸽"造访广东,触发了阳江、云浮两个地市的保险赔付阈值,承保机构迅速赔付。

2018年9月16日,第22号台风"山竹"正面袭击广东,直接经济损失巨大,并已触发广东巨灾指数保险。其中,阳江、茂名两地的台风灾害赔付金额约7 500万元。

一、台风"山竹"巨灾风险基本情况

广东省保监局表示,台风"山竹"登陆后,该局组织保险公司全面排查受灾地区财产保险承保情况,组织江门市等受灾最严重的地区对人身保险客户进行回访,排查人员伤亡情况。在保险事故处理中,保险公司开通理赔绿色通道,启动简易报案流程,简化报案话术,配置机构理赔权限,开展快赔应对。

截至2018年9月17日12时,广东省(不含深圳)共接到灾害相关报案3.05万件,报损金额5.42亿元。其中,车险报案2.69万件,报损金额2.33亿元;农业保险报案1 194件,报损金额1.05亿元;其他财产保险报案2 424件,报损金额2.04亿元。

根据深圳市保险同业公会公布的数据,截至9月17日,台风"山竹"肆虐期间,深圳市保险业共受理报案11 167起,估损金额为1.46亿元。其中,车险报案10 406起,估损金额为9 035.83万元;非车险报案758起,估损金额为5 531.33万元;涉及人伤案件3起,预赔金额为2.26万元。

二、台风巨灾风险分析——以深圳市为例

（一）深圳市台风巨灾的风险因素

1. 部分地区排水系统不完善

排水系统在城镇规划中一直是较为重要的一环,由于台风往往伴随着强降水现象,对

于易受台风巨灾影响的城市而言,排水系统的完善显得尤为重要。但由于规划及城建原因,深圳市的暴雨排水系统尚未完善,历年来的诸多台风巨灾也恰恰证明了这一点:台风带来的强降水对深圳市各区造成了严重的内涝和内浸,对深圳市居民正常的生活与救援工作的开展造成了极大不便,并且河道积水量累积所造成的河堤塌方更是对沿岸居民造成了巨大的安全威胁。由此可见,作为台风巨灾易发地的深圳地区,在台风降临时极易发生洪涝灾害及河堤塌方,这不仅造成市区居民出行不便,还大大提高了恶劣灾情下居民所承担的出行及财产损失风险。

2. 风险地区规划警示不全及居民防灾意识不足

在台风巨灾到来前,财产安置是居民必须面临的问题,因而易受灾地区的风险警示有深远的意义。以 2017 年以来深圳市保险公司在台风巨灾中的保险赔付为例,截至 2017 年8 月 23 日,深圳市保险业在"天鸽"台风后共接到保险报案 653 起,其中车险达 548 起,总赔付额为 823.72 万元;在台风"帕卡"发生后,深圳市共接到 1 604 起保险报案,其中车险达1 156 起,占总报案数的七成,总赔付额达到 8 375.78 万元。就损失原因而言,在 2017 年8 月 23 日的台风"帕卡"赔付中,人保财险广东省分公司共接到车险报案 2 015 起,其中由外界物体坠砸和水淹引发的车险报案分别为 1 743 起和 272 起。针对上述诸多数据,我们不难看出,在台风来临之际,居民所遭受的多为车辆损失,而人身损失较少,且造成车辆损失的因素大多为高空坠物及物体坍塌等。造成上述事故的原因,除了居民本身防灾意识不足,未将车辆停放至安全区域,更多的是深圳市对易受灾地区的风险警示信息不全面,居民无法对易受灾区域及安全区域进行有效分辨,从而将财产停留到较危险地方。

(二) 深圳市台风及次生灾害所造成的损失后果

巨灾一旦发生,往往伴随着诸多次生灾害,作为巨灾之一的台风,其所伴随的次生灾害更是包括暴雨、山体滑坡、洪涝等。诸多次生灾害对深圳市造成了多方面的损失,除了上文所述的居民群体遭受的损失,还包括城市基础建设损毁、树木倒伏、电路跳闸等损失。

1. 城市基础设施损毁

在台风巨灾到来时,相较于室内的居民财产而言,室外的公共设施更易遭到巨灾的侵袭。例如,2008 年 8 月的"鹦鹉"台风是深圳市所经历的较大台风之一,该台风造成了深圳百余处屋顶广告牌被吹落,严重影响了受灾地民众的转移,提高了受灾风险;2008 年 9 月的"黑格比"台风则是在"鹦鹉"台风过去不久后袭击了深圳市,强大的风力掀翻了市区 14 间店铺屋顶,被风吹起的广告牌与铁皮更是砸中了 3 人,导致 2 人骨折 1 人轻伤。综上事例我们可以看出,城市基础设施的日常维护保修不仅便捷居民正常生活,在台风巨灾下更是显得尤为重要,如若修缮不完备,则极有可能在台风巨灾下对居民造成直接伤害。

2. 树木倒伏

树木倒伏一直是深圳市市区园林建设所面临的主要问题。例如,2012 年 7 月的"韦森特"台风吹垮 11.5 万棵树木,对深圳市市区绿化建设、居民财产及出行便利性造成了巨大影响,得到了国内外学者的广泛关注,而后 2017 年 8 月的"帕卡"台风又造成 2 591 棵树木倒伏。其实,树木的绿化防治一直是深圳市所面临的抉择性问题,如若将树木更换至抗风品种,除了要投入的巨大资金,更多的还在于成年树木的来源问题,且台风巨灾对树木具有伤害累积的特点,在深圳市台风频发的背景下,经常性更换树木难免显得较不现实;但若不对树木进行更换,倒伏树木又易对深圳市正常的交通及居民的出行产生影响,新树木的补种也会给深圳市造成额外的经济负担。因此,如何把握两者平衡,寻得一个较好的解决办法,是深圳市在台风巨灾下面临的主要问题之一。

3. 电路跳闸

电力是现今人类实现城市化现代化的主要工具,其对当地城市的发展与居民的正常生活有着至关重要的作用。纵观历年来深圳所经历的诸多台风,从 2003 年的 13 号台风,到 2008 年"鹦鹉"台风所导致的全市 109 次电路跳闸,再到"莫拉菲"台风影响下的深圳全市发生电压跳闸 32 回 53 条次,以及 2017 年 8 月"帕卡"台风所导致的断电,我们不难发现电路跳闸一直是影响深圳居民正常生活的因素之一。我们根据历年数据对深圳市台风下的断电原因进行分析可发现,台风的破坏性所导致的电路损伤和台风所引发的恶劣天气导致的用电量增加是两个主要原因。

三、台风巨灾风险事故防治的框架及存在的问题

台风作为深圳市时常面临的巨灾之一,历年来对其经济发展造成了难以估量的损失,但深圳市政府并未对其灾害单独设立台风保险,而是通过设立巨灾保险以降低台风损失,其整体的防治框架主要包括以下三个方面。

(1) 深圳市气象局对即将来临的台风进行预测并通过市场等技术手段对居民进行通知,使居民在有意识的情况下对台风做到心中有数。

(2) 在灾情到来之时,深圳市通过组建地区性的灾情抢险队伍,对较易发生灾害的地区进行检修与紧急抢救,及时降低台灾对居民正常生活的影响。此外,为降低户外居民的风险,市民政局还会提供室内应急避难场所及救助物资,为受灾居民提供临时性的保障。

(3) 对于灾后已造成的财产损失,深圳市政府更是出台了《深圳市保险方案》,台风保险、台风基金和个人台风保险三部分构成了深圳市的灾后损失赔付体系。具体包括:①深圳市每年出资 3 600 万元向保险公司购买巨灾保险,以保证深圳市居民在遭遇台风等巨灾时的正常赔付;②深圳市每年抽取一定的资金建立巨灾基金,以应对超额的赔付额;③个人台风保险,如若居民对现有的保障不满意,还可额外购买个人台风保险等与巨灾有关的商业保险。除了上述所提到的主要防治台风措施,深圳市还要求保险公司从每年的保费中提取 5% 的资金作为风险排查与险种完善的科研费用,并通过对事故发生地与赔偿高发地的数据统计建立巨灾数据平台,为政府的城区减损建设提供指向性思路。

灾前警示、灾中止损和灾后赔付构成了深圳市防治台风的框架,为居民台灾中的财产及人身安全提供了基本保障。但实际上,就供给方面而言,台风具有的集中性与巨额损失性决定了商业保险公司无法通过大数法则对风险进行分散,这势必会影响保险公司推广台风保险的积极性,导致政府当局在台灾中承担过多的赔付责任,引起财政资金的过度支出,从而对当地的经济发展产生影响。就需求方面而言,政府为深圳市居民购买巨灾保险这一

行为,虽为居民在台风巨灾中的财产及人身安全提供了基础保障,但就长远角度看,则易使居民对政府购险形成依赖,导致民众额外购买保险较少。在基础巨灾保险赔付额度较低的背景下,重大灾害一旦发生,无疑会对居民的正常生活造成重大影响。同时,购买保险人数较少也不利于深圳市台风商业巨灾保险体系的完善。纵观深圳市现在的保险制度不难发现,若想让台风险尽快落实,使深圳市居民的财产得以保障,那么正确的政策导向、保险公司在台风巨灾中损失数额的责任划定及赔付比例等体制机制的精细化完善也成为深圳市政府不得不考虑的问题。

四、对深圳市台风险体制构筑的建议

(一) 构筑法律体制,完善赔付责任与基金池构建

法律制度的完善对深圳市台风险等巨灾保险体制的建设至关重要,为了使灾情处理有法可依,在台风巨灾赔付的责任分摊上,深圳市可以通过明确的条例对台风巨灾的损失进行梯度划分,并在试点工作中对责任赔付机制进行不断完善,使得灾害赔付责任能够准确恰当地落在每一个社会主体上,在保证台风巨灾等巨灾保险基金积累的同时,采取有限责任制度为保险公司承保台风巨灾等巨灾保险打消巨额赔付的担忧。在保险金额方面,由于深圳市台风巨灾的基础保险金额仍处在较低水准且保险制度尚未完善,其可以暂时采取半损赔付等有限赔付方式,在降低赔付风险的契机下提高台灾的保险金额,通过损失度调整使资金能够更有效地流向损失更为严重的居民,以补偿重点用户损失,加快灾后重建。对于巨灾基金而言,依托购买巨灾商业保险的群体主要为企业这一背景,深圳市政府可借助保险公司以总承灾风险为依据,通过负反馈方式对投保企业收取额外费用,将赔付风险部分转移至市场,降低"三位一体"防灾制度的赔付风险,加快深圳市基金池的有效积累。

(二) 放开政策导向,引导居民购险

深圳市虽通过主动为居民购买巨灾保险这一行为为深圳市居民提供了一定的保障,但从长远角度看,这对深圳市台风保险等巨灾险种的发展是不利的。在台风保险等巨灾保险发展的初期,政府应当做的是引导而绝非买单行为,长期的基础保障不但不能提高居民对巨灾的购险意识,还会把深圳市居民暴露在特大的巨灾风险之下,任何巨灾保险的构筑都绝非一朝一夕之功,长期的试点工作与居民投保对巨灾制度的完善至关重要。深圳市应当从财政优惠政策角度着手,采取直接或间接的优惠措施,如税费减免、延期纳税、税前扣除等形式。此外,前期的台风保险应当以精细化的设计为主,以较小的巨灾范围和基础群体(居民及外来务工群体)为试点对象,这种做法不仅可以更好地服务于基层群体利益,降低制度完善的困难度,而且也能使保险公司所承担的赔偿责任更小,加大其承保热情。总而言之,只有以引导政策代替买单政策,在较小的保障范围内进行试点,并在发展与尝试中不断扩大保障主体与保障责任,才能逐步提高居民购买保险的意识,扩大巨灾保险的试点覆盖面,才能使深圳市的台风巨灾保险体制得以尽快完善。

(三) 开拓再保险市场,不断完善防台体制

一方面,我国巨大的人口基数及巨灾损失的巨大性决定了任何一个群体都不可能单独

承担损失。因此,我国的台风防范体制应由政府及市场共同主导,让制度在实践探索中逐步完善。台风作为深圳市频率较高的巨灾之一,可以作为巨灾险的首批灾害保险,深圳市应在高频的台风灾害中引导群众自主购买台风保险,加强台风险实施过程中的经验总结,为我国其他地区提供巨灾险建设的经验。

另一方面,再保险市场建设也是我国保险发展中较为重要的一环,其对政府及保险公司的巨灾赔付责任分担显得尤为重要。若要促进我国再保险市场的发展,除了引进国外商业再保险公司,更重要的还是在实践中学习发达国家的再保险体制,结合当地背景,建立符合地区特色的规章制度。只有这样,才能使我国的巨灾保险发展得又好又快。

(四) 设立合理的赔付流程、保费率与奖励制度

赔付是保险流程中较为重要的一环,我们从深圳市“三位一体”的台风防范体制中不难发现,现今的主要投保方式为政府集体投保,由于巨灾伤害范围广、赔偿人数多的特点,这种集体投保模式的赔付核实工作就显得异常复杂。对于此类情况,深圳市应当借鉴宁波市以社区为单位的上报模式,并成立以民政局等与巨灾赔付相分离的第三方组织进行监督,辅之以赔付信息公示和定时抽查与举报制度,从而保证巨灾赔付的透明化,提高资金的使用效率。对于保费率的选择问题,保险公司前期应当以保证不亏损或少量盈利为依据,加之以政府的巨灾基金,共同构成台风保险赔付初期的基本体制,而后在尝试中逐渐积累经验,不断对赔付比例及保费率进行革新,并逐步扩大保障范围与保障群体,寻找在对居民购买台风保险影响较小的前提下获得较多利润的费率平衡,并逐年对所获得利润按比例计提专户风险准备金,为应对未来特大型台风等巨灾灾害的赔付做好准备。

居民作为最广泛的被保群体,其对巨灾的重视程度也决定了保险公司的赔付额度。为了提高居民的防险意识,除了风险高发地的风险警示,政府可针对历年损失较小的居民区,采取经济奖励(额外补贴、税收优惠)和名誉奖励(锦旗、称号)等鼓励手段,并通过民政局等第三方机构对上述奖励起到监督作用,以达到提高居民防灾意识和保证奖励发放公正性并进的目的。此外,保险公司也可以采用车险的销售模式,根据历年来的损失赔付数据,对居民购买额外台风巨险及相关车险的费率进行折扣优惠,从而达到降低台风保险等巨灾保险赔付金额的目的。

本 章 小 结

(1)巨灾风险是指损失发生频率很低但损失程度很大的风险。根据巨灾的发生原因,巨灾风险可分为自然灾害风险和人为灾难风险。巨灾风险具有发生频率低、损失程度大、不确定性程度高和不完全满足可保风险条件的特点。全球巨灾风险的发展呈现越来越严峻的态势,其原因主要有全球气候变暖、生态环境恶化、社会经济的快速发展、人口和财产的高度集中化趋势。

(2)美国国会于1968年投票通过了《联邦洪水保险法》,并于第二年批准执行了国家洪水保险计划,创设了联邦洪水保险制度,建立了国家洪水保险基金,成立了联邦保险管理局,负责洪水保险的经营和管理。英国采用市场机制提供洪水保险,其洪水保险业务全部

由商业保险公司承保,投保人自愿选择保险公司进行投保。英国的洪水保险投保率高,保险成本低,从而避免了逆选择。日本巨灾保险体系主要由政府主导,日本政府通过法律、财政、税收、金融等手段支持保险公司开展巨灾保险业务。土耳其巨灾保险体系由保险公司、政府以及国际组织共同组成。

(3) 农业风险是指农业生产经营者在农业生产与经营的过程中,由自身无法控制的外在不确定因素的影响而导致的期望农业收益与实际农业收益发生偏离的风险。其特点包括未来性、不确定性和不利性。我国应建立由政府主导、市场化运作的农业巨灾保险制度,完善农业巨灾保险立法,建立农业巨灾保险再保险公司,提供充足的财政补贴,试行农业巨灾保险证券化等措施。

关键概念索引

巨灾风险　农业巨灾保险　农业巨灾保险再保险　农业巨灾保险证券化
美国国家洪水计划　巨灾保险体系

复习思考题

1. 简述巨灾风险的定义和特点。
2. 简述国外巨灾保险制度的主要模式。
3. 列举巨灾风险管理的主要解决路径。
4. 简述我国巨灾风险管理体制的现状、存在的问题以及如何完善我国的巨灾风险保险制度。

第十三章 社会风险管理

 **本章要点**

- 社会风险的概念
- 社会风险的特征
- 社会风险的分类
- 影响社会风险的因素
- 应对社会风险的策略

 **思政目标**

（1）将社会风险管理与社会主义核心价值观以及美丽中国建设紧密相连，培养学生爱国爱民的情怀。

（2）科学认知社会风险的内涵，培养学生以维护消费者权益为中心的职业素养。

现代社会发展日新月异，各种风险因素也越来越复杂，个体风险越来越可能发展为社会风险。为了有效整合社会资源，从根源上消除社会风险因素，我国亟须建立一个能够对风险进行动态和过程管理的社会风险管理体系。在此背景下，社会风险管理（Social Risk Management）应运而生。社会风险管理是一个关于社会保障的全新理念，旨在突破传统社会保障生命周期定义的限制，拓宽社会保障政策思路，综合运用多种风险管控手段和风险防范、补偿制度安排，通过跨学科领域的风险管理研究，为人们提供一个更普遍、高效、公平的社会风险保障体系。目前，我国社会风险研究的基础薄弱，风险管理技术相对落后，因此，构建符合风险社会理念的社会风险管理体系显得日益紧迫。

第一节　社会风险概述

一、社会风险的概念

社会风险是指社会损失的不确定性,亦指由个人或团体反叛社会行为所引起的社会失序和社会混乱的可能性。现代一般意义上的社会风险是指在一定条件下,某种自然现象、生理现象或社会现象是否发生,以及它对人类社会财富、生命安全是否造成损失和损失程度的客观不确定性。由于现代社会的风险性特征和我国社会加速转型期的高风险性,我们迫切需要加强对社会风险的研究。

自近代进入资本大工业社会以来,资本以大规模、高质量的产出为人类社会提供了丰富的物质资料和良好的社会发展环境,但它同时也在不断挑战着人与人、人与自然的共生"红线"。时至今日,愈发严重的生态环境问题正在演变成关乎人类社会稳定的全球性问题,如新冠肺炎疫情深刻表征着人类社会正式进入了风险社会。在风险频发的现代社会,危机的种类不断增多,复杂性不断增强,都会对人类社会产生难以估测的风险挑战。随着科技革命浪潮的纵深推进,全球经济政治文化方面的联系越来越紧密,世界进入一个前所未有的快速发展轨道,日益形成了唇齿相依、荣辱与共的命运共同体。伴随着全球化进程的不断深入,风险也随之打破了时空界限,任何人、任何地区、任何国家都不可能无视风险的存在而独善其身。在这样的全球性风险境遇中,做好对风险的防范,应对各类突发事件,是任何国家都要面临的重大现实问题和挑战。

二、社会风险的特征

(一) 在空间维度上,现代社会风险有很强的扩张性

社会风险不局限于单一的地区、国家,它会通过资本的全球扩张向世界快速蔓延。随着以西方资本主义发达国家为主导的世界格局的形成,世界经济发展陷入了极端不平等的状态。发达的资本主义核心国家拥有强大的生产力,掌握着核心技术,往往占据着全球交换过程中的主动权,并以此为优势对发展中国家和落后的边缘国进行经济剥削。在这种一体化和不平等的世界市场体系中,发达国家过度发展所累积的风险随着科技革命和产业变革的推进,以科学技术为载体有意无意地向发展中国家和落后的边缘国转移。在各种风险逐渐显现的背景下,发展中国家往往承受最直接的不利影响。危机风险最终会通过人类实践活动的空间跨度影响资本主义发达国家,并由此形成一个世界范围的风险循环。因此,现代风险也就突破了地域的限制,从个别地区和国家向全世界扩张。

(二) 在时间维度上,现代社会风险有很强的延续性

现代社会风险的延续性往往包含三个方面。一是风险的暴发相对滞后,其暴发之前的积累阶段需要一定的时间,即风险从诞生到暴发是一个动态量变的过程,在时间上是延续的。二是风险发生质变后的暴发阶段是一个延续的过程。例如,新冠肺炎疫情暴发以来,

全球范围内的疫情防治不容乐观。也就是说,在一定时间之内风险暴发的危害是持续的。三是风险过后,其对人类社会和自然界的影响也是长期的。在一个风险得到有效防控之后,其影响也不会在短时间内消失。以澳大利亚山火为例,它对自然界的破坏是难以估量的,仅野生动物死亡数量就高达 30 亿种,而在大火终于熄灭之后,大量植被破坏、大气严重污染、生物种类大量减少等不利后果都会对人类社会和自然界造成长期的创伤。

(三) 现代社会的风险不是突发的,而是一个长期积累的过程

在现代化的进程中,人类对自然界的征服与改造能力不断增强。然而,在人类不断创造美好生活的同时,人类面临的风险也随着时间的推移越来越严重。同时,以资本为主导的人类社会进一步发展使得世界范围内的分配不均衡问题日益凸显,社会矛盾不断激化,社会风险暴发的可能性也越来越大。不论是人与自然之间的矛盾还是人与人之间的矛盾,其中所蕴含的风险生成逻辑都是长期的矛盾碰撞激化,具有很强的纵向延续性。在时间的维度上,风险从自身的起点开始孕育,随着人类社会的运转,其危害程度与暴发的可能性不断累积壮大,直到突破临界点产生质变,从无法观测或影响范围有限的单一风险转变为复杂的社会性灾难。

(四) 所有类型的风险都有可能演变为社会风险

以金融风险和经济风险为例,由于其能影响社会生活、社会秩序的稳定,它们就不仅是金融和经济领域的风险,而是社会领域的风险,即社会风险。与其他风险相比,社会风险的致灾因素更加多种多样,其承载体主要是个人、群体、社会价值、社会结构和社会秩序。很多时候,社会风险产生的深层次原因是治理不善。因此,政治稳定、治理有效是防范和控制社会风险最重要的手段。现代社会中,人们在不断制造新风险的同时,又在不断创造性地管理风险、消除风险。也就是说,人们在不停地与各种风险的斗争中推动社会发展进步。

三、社会风险的分类

(一) 由经济全球化引发的社会风险

由经济全球化引发的社会风险称为经济全球化风险。经济全球化是一把"双刃剑",它在推动全球生产力大发展、加速世界经济增长、为少数发展中国家追赶发达国家提供难得的历史机遇的同时,也加剧了国际竞争,增加了国际风险,并对国家主权和发展中国家的民族工业造成了严重冲击。经济全球化对国家职能、国家经济管理权和自主性产生了极大的影响,国家内部的许多问题愈来愈受到外部因素的制约,带有很强的外部痕迹。

不可否认,经济全球化已对世界各国经济、政治、社会、文化等所有方面,甚至包括思维方式等方面,都造成了巨大的冲击。对此,任何一个国家既无法反对,也无法回避,唯一的办法是去适应它,积极能动地参与经济全球化。各个国家只有根据自己的实际情况,实施科学合理的政策,采取有力的措施,扬长避短,迎接挑战,才能在经济全球化中求得本国利益最大化。同时,为了应对经济全球化的迅猛发展和不断变化的全球秩序,以及防范经济全球化带来的风险,各国政府必须对国家的经济形式和功能进行调整,以合理的战略参与其中。

（二）由重大事件引发的社会风险

发生在社会层面的重大事件，往往会诱发社会风险和政治风险，进而危害国家安全。以新冠肺炎疫情为例，就目前世界范围而言，疫情已经内嵌于全球治理的方方面面，它在造成大面积感染和死亡、引发经济社会一度停摆等原生风险之外，在后疫情时代还可能造成经济萧条、民生凋敝、心理创伤以及社会失序等次生风险。尽管我国疫情防控取得了令世界刮目相看的骄人成就，但在"你中有我，我中有你"的全球化时代，我国只要稍有不慎，就有可能出现"灰犀牛"事件。

（三）由生态问题引发的社会风险

2015 年 8 月 12 日 22 时 51 分，位于天津市滨海新区天津港的瑞海公司危险品仓库发生火灾爆炸事故。在本次事故中，危险品爆炸总能量约为 450 吨 TNT，造成 165 人遇难。这不是简单的化工污染，也不是简单的事故处理和经济赔偿问题。它给土壤、大气、水体、生物多样性以及整个生态系统带来一系列连锁反应，危及人群、人居环境和区域生态系统健康，甚至影响了环境外交。在学术上，这种社会风险被称作生态风险。越是现代化、高科技的社会，其生态风险越大。

在过去很长时期内，关于生态风险的讨论大多注重用自然科学的术语来表达，而忽略了其中的社会、政治、文化意义。曾经，"贫困的风险""匮乏的风险""健康的风险"等一直都是社会冲突、社会保障等领域中的主题，人类经过相当长时期的斗争和努力，才逐渐建立起现代社会福利国家的准则和标准，并且从政治上努力缩减或限制了这一系列风险。而现在，生态风险和高科技风险开始越来越多地困扰着人类，这些风险具有新的特性，并将成为未来人们所关注的焦点。

四、社会风险的表现形式

社会风险的内涵是社会损失的不确定性。我们要正确把握社会风险的这一内涵，关键是要正确认识"社会损失"。我们知道，社会的概念有广义与狭义之分，广义的社会是指一个包括政治、经济、文化等子系统在内的巨型复杂系统。如果从广义的社会概念出发，那么，除了个人损失，人类生活中的各种损失都可以称为社会损失；除了个人风险，任何风险都可以称为社会风险。狭义的社会则是指一个与政治、经济、文化等相并列的社会群体。狭义的社会损失是指特定社会群体的损失。狭义的社会风险是指特定社会群体的风险。

简单地说，社会损失就是社会秩序遭到破坏。我们知道，社会是人类生活的共同体，社会一直在运动、变化之中。社会运动有两种状态：有序状态和失序状态。社会有序状态即稳定状态，社会失序状态即混乱状态。社会之所以有序是因为生活在这个社会中的成员和社会团体认可现存的社会结构和社会关系，自觉遵守现有的社会规范。如果大家都能按一定的社会规范去生活，那么这个社会自然就处于有序、稳定的运行状态中。社会之所以失序，是因为社会有一部分成员或团体不能接受现存的社会结构和社会关系，不愿遵从现有的社会规范，从而做出各种反叛社会的行为。在社会学中，反叛社会的行为主要指越轨行为和聚合行为，如示威、罢工、罢课、堵塞交通、破坏、骚乱、动乱、暴乱等。社会失序使社会自身遭受损害,因为有序是社会发展的前提和基础,失序就意味着社会处于混乱状态之中,这样社会就不可能得到发展,社会成员的利益就会遭受损失。所以,如果社会的正常秩序被破坏,社会处于混乱状态之中,那么社会损失就必然产生。

 专栏 13-1

国外社会风险指数指标体系

国外早期对社会风险的研究主要是在经济领域建立社会风险评估指标体系,其中有代表性的有美国的"哈佛景气动向指数""富兰德指数""先行指数"等。随着社会发展的进步,具有综合性的风险评估指标体系应运而生,主要涉及社会、政治以及生态系统。例如,艾斯特斯和莫根共同提出了一个评价社会不稳定性程度的指标体系和测量社会不稳定性程度的六项指标;罗伯特达尔提出了度量社会稳定状况的四大指标;世界银行将环境、政治、社会、经济、健康和自然六大风险视为一个全球风险警报体系;美国纽约国际集团建立了国际国家风险指南(ICRG)预警指标体系;20 世纪末组建的国际透明组织(TI)推出了深受商界和媒体欢迎的腐败风险指数(CIP);肯普将社会风险与采矿业联系起来,诠释了社会风险的"反弹动力效应";格雷兹和弗兰克剖析了社会风险与商业领域之间的关系,并指出社会风险的识别分析有助于预警和防范商业风险。由此可见,国外社会风险指标体系研究已经进入成熟期,呈现出多视角展开、多学科关注、多维度推进、多层级比较的特点。

（参考资料来源:刘革,邓庆彪,蔡耀星.基于 PSR 模型的我国社会重大风险评估体系研究[J].财经理论与实践,2021, 42(05))

第二节　经济全球化风险管理

一、经济全球化风险的概念及表现形式

(一)经济全球化风险的概念

经济全球化风险即经济全球化带来的社会风险,是指在以西方发达国家为主导的经济全球化过程中,由于资本主义固有的矛盾扩展到全球,从而造成重大社会问题并引发全球性的经济金融危机的风险。

(二)经济全球化风险的表现形式

1. 失业风险

国际分工的加强和资本流动的加快使人们可以获得更便宜的产品,也使全球劳动力市场对低技能或非熟练工作者的需求减少,工作者面临着巨大的失业风险。在经济全球化过程中,经济打破一切界限走向全球一体化,全球性的劳动市场逐渐形成。世界劳动市场份额的竞争,将会使劳动力沿着螺旋曲线愈来愈快地贬值,从而导致低技能或非熟练工作者

在全球性的劳动力市场上面对更廉价的竞争对手时产生了被替代的风险,并且这种风险还表现为许多人工劳动将被机器和软件技术所替代。

2. 贫富分化加剧风险

经济全球化促进了全球财富的增长,但同时又加剧了社会财富分配的不均衡现象。无论是在发达国家还是在发展中国家,贫富分化、社会排斥的现象愈加严重。国家与国家之间、国家内部各阶层之间的财富分配不均,社会分层越发明显,贫富差距不断扩大。其直接表现为发展中国家与发达国家之间、一国内部的穷人与富人之间、全球范围内的穷人与富人之间在财富分配和生活机会与福利等方面的不平等在不断拉大。此外,贫富差距拉大并不仅仅表现在发达国家与发展中国家对经济财富占有上的巨大差距,更主要的是表现在对信息资源的占有上。

3. 金融风险

金融服务全球一体化促进了全球资本的自由流动,繁荣了金融市场,但同时也使一国的经济和金融业极易受到国际金融投资家的攻击,以及其他国家和地区金融动荡的影响,从而产生金融危机和社会动荡。当前的金融自由化进程缺乏有效的监管,导致全球金融市场往往出现无序的剧烈波动和恶意投机,破坏了许多国家正常的市场秩序和市场游戏规则,也使金融虚拟化程度远远超出真实经济的承受力。

二、影响经济全球化的因素

相关研究认为,经济全球化受比较优势(显性比较优势)、要素禀赋(资本劳动比率和全要素贡献率)、科技水平、教育水平等因素的影响。

(一) 比较优势

古典经济学家大卫·李嘉图提出的比较优势理论也称比较成本理论。他从成本的相对差别出发,认为一个国家不一定要专门生产本国与别国相比具有绝对优势的产品,即劳动成本绝对低的产品,若两国生产力不同,一国即使生产不出成本绝对低的商品,只要能生产成本相对低的商品,然后遵循"两优相权取其重,两劣相权取其轻"的原则,就可以同另一国进行贸易,并且同样能使贸易双方获利。在比较优势条件下,对外贸易也可引起一国国民产值的增加。这里所说的比较优势是指在绝对优势或绝对劣势的基础上,一国生产的商品国内价值与国际价值之间的差距。

(二) 要素禀赋

要素禀赋是指一个国家所拥有的生产资源。生产资源这一概念在新古典经济学中被解释为对生产有重要影响的资源,如土地、资本和劳动。要素禀赋理论认为,由于不同的产品在生产过程中需要投入不同的资本和劳动力,而不同的国家所拥有的这两种资源的相对数量各不相同。因此,在技术不变的情况下,资本充裕的国家必然在资本密集型产品的生产上具有比较优势,即资本生产成本相对较低;而劳动力充裕的国家必然在劳动密集型产品的生产上具有比较优势,即劳动力生产成本相对较低。

(三) 科技水平

劳动力和生产资料在生产过程中结合在一起,共同为产品的创造发挥作用,因此,生产总量的扩大不仅依赖于生产资料的增加,也依赖于两者结合方式的改进。工艺的改进和设备水平的提高可以提高劳动效率,此外,劳动力和生产资料在不同产业部门的结构和不同地域内的结合都会使总产出发生变化。如果总产出中扣除劳动增加和资金增加所带来的产出增长部分,剩余部分就是广义的技术进步所带来的经济增长。在科技因素作为一种重要的要素禀赋条件被纳入国际贸易的影响因素时,其对经济全球化的影响也达到了可以单独提出讨论的程度。

(四) 教育水平

科技的发展与应用是高智能和高技能的活动,其基础就在于知识的更新和增长,而知识的基本来源就是教育。因此,科技与教育的发展,以及教育发展对科技发展和劳动力水平发展的促进,是经济全球化背景下对外贸易结构形成的决定性因素之一。国内学者周学勤从国际分工和要素分配的角度对经济全球化背景下的贸易进行了相应的研究,他强调应充分利用国际分工协作和相关国家政策,并建立完善的教育支持体系,这些举借对调整我国对外贸易结构具有积极的影响。

三、应对经济全球化风险的措施

(一) 应对经济全球化进程中失业风险的措施

1. 把传统的社会福利国家改造成一个积极的福利国家

对于民族国家来说,其在经济失业问题上既不能采用传统的福利救济法,也不能按照自由主义的逻辑把失业人员完全推向市场由个人来解决。传统的社会福利国家在管理控制失业风险时,大都采用一种"事后纠正性"的"预后关怀"措施,这使得传统社会福利国家应对失业风险的耗费越来越大。而积极的福利国家则倡导能动性的失业风险管理方案,即国家不仅要致力于提供各种抵御失业风险的保障,更应积极努力地进行"机会管理"。

经济全球化带来了巨大的社会变革,在迅速发展的信息社会和技术社会中,人们所承受的风险在发生变化,而且产生风险的经济社会根源也在发生变化,如当前的失业风险与经济全球化所带来的快速技术变迁、激烈的全球性经济竞争等因素有关。因此,人们应当摒弃以往那种终生就业的观念。在这种转换过程中,国家应当积极推行"机会管理",把国家福利的支出引向人力资源的投资,即对个体而言,谁出现了中断职业生活的风险,谁就可以把职业劳动时间换成学习与继续提高专业技术的时间。对此,社会国家应该提供相应的保障,为失业者尽可能地提供这种机会。

2. 加强市场导向型的国家教育和培训体系的建设

在经济全球化进程中,为了促进充分就业和国家经济的良好运行,以最为有效的方式来改善劳动者的教育和培训水平是至关重要的。一个国家要保持生产性和国际竞争性,必须拥有一支经过良好培训的、适应能力强的劳动力队伍。所以,各个国家必须加大对教育和培训的投资,使劳动者拥有越来越高的教育和培训水平,而且不断更新自己的知识和技能。在这种背景下,国家应当认识到建立劳动者终生学习培训制度的重要意义,必须进一步加大投入力度,帮助弱势群体和低技能劳动者提高他们的素质,更新他们的技能,从而使他们能够比较容易地从一个工作转到另一个工作。

在经济全球化和市场全球性扩张的形势下,国家培训体系的发展日益成为一种趋势。其中,私人在培训体系中的重要性愈发凸显,而且企业在国家培训体系中扮演着更加积极和活跃的角色。为此,政府的传统角色应当转变,政府应为企业和个人、雇主和工人创造一个良好的环境,使其能够更积极地投资并参与集体性的国家培训工程。

为了提高培训政策、计划和体系的效率、实效、公平公正和持久性,社会中各个利益团体之间应当建立起伙伴关系和战略合作关系。当前,各国都面临严峻的全球性竞争,国家的教育和培训体系越来越被认为是一个需要多方合作的工程,其中,公共领域和私人领域中的各个相关组织和机构都必须参与并承担相应的责任。

(二)应对经济全球化进程中贫富分化加剧和社会不平等风险的措施

人们以往所倡导的劳资妥协、缩小贫富差距的历史局面是在国家的调控和干预下实现的,而现在,这种妥协正随着全球化的经济摆脱国家的干预,一切都要通过市场解决的主张削弱了社会凝聚力,这与经济全球化进程中资本对劳工的胜利及由此导致的对居民权利的侵害有密切关系。对此,威廉·K.塔布提出,决不允许以全球化的名义剥夺人们的权利,要控制资本,并用经济服务于人民需求的必要性同诸如竞争、自由市场以及所谓的全球化要求之类的意识形态构想相对抗,而不是承认劳动人民应当持续充当这类意识形态构想的牺牲品。

从长远来看,应当在全球范围内而不只是在民族国家范围内实现一种新的劳资妥协。这种新的劳资妥协需要良好的制度加以保证,这种劳资妥协的实现也需要各种力量的介入,包括民族国家、跨国机构、国际组织等。同时,我们要通过对许多经济行动的政治调控来避免全球化的市场经济陷入"市场极权主义"。

1. 减少被排除在全球市场体制福利之外的大规模贫困

各国政府、捐助国和所有相关机构都要努力为贫困人口创造条件:首先是提供机会,即刺激经济增长以及提高穷人对经济的参与程度,特别是要通过增加贫困者的资产(如土地和教育等)来扩大贫困者的经济机会;其次是授权,努力提高贫困者的生活能力;再次是保障,努力降低贫困者受到疾病、经济危机、粮食歉收、失业、自然灾害和暴力打击的风险,帮助他们克服困难。同时,消除贫困需要在许多领域采取国际行动,如重视减免债务、提高援助效益、扩大发达国家的市场准入、缩小数字和知识鸿沟等。

2. 在经济全球化参与者中争取实现更多的收入和分配公平

桑兹卓姆先生认为,当前由飞速发展的科技和知识推动的全球化浪潮只能有一个目标——造福人类,更确切地说,这个目标是进一步减少贫困。他还认为,经济全球化可能使世界上的贫困人口更加贫困,但同时也为发展中国家脱贫带来机会和希望,亚洲国家和地区如果能够保持目前的6%~7%的经济增长率的话,那么贫困人口未来将大幅减少。针对如何缩小贫富差距,使广大发展中国家成为经济全球化的受益者,桑兹卓姆先生认为,发达国家有义务在三个方面对发展中国家予以支持:扩大与发展中国家的贸易,加大对发展中国家投资,援助发展中国家发展信息科技。

此外,国家内部则应当建立合理的再分配机制,保证更多的受经济全球化冲击的弱势群体参与分享社会福利,加强对资方的约束,限制资本力量的过度膨胀。

3. 社会保障水平应当与国家的经济发展水平和各方面的承受能力相适应

(1) 社会保障支出应遵循刚性原则,因为过高的社会保障水平不仅增加了国家和企业的负担,而且会影响经济发展,不利于国家参与激烈的全球竞争。

(2) 社会保障的覆盖面要广,这样才有利于提高保障支出的效率和社会稳定。

(3) 各国应进一步明确政府的社会保障责任,以市场商业保险为主解决大部分人的养老和医疗保险问题,政府再辅助性地解决市场未能覆盖和无法解决的问题,以解决目前存在的商业性保险利润丰厚而政府保险基金却入不敷出的问题,以及社会贫困人口的社会保障问题。

(三) 应对经济全球化进程中金融风险的措施

乔治·索罗斯认为,金融市场存在着与生俱来的不稳定,由于参与者的理解不完备,以及交易结果必然存在内在的不确定性,金融市场的稳定必须要由公共政策来保证。在上文对金融危机一些共同特征的分析中,我们发现金融风险产生的主要原因包括金融监管的放松和薄弱、国际资本尤其是短期资本的大规模流进流出等。因此,要控制金融风险就必须从管理调控国际资本流动和加强金融监管方面入手。

1. 对金融活动进行征税

金融自由化和技术的革新使全球金融市场成为一个巨大的、统一的货币市场,它表现为地域的统一和时间的统一,全球金融市场 24 小时开放,交易不间断。这使得全球金融市场上的价格和交易以光速发生变化,而产品和服务的交换则由于性质的不同要缓慢得多。实际经济与金融投机之间脱节的原因之一是金融投机的转动速度太快。因此,我们应当缩减、调节实际领域和金融领域之间的差距,因为这种差距是不稳定的根源。

人们普遍认为,以短期证券投资和银行贷款方式形成的资本流入是造成发展中国家金融市场不稳定和难以预测的外部根源。因此,一些经济学家认为应该在国际金融市场的"车轮下撒点沙子",以限制波动不安的短期资本流入。为了减少金融市场上的投机活动,各国政府可以对金融活动进行征税,其目的是延缓资本的流动性和限制市场风险的形成。经济学家托宾提出了最实际也最立竿见影的方法,即对外汇交易征收"托宾税"——所有的外汇交易都需缴 0.1% 或 0.2% 的税。因为投机性外汇交易大多是利用汇率的微小价差,以接近光速的速度买进卖出赚取利润,汇率的价差通常在 0.1% 左右,而征收"托宾税"就可以使大部分短期炒作者无利可图。这么一来,短期交易自然萎缩,目前短期投资造成的"热钱狂潮"以及对政府财政造成的冲击将随之消减。

2. 发挥政府职能

资本是可以跨国界或无国界流动的,但掌握和调控资本的力量是有国界的,或者说是有人格属性的。在金融自由化和全球化的浪潮中,各国政府应充分发挥政府职能,根据金融全球化的特点、规律和本国的具体国情,采取行之有效的措施,管制、调控国际资本的流动。对外国短期资本流动进行管制的措施主要有：缴纳无息储备，对短期资本交易征税或收费，对某些类型的金融资产交易提出最低持有期限的要求，经过中央银行的批准才能进行某种类型的外汇交易或金融资产交易，等等。

3. 设置金融风险的警兆指标

各国应加强对金融危机的早期预警，提高防范金融风险的能力。因为金融危机一旦爆发，各国只能尽可能减少损失，而不能完全消除损失。所以，我们对金融危机要以预防为主。其中，及时识别金融危机的早期征兆是防范金融风险的首要任务。亚洲金融危机爆发后，理论界普遍认为，关键原因之一在于人们识别金融危机早期征兆的能力较差。因此，在金融全球化的今天，各国根据本国国情，选择金融风险的警兆指标，建立起灵敏有效的金融风险预警系统并投入实际运行，是十分必要的。

第三节　重大社会风险管理

一、重大社会风险的概念及类型

(一) 重大社会风险的概念

重大社会风险是指发生在社会层面，可能诱发政治风险进而危害国家安全的风险。而政治风险一般是指源于国家政局的更迭、政策的不连续、地缘政治冲突、民主主义与宗教意识形态冲突，以及地区和局部战争、战乱、腐败、官僚体制、恐怖主义威胁等因素引发的风险。

(二) 重大社会风险的类型

1. 社会民生风险

社会民生风险主要是指民众的基本生存和生活状态以及民众的基本发展机会、基本发展能力等基本权益保护受损的风险。社会民生风险往往伴随着经济低迷或经济复苏缓慢。近年来，中美贸易摩擦、新冠肺炎疫情等事件对全球经济的产业链、供应链、价值链造成了巨大冲击，再加上全球贸易保护主义抬头，全球系统性经济危机极有可能出现。

如果外部经济环境在遭受风险时长期处于低迷状态，尽管一国内部环境在风险期平稳良好，但由于经济社会发展所遭受的外部压力和牵制，其就业、收入、教育等社会民生领域的重大风险将会接踵而至。

2. 社会心理风险

社会心理风险包括心理疾病风险、心理歧视风险、社会心态风险。

1) 心理疾病风险

民众在遭遇到不同程度的心理问题时，如焦虑、恐慌、震惊、悲观、急躁、愤怒、麻木、无助、对生活失去掌控感等，如果这些症状在较长时期内得不到缓解，可能会出现大规模的焦虑症、恐惧症、疑病症、强迫症、躯体形式障碍、神经衰弱、抑郁症等心理疾病，给社会民众的身心健康带来巨大伤害。

2）心理歧视风险

举例说明，自 2020 年以来，新冠肺炎疫情肆虐，由于对新型冠状病毒的毒性、新冠肺炎的病理机制缺乏足够的社会认知，人们出于被感染的恐惧和自保的本能，对被感染者及其共同生活的家庭成员在社区生活中可能给予持续性的社交疏离和心理排斥。这就是心理歧视风险。

3）社会心态风险

某种具有危害性的事件或行为在危及相关人员的身体安全时，也会危及相关人员的心理健康，甚至波及其家庭、单位组织、媒体和政府等。当事件或行为的影响力进一步扩大时，冲击的不仅仅是国际交往中正常的人员流动，而且会基于策略的比较、责任的争论、资源分配的争夺等波及不同民族国家民众的心理对抗，造成全球范围内的社会人际关系、大众日常生活、经济、文化、治理等功能紊乱，滋生断崖式的社会心态嬗变和乌合之众式的不良心态，甚至引发不满情绪的宣泄、民粹主义的兴起与极端化的风险恐惧。

3. 意识形态风险

意识形态风险往往由国际格局的演变而衍生。当今世界正处于百年未有之大变局中，突如其来的新冠肺炎疫情加速了国际格局的重塑，各国政府应对疫情的防控能力和各国社会应对疫情的适应能力的鲜明对比暴露了西方世界既有文化传统和社会制度存在的局限性，彰显了中国特色社会主义制度的独特优势，非常直观地体现出国际格局深度重塑的现实性。在这种形势下，我国在社会领域要特别防止各种敌对势力的干扰和破坏，以防一些具体问题演变成政治问题以及局部问题演变为全局性事件，避免出现大的意识形态事件。

4. 社会稳定风险

社会稳定风险是指由多种因素引发，基于多种原因和动机在特定区域或行业人群中爆发较大规模危害社会秩序的风险。社会稳定风险一般是由治理能力不足引起的。由于国际上不确定因素的增长，我们仍需要树立底线思维，着力防范重大社会稳定风险。一方面，我们要防范由前述社会民生风险、社会心理风险、意识形态风险引发的社会稳定风险。另一方面，为了加快经济复苏和社会恢复，政府会对既有政策进行相应调整，必然带来利益格局的松动，社会转型阶段的社会稳定风险与后疫情时代的特殊社会稳定风险会累积叠加，风险防范难度更大。

二、重大社会风险的影响因素

重大社会风险经由传导、叠加、演变和升级，极可能引发政治风险。这对防范和化解重大社会风险提出了更高的要求。

从传导链条看，由经济复苏缓慢引发的社会民生风险处在重大社会风险的最前端，如果其得不到有效防范、化解，就可能成为引发社会心理风险的源头之一，进而诱发意识形态风险和社会稳定风险，甚至可能直接引发意识形态风险或社会稳定风险。社会心理风险主要是由特殊的行为或措施直接引发的，同时它也受到社会民生风险的影响。意识形态风险来自三个方面：一是国际格局调整中敌对势力的渗透、破坏和颠覆；二是政府治理能力不足，各种势力寻找机会兴风作浪，并与敌对势力相互呼应；三是政府对社会心理风险的防范化解能力不力，为意识形态风险提供了生存的土壤。社会稳定风险处在重大社会风险链条的最后端，前三类风险既可能单独引发社会稳定风险，也可能与各类风险内外联动、累计叠加，极大地增强社会稳定风险的破坏力度。

从安全危害看，社会民生风险、社会心理风险、社会稳定风险直接威胁、损害人民安全、政治安全和社会安全，最终损害国家安全。

三、重大社会风险的管理方法

（一）探寻经济复苏路径

社会民生风险处在系列重大社会风险的源头，可以直接引发社会心理风险、意识形态风险和社会稳定风险，直接危害人民安全、社会安全和政治安全，是防范重大社会风险的重中之重。只有加快经济复苏，重回高质量发展的轨道，才能防范和化解重大社会风险。

我们要在避免重复建设和采用简单的强刺激手段的同时，坚持走民生为本、创新包容的经济复苏升级之路。

一要优先稳就业、保民生。无论是宏观政策的安排，还是微观策略的采取，都要聚焦到"保居民就业、保基本民生、保市场主体、保粮食能源安全、保产业链供应链稳定、保基层运转"上面来，尤其是要防止大规模失业现象发生；要实行更加积极的就业政策，最大限度扫除就业门槛条件，充分挖掘失业人员的主观能动性，包容自发产生的新业态，为困难群体提供政策帮扶。

二要重点扩内需、拓新局。后疫情时代，全球经济衰退已是大概率事件，再加上一些国家将贸易政治化、在关键核心技术上设置人为障碍等因素，全球对外贸易将受到不利影响。只有立足自身发展，才能经受住外部环境恶化的考验。以我国为例，我国应在坚持开放发展，稳住我国在全球产业链、供应链、价值链中地位的同时，坚持供给侧结构性改革这个战略方向，扭住扩大内需这个战略基点，使生产、分配、流通、消费更多依托国内市场，逐步形成以国内大循环为主体、国内国际双循环相互促进的新发展格局，培育新形势下我国参与国际合作和竞争的新优势。

（二）制定社会建设发展战略

1. 补齐应急体系建设短板

随着全球工业化的深度推进，风险社会引发的突发性公共安全风险发生概率越来越大，破坏强度越来越高，对国家应急体系和能力建设提出了更高的要求。因此，我们要加快补齐应急基础设施建设短板，完善应急管理机制，提高应对突发公共安全事件的能力，加大卫生防疫、医疗服务、防灾救灾、应急物资储备等公共服务和公共应急资源向社区下沉的力度。

2. 加快社会心理服务体系建设

无论是抚慰社会冲击造成的社会心理创伤，还是培育自尊自信、理性平和、亲善友爱的社会心态,都离不开健全的社会心理服务体系支撑。因此,我们要加大社会心理健康的宣传普及力度,加快专业化心理健康服务队伍建设,健全心理健康服务,探索社会心理疏导和危机干预机制,提高全社会防范和化解社会心理风险的能力;要坚持预防为主、突出重点、问题导向和注重实效的原则,建立心理健康服务网络体系,加强对重点人群的心理健康服务,探索社会心理疏导和危机干预的管理措施。

3. 采用科技手段助推社会建设均衡发展

均衡的社会建设本身就是风险分散和风险共担的题中应有之意。以5G、大数据、区块链、人工智能为代表的新科技成果成为破除社会建设在区域、城乡、上下以及行业间结构失衡的利器,我们要顺应科技革命和产业变革的发展大势,通过对多元数据的挖掘和分析,让社会建设和公共服务更加均衡化、个性化和精准化,积极推进社会建设领域的体制改革和机制创新,不断夯实应对重大社会风险的社会基础。

(三)健全意识形态工作机制

意识形态风险带有根本性、颠覆性,事关国家安全。意识形态领域的风险挑战具有长期性、复杂性和艰巨性。

1. 提高思想舆论的引领水平

为了应对和化解意识形态风险,我国应积极探索网络舆论的有效导控方式,包容网民的观点和情绪表达,不追求网络舆论"只能有一个声音、一个调子",培育网络空间的自我净化机制,通过有效调控自媒体话语生产来实现自媒体话语的社会主义主流意识形态功能。

2. 实施思想舆论的精细化治理

社会生态越来越复杂,各类社会思想多元杂陈,先进的与落后的相互交织,积极的与消极的相互激荡,民族的与外来的相互碰撞,增加了意识形态治理的复杂性。对此,我们要区分政治立场、学术观点和认识问题三种性质,区分从政人员、社会公民、敌对势力三种群体,分别采取纪律约束和法治规范的方式规范意识形态领域的行为,既要强化公职人员的政治责任,营造宽容的网络舆论环境,又要对敌对势力保持高度警惕和坚决斗争。

3. 增强意识形态工作的融入性

由于意识形态风险潜伏期长,致险机制复杂,我们必须树立系统治理的思维,把意识形态工作融入其他工作中,渗透到社会生活实践中,融入国际关系协调、构建人类命运共同体的斗争中,抓早抓小,防微杜渐。

(四)完善社会治安防控体系

由于诱发社会稳定风险的因素复杂多样、相互交织,我们要将社会稳定风险的治理纳入国家治理体系和治理能力现代化的总框架中进行了谋划,着力健全稳定优先、善治导向的社会治安防控体系。

1. 构建多元参与的善治格局

要明确各级政府的社会安全风险防控职能,充分发挥各层级的重要作用,形成权责清晰、高效联动、上下贯通、运转灵活的风险防控指挥体系;加强社区治理体系建设,推动社会治理重心向基层下移,发挥社会组织作用,实现政府治理和社会调节、居民自治良性互动。

2. 完善依法防控的法治体系

依法治理是最可靠、最稳定的治理。政府部门应针对暴露出的法治短板，加快完善社会治安防控法律法规体系，确保始终在法治轨道上统筹社会力量、平衡社会利益、调节社会关系、规范社会行为、化解社会矛盾，以良法促发展、保善治，确保社会变革既生机勃勃又并然有序。

专栏 13-2

区块链技术的社会风险研究

当今社会，大数据、人工智能、云计算等新兴技术的日益普及与成熟带来了相应的技术风险，人类社会随着技术的发展面临的不确定性因素也在不断扩大。区块链技术作为近年来出现的一个新兴技术可以与各行各业进行融通，它在提升安全性、信任度的同时也是目前最有望颠覆人类生活方式的技术。但区块链技术的应用也相应地给人类社会带来技术风险、社会风险和经济风险等问题。

（一）关于区块链技术

1991 年区块链的创始人 W. Scott Stornetta 和 Stuart Haber 在一次会议上做出了区块链完整的方案，并设计了"Merkle 树"，虽然两人并没有想到今后区块链技术的诞生，但是两人却为区块链之后的发展奠定了技术基础。

2008 年一位化名为"中本聪"的人在极客论坛发表了关于区块链技术的系统性研究，提出了区块链的概念，并对区块链的核心技术、运行机制都做了详细描述。此后，公众开始对区块链技术有了一定的了解与认识。

根据中本聪的设计，用户无法自行编辑比特币的用途，只能将比特币作为一种符号发挥支付功能，即比特币的功能存在局限性。这种状态持续到 2013 年，Vitalik Buterin 提出了以太坊的概念，这是对中本聪区块链的升级，使用户有更多的权限对比特币进行编辑，同时以太坊平台能够兼容更多的应用程序，交易起来更加便捷，为今后以区块链技术为基础的商业模式奠定了基础。

此后随着比特币的应用更加广泛，电力资源的消耗也日渐增多。这是由于区块链核心技术之一的工作量证明机制（Proof of Work，POW）不仅要实现交易的安全性，还要保证交易正常运行，这需要消耗巨大的电力资源。于是，Vitalik Buterin 创造的权益证明机制（Proof of Stake，POS）开始登上历史的舞台，其目的是在减少电力过度损耗的同时保证交易的正常运行，从而实现区块链技术的突破。共识机制的不断更新导致技术路径变得更加广泛，2014 年比特币安全专家 Andreas Antonopoulos 将区块链分为公有链、联盟链以及私有链。

国外关于区块链政策及学术领域方面的研究也在不断更新。跨国金融监管组织理事 John Schindler 认为，区块链技术有可能存在网络系统性的风险。美联储理事 Lael

Brainard 认为,区块链的发展与实践会给社会带来不确定性风险,相关监管部门应提前制定相应的监管方案和应对政策。2016 年英国政府指出,当前英国正进行将区块链技术应用于传统金融市场的可行性分析,探索是否能够通过新技术的应用减少传统金融的各类成本。纽约社会研究新学院哲学和经济理论家 Melanie Swan 在其著作《区块链:新经济蓝图》一书中对能够应用区块链技术的领域进行分析,并阐述了区块链发展所经历的三个阶段,这标志着人类对区块链的发展有了明确的导向和目标。美国宾夕法尼亚大学沃顿商学院教授 Kevin Werbach 所著的《链之以法》主要从法律监管的角度对区块链技术进行了论述,该书认为,区块链技术在快速发展的同时可能会带来很多问题,人们在积极发展运用区块链技术的同时要注重对区块链技术的法律监管。

(二)区块链技术给社会层面带来的风险

任何新技术与经济社会的融合都将产生一定的社会风险。区块链技术应用的社会风险主要是指区块链技术与社会系统中的某些因子(如人口、资源、财富、文化、习俗等)结合以后,可能会引发社会问题,产生社会矛盾,导致社会冲突,危害社会秩序。

1. 能源过度消耗风险

工作量证明机制是非常耗电的,从经济学上来说这是一项沉没成本,是维护区块链安全必须要付出的资源。因此,区块链技术的应用必然会造成资源的过度消耗,同时高能耗也会导致设备的过度消耗,设备更迭换代也将变得日益频繁,淘汰下来的电子产品也是难以处理的问题。在资源日益紧张的当今,不管是能源的过度消耗还是设备更迭带来的环境问题,都将给自然环境以及能源安全带来风险。

2. 国家数字安全风险

区块链技术的构造是基于多点储存的,从理论上来讲一定的节点(少于 51%)遭受到攻击并不会造成区块链整个系统的瘫痪。但是目前由于技术的限制,多个节点需要集中在一起才能实现算力的最大化,而未来区块链技术的发展有可能以国家链的形式存在,那么如果战争来临,攻击者对于集中式的矿场发动攻击,可能会造成整个区块链系统的崩溃,并引发整个社会体系记录不完整或者其他问题,从而导致社会风险发生。

3. 社会技术伦理风险

任何一项技术的进步都可能带来伦理和道德方面的风险,两者如同硬币的正反面一样相伴而生。区块链技术的进步同样会带来社会贫富差距加大、数字鸿沟等方面的风险,这主要体现在两个方面。第一,贫富差距加大的风险。随着区块链技术在各个领域的发展,具有技术优势的人群能够迅速通过比特币交易等获得财富,这些人会通过原始资本积累实现精准差别交易,甚至形成财富垄断和歧视,当财富掌握在小部分人手里时将会造成社会混乱。第二,网络技术覆盖不均衡的风险。我国互联网覆盖率在农村地区仅为 37.3%,占农村总人口的比重很低,这一比重在偏远地区更低,农村地区或偏远地区的人在求学、工作过程中因没有网络而阻碍学习的新闻屡见不鲜,由于老年人无法跟上科技进步而阻碍通行的事件并非个例。这就要求社会技术在发展过程中要关注弱势群体,不能忽视社会伦理问题。此外,我国区块链技术的发展需要相关部门运用合理手段在不同地区间进行引导和监管。例如,受经济、人才、政策的制约,发达地区创建的区块链优势难以向欠发达地区推广与扩散,最终形成地区差异,为此,相关部门应因地制宜,发挥不同地方的地区优势,使其补足短板,达到共同发展的目的。

4. "去中心化"悖论风险

区块链技术和传统互联网技术最主要的区别是"去中心化",在此基础上衍生出了"去信任化"和"自治性",这也是技术革新的价值所在。然而在现实社会中,"去中心化"并非绝对真理,信息和资源的流动将促使新的中心形成,"去中心化"的价值将被消耗。数字化货币所拥有的"矿池"和平台是典型的"去中心化"悖论,它在为公众挖矿和交易提供平台的同时形成了新的中心平台,最终可能会因中心平台转移而引发风险。此外,区块链技术在社会治理中的扩展和应用同样会带来悖论风险。例如,通过提升虚拟网络中的权限,技术人员无须授权就能获得公共事务的访问权限,这将推动现实社会中政治集权,增加社会风险。

(参考资料来源:刘世豪.区块链技术的社会风险研究[D].昆明:云南师范大学,2021)

第四节　生态风险管理

一、生态风险的概念及特点

(一) 生态风险的概念

生态风险主要是指自然或人类活动的干扰可能对生态系统的结构和功能所产生的不利影响。受损的生态系统将会对人类的生产、生活产生不同程度的反噬作用,甚至会对人类的生存产生致命的影响。

(二) 生态风险的特点

1. 不确定性

生态系统受损究竟会带来怎样的风险? 这种风险是否会发生? 风险发生的时间、地点、强度和范围如何? 这种风险引发的灾难是否会导致死亡、灭绝或其他次生灾害? 对此,人们事先难以预料,最多只能从过去发生的概率事件等信息中去推断和预测生态系统可能存在的风险类型和大小,其随机性和不确定性导致预防难度很大。

2. 内在价值性

生态风险评价与通常经济学上的风险评价不同。虽然生态系统中物质的流失或物种的灭绝必然会给人们造成一定的经济损失,但生态系统更重要的价值在于其本身的健康、安全和完整。比如,某一物种的灭绝对人类造成的损失无法用经济价值去衡量,因为物种一旦灭绝,再多的经济投入也是无法挽救的。因此,生态风险分析要把生态系统的结构和功能结合起来,要特别强调生态系统的内在价值。

3. 客观性

由于生态系统是开放的、动态的、平衡的,而不是封闭的、静止的,其必然会受到诸多不确定性和危害性因素的影响,生态风险的存在是客观事实。这就决定了人们在进行任何开发、建设、生产、利用等活动时,首先要对可能产生的生态系统风险有充分的认识,既要长远考虑,又要进行近中期谋划和综合分析评价。

二、生态风险带来的挑战

(一)经济发展压力

人类发展的经验表明,生态风险与经济发展存在着一定程度的正相关性。经济越发展,生态环境压力就越大。目前,我国还处在社会主义初级阶段,经济建设任务还相当艰巨繁重,环境保护压力也非常大。虽然我国政府已经意识到这个问题,树立了"绿水青山就是金山银山"的新发展理念,制定了严苛的环保政策,强化了监管执法,但在今后一段时间内,这种正相关性还难以彻底改变。

(二)经济承受压力

粗放的经济发展方式会对环境产生巨大破坏,导致诸多生态环境问题。当前,我国人均收入不高,生活水平还有待提高,同时还存在基础设施建设、文化教育、医疗保险等多方面的现实需求。因此,在目前情况下,我国经济承受力较弱,还无力集中更多的资金来控制和治理生态环境问题,改善环境质量。从国际经验看,美国、日本、英国等发达国家都是在人均国民生产总值达到相当程度时才开始大规模进行生态环境治理的。但可喜的是,目前我国已经树立了"五位一体"的新发展理念,不走"先污染,后治理"的老路,不走"边污染,边治理"的邪路,而是要倡导绿色发展、循环利用、低碳排放的生产方式和生活方式,着力构建资源节约型、环境友好型、生产集约型社会。

(三)人们对生态环境质量的期望压力

根据马斯洛的需要层次论,在不同发展阶段,人们对于环境质量的需求不同。也就是说,人们对环境保护所能付出的代价是随时间、收入、发展情况、价值观念等变化而变化的。在现阶段,我国社会主要矛盾已经转化为人民日益增长的美好生活需要和不平衡不充分的发展之间的矛盾,而人们对美好生活追求中的一项重要内容就是生态环境质量提高。目前,虽然我国要实现生态保护和经济发展同步还有很长的路要走,而且面临较大压力,但我国政府已经开始采取积极的行动,并向国际社会承诺到2050年实现碳排放为零的目标。

三、生态风险的评估方法

(一)商值法

商值法是判定某一浓度化学污染物是否具有潜在有害影响的半定量生态风险评价方法,即依据已有文件或经验数据,设定需要受到保护主体的化学污染物浓度标准,再将污染物在受保护主体中的实测浓度与浓度标准进行比较获得商值,从而得出"有无风险"的结论。当风险表征结果为"无风险"时,并非表明没有污染发生,而是表示污染尚处于可以接受的程度。目前,最新的商值法已把"有无风险"的表征结果改为由多个风险等级组成的表征体系。

（二）暴露—反映法

暴露—反应法是依据受体在不同剂量化学污染物的暴露条件下产生的反应，建立暴露—反应曲线或模型，再根据暴露—反应曲线或模型估计受体处于某种暴露浓度下产生的效应，这些效应可能是物种的死亡率、产量的变化、再生潜力变化等。暴露—反应曲线或模型一般在危害评价过程中因污染物的种类、毒性、受体种类的不同而变化。

（三）遗传修饰生物体法

运用现代生物工程技术对已有生物体的基因组进行遗传修饰，所得到的基因组成和性状被改变的生物体称为遗传修饰生物体（Genetically Modified Organism，GMOs）。研究表明，有些 GMOs 放入环境中会对人类健康与环境产生潜在风险。目前，人们对 GMOs 导致的生态风险的评价主要采用实验法，即通过个体水平实验、种群水平实验、生态系统水平实验等不同评价层次获得相关信息，将其作为评价 GMO 已经或可能带来的生态风险的依据。

（四）微宇宙法

生态系统水平实验中的微宇宙法是近代发展起来的研究生物种群、群落、生态系统和生物圈水平上生物效应的一种方法，它又称为模型生态系统法。微宇宙法既可以用于污染对生态系统影响的研究，也可以用于自然生态系统结构和功能的研究。其原理是近似模拟被评价的生物体在实际自然条件下的状态，是在可控条件下进行的，因此，它特别适合于对那些不能轻易被放入自然环境中的 GMOs 进行研究。

四、应对生态风险的策略

（一）建立科学合理的国家环境政策

个别国家可以结合国情在环境政策上采取先行政策。例如，在 20 世纪七八十年代，日本是当时环境保护政策方面的先行者；到了 80 年代后期，德国担当了环保方面的领导角色，同时也成为环保产品的出口国；90 年代中期，韩国在其 1995 年环境计划中明确宣布了"从经济增长的模范国家转变为环境保护的模范国家"的目标。

针对污染和消耗资源征收环境税对工业国和一些发展中国家而言是十分行之有效的措施。例如，瑞典的空气污染税、荷兰的水污染税、马来西亚的排污税和新加坡的汽车税都被证明在环境保护方面是卓有成效的。此外，取消鼓励环境破坏、降低经济效益的有关政府补贴，代之以征收环境税，对保护环境、推动公平增长是一种积极的促进因素，因为环境税提供的收入可以用于环境保护，向贫困人口提供更多的社会服务。

对发展中国家而言，经济全球化能够加速本国的经济转型，加快经济结构调整，有助于形成一种高效能源利用、低环境损害的经济发展模式。因此，发展中国家应当积极利用经济全球化带来的资本和先进技术的全球性流动，吸引跨国公司进入本国的生态与环保产业，鼓励跨国公司在国内从事与生态环境保护有关的产业和服务。

对于化工产业、核电站等高风险产业，各国应设有专门部门来系统研究并进行科学管理，并在生态风险研究、风险行业规划布局、风险管理的机制和体制上采取相应措施。

（二）加强环境治理的国际合作

任何一个国家都不可避免地会被卷入到全球环境问题中。正是由于生态环境问题远远超越了国家主权的范围，各国强烈地意识到，全球性环境问题的改善和解决需要加强国际协调和国际合作。

实施生态环境上的国际合作，关键在于转变以往的国家发展观念，从传统的发展思维方式羁绊中解放出来。很长时期以来，在国与国之间的关系中，矛盾的斗争性占据了主导地位，它以国家间意识形态的尖锐对立、政治上的激烈对抗、经济上的相互竞争为表现形态，将人类有限的物质资源投入到无限疯狂的国家实力竞赛之中。这不仅加剧了国家间的矛盾和冲突，而且对生态环境造成了严重威胁，甚至威胁到整个人类社会的安全。在世界一体化、经济全球化和全球相互依赖逐步加速的今天，在利益共享、风险共担的大背景下，为了适应客观环境的变化，在处理国与国之间的关系时，我们应当建立一种新的思维方式，既要承认和尊重各国的国家利益，又要注意到国家之间的相互依存性，承认人类有着共同的利益。特别是在解决人类共同面临的全球生态环境问题时，各国政府只有加强合作、求同存异，才有可能取得良好的效果。

（三）建设应急体制

中共十八届三中全会明确提出："全面深化改革的总目标是完善和发展中国特色社会主义制度，推进国家治理体制和治理能力现代化。"应急管理是国家治理体制和治理能力现代化不可或缺的重要构成。当下，随着经济全球化、需求多样化、信息网络化进程的加快，各种问题突显，各种矛盾交织，并交互影响、互相放大，标志着风险社会已经到来。这就要求各国政府要以应急体制建设为重点，不断增强管理能力，尤其是风险治理能力和危机管控能力，不断提升应急管理效能和水平，实现国家应急管理体制和应急管理能力现代化。

（四）运用科学技术

以区块链、物联网、大数据、人工智能、互联网＋、5G等为代表的新一代技术和装备为应急管理创新提供了新手段。例如，多角度、多功能的各类传感器在应急管理中的广泛应用，极大地增强了人们对各种风险的感知能力，为后续的评估、预警、决策、应对工作赢得了宝贵的时间。又如，"第一时间"是应急最重要的原则，物联网技术可以大大提升风险预测能力，提高应急决策的科学化水平。

（五）提升综合能力

综合能力是应急管理中的重要能力，也是管理能力的重要体现，涉及方方面面。具体到我国，相关部门要在党的领导下，职责分明，统一指挥，上下协同；按照分级负责和属地管理原则，分工明确，优化流程，加强演练；坚持以风险管理为基础，以系统保障为支撑，以法制为保障，以统筹协调为难点，以综合能力为目标，做到政令畅通，平战结合，上下协同，公众参与，指挥有效，沉着应对，全面落实"防"的责任与"救"的职责，达到以防为主、防救结合的目的；持续推进改革创新，不断加强源头治理，着力在防风险、建制度、补短板上发力，朝着实现"天下无灾、无急可应"的目标努力，保护人民群众生命财产安全，维护社会安全稳定，实现经济健康可持续发展。

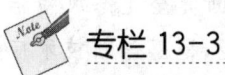 **专栏 13-3**

生态风险治理数字化转型路径——以浙江省为例

生态风险治理数字化转型重点在于加快生态数据基础设施建设,只有构建整体协同的内外联动机制,通过完善生态数据综合信息平台构建全流程的生态风险治理体系和构筑多主体协同参与的数字化网络,才能推动生态风险治理模式转型升级和治理效能提升,最终实现生态风险治理体系和治理能力现代化。近年来,浙江积极探索数字政府建设和生态治理数字化转型并取得了一定成效,下面我们结合浙江省的具体实践,分析生态风险治理数字化转型的现实路径。

（一）完善生态数据综合信息平台

生态风险治理的关键在于对迅速变化的生态数据、生态风险要素进行收集、存储和分析,只有建构并完善生态灾害链综合监测和风险早期识别体系,实时、在线监测生态环境风险,并实现对生态风险信息的智能归集、智能流转、灵敏反应和及时处置,才能化解潜在的生态风险,把灾害损失降至最低。因此,完善生态数据综合信息平台,为生态风险治理提供基础支撑,是实现生态风险治理数字化转型的前提。

1. 打造全领域全覆盖的生态数据平台

在信息时代,已有的生态数据资源已无法满足日益增长的生态风险治理需求,我们需要打造综合性的生态数据平台,实现数据覆盖横向到边、纵向到底。从横向上看,生态数据的采集统计要及时更新指标体系,突破传统生态风险领域,进行生态数据库的实时扩充,以求可利用数据的综合性和全面性,如纳入环境应急、环境污染诉讼、新能源使用等新兴内容,扩大生态数据的采集范围。从纵向上看,要加强对地方、重点区域、敏感区域数据的实时监测,反映地方生态风险的特殊性与重要性。浙江省生态环境部门以数字化转型撬动生态环境主题库建设,基于数据资源基础设施体系实现了多领域多层级多部门生态要素全覆盖,既包括基本的生态环境保护要素,如水污染防治、大气污染防治、土壤污染防治、污染物排放等基础要素,也涵盖了农业农村污染、核与辐射管理等新内容。此外,以大气质量为例,浙江省通过开发浙江省环境地图,建设浙江省生态环境保护综合协同管理平台,在全省一半以上城市建成"清新空气示范区",将数据收集具体到每一个站点,实现了生态风险数据归集的全覆盖。

2. 拓宽生态数据共享开放渠道

在传统生态风险治理模式下,数据流动相对闭塞,生态数据利用效率较低。因此,扩大生态数据开放共享的渠道,让数据"跑起来",成为完善生态风险数据综合平台的应有之义。地方政府要打破各部门间的信息壁垒,实现数据的互通共享,避免各部门重复收集数据和重复建设数据库。此外,地方政府打好污染防治攻坚战的关键在于统筹生态风险治理全过程,要及时发现问题,查漏洞,补短板。浙江省主要通过建立环境污染问题风险预警评价方法来量化评价地方政府环境污染治理能力,以约束机制压实责任并增强地方政府的风险防控能力,对生态污染严重的地区持续跟踪问效问责。近些年,浙江省不断健全生态风险治理数字技术应用机制,总结生态风险治理数字化转型经验,强化人工智能、遥感等新技术应用、开发数字技术应用新场景,将污染源自动监测数据直接应用于执法;强调提升执法装备水平,配置无人机、挥发性有机物(VOCs)快速检测仪、水质测定仪等现场执法取证设备,建立了完善的执法装备调度制度;通过新技术手段不断强化生态风险治理数字技术的应用,优化整合各类数字资源、数字技术,依靠数字科技提高生态风险治理的科学化、专业化、智能化、精细化水平,取得了显著的成效。

(二)构建全流程的生态风险治理体系

传统生态风险治理忽视了事前防治的重要性,容易造成生态风险预警迟缓、决策失灵。实现生态风险治理数字化转型的关键在于依托数字技术前移治理重心,实现生态风险事前事中事后有序衔接,重塑生态风险治理流程。

1. 加强事前预防预测预警,提高先期处置能力

(1)通过污染源在线监测、图像分析、云计算等数字技术的运用,提升生态风险的发现、灵敏反馈和预报预警能力。

(2)实现全方位实时在线监测,借助垂直立体监测、网格化加密等数字监测技术编织严密的风险监测网络,将监测范围扩展至重点区域、风险区域、敏感区域,从不同层面、不同领域全面反映生态风险状况,形成多维度监测体系。

(3)对前端生态风险治理中出现的问题要及时评估反馈,适时进行调整,通过完善包括预警机制、权责体系、联动机制、共享机制在内的一系列制度,做到关口前移、重心下移,实现生态风险治理的前瞻性、预见性、主动性。

从实践层面来看,浙江省近年来已逐步实现了对生态环境质量和生态风险的全方位监测,推动了生态风险监测的数字化转型。目前,我们从浙江省生态环境厅网站上可以清楚地了解以下数据指标:①环境空气质量,如空气质量自动数据(AQI实时数据、AQI日数据、PM2.5实时浓度、PM2.5日均浓度)、清新空气信息发布及重污染天气应对预警;②水环境质量,如地表水水质、饮用水源地水质;③污染源自动监测信息,如废水、废弃物、VOC等污染监控指标。

2. 强化事中风险精准智控,提升风险治理效能

生态风险决策是生态风险治理的关键环节,相关部门要实施生态风险精准智控,提高风险决策效能,依据大数据云平台、数据应用管理平台等数字技术整合碎片化信息,分析预警来源,对生态风险引发的群体性事件进行舆情分析,从而提高生态风险决策的科学性,提升生态风险应急处置能力,缓解社会矛盾。2020年8月,浙江省发布的《关于建立健全环境污染问题发现机制的实施意见》提出,未来两年内运用大数据分析等数字手段初步建成问题发现查处体系,做到及时发现环境污染问题并精准溯源,从而有效帮助政府实施精准智控。具体措施包括:①建立溯源基础数据库,推进工业园区智能溯源管控;②完善区域环境监测体系,补齐重要监测站点;③强化大数据分析研判,提高数据分析能力,为提升风险治理效能奠定技术基础。这既是生态风险治理数字化转型的必然要求,也是提升治理效能的

必然路径。

3. 完善生态风险治理机制,增强风险防控多主体协同参与的效能

奥斯特罗姆认为,如果一个人能多次违规而不被发现,会导致一个偶尔的违规者增加违规频率。显然,随着未被发现的违规行为的增加,"公共池塘"资源的条件会变得更糟,其他人增加违规行为的可能性也会变得更高。因此,监管部门要依托数字技术,以"互联网+监管"为支撑,完善协同治理的数字监督机制,实现对治理主体的全面监督,杜绝违规行为的增加。目前,浙江省生态环境保护综合管理协同平台已构建起全方位的生态风险监督机制。生态环境保护部门可直接通过查询系统及其移动端数据,实时了解污染风险预警、异常警报等信息。排污企业根据排污许可制、企业自行监测及信息公开办法,在浙江省重点排污单位自行监测信息公开平台上公开其自行监测结果及信息。任何普通公民都可以在浙江省环境保护厅网站上通过厅长信箱、12369平台、网上咨询、网上投诉、网上建议、民意征集、在线访谈等方式对生态问题进行实时监督。浙江省借助数字技术加强监督制度,实现了有效的生态风险数字监督。

(三)构筑多主体协同参与的数字化网络

生态风险治理要实现向数字化转型,只有完善内部机制,打通外部渠道,做到内外联动,才能有效应对生态风险。政府在进行生态风险治理数字化建构时不仅需要巩固治理技术、重塑治理流程,还需要对治理模式进行数字化创新。因此,改善社会主体参与机制、拓宽数字化参与渠道、为社会参与提供硬性制度保障,成为构筑多主体协同参与的数字化网络的题中应有之义。

1. 拓宽信息获取与表达渠道

开放的生态信息有助于全社会清晰认知生态资源、生态资产和生态风险概况,增强全社会生态风险治理能力。首先,完善信息公开制度,加大数据开放力度,借助数字技术实时发布生态信息,实现从静态公开、结果公开、线下公开向动态公开、过程公开、在线公开转变,满足社会、公众获取生态信息资源的需求,成为生态治理数字化协同体系建设的必然要求。例如,浙江省通过生态环境保护综合管理协同平台为社会实时发布生态环境信息,人们从浙江省生态环境厅网站上可实时了解空气环境质量、水环境质量等信息,掌握全省、各设区市及重点区域的生态内容。其次,生态治理数字化协同体系建设要求相关部门通过数字技术拓宽社会主体参与表达渠道,引导社会有序参与。"五水共治"以来,浙江省在社会关注和公众积极参与表达的情况下,实现了全省水环境的明显改善。2019年全省共收到黑臭水体整治公众监督举报信息124条,按期办结124条。相关部门通过治污措施使昔日"臭水沟"变成"后花园",周边群众获得感和幸福感明显增强。

2. 搭建数字协同治理体系

数字协同治理体系建设要求政府改变以自我为中心的传统观念,将其他社会主体纳入治理体系,积极引导并发挥公众、企业、社会组织的作用。相较于政府,其他社会主体在生态数据的收集、环境污染监督、协商治理方面具有不可替代的作用。因此,政府应通过数字技术建立社会多维资源储备库,整合其他社会主体的资源,发挥其独特优势。实行生态治理合作模式,

开展多边合作,是有效生态治理的关键。运用数字技术将不同社会主体纳入生态风险治理体系,既能实现治理的有效性、提高政府绩效,将政府从琐事中解放出来,把精力集中于生态风险的宏观治理上,保证生态系统、生态治理的稳定性,又能提高生态风险治理的效能。

3. 完善协同治理的数字监督机制

生态风险治理涉及主体众多,利益错综复杂,只有通过数字化转型、实现智能监管,做到全方位、全领域、全过程的及时监管,才能实现有效治理。实现生态风险治理的数字化转型,不仅能够转变各级政府的治理观念,减少监管形式化问题,还能转变治理方式,提高治理水平。数字化技术的应用可以改变过去简单的命令控制方式,灵活高效应对生态风险,及时应对突发生态危机,从而迅速解决生态问题,缓和内部矛盾,最终实现生态良好、经济发展、人民幸福的目标。

（参考资料来源:顾金喜,胡健.生态风险治理数字化转型的路径探析[J].
中共天津市委党校学报,2021,23(01)）

第五节 案例分析

一、案例背景

2012年4月,央视在《每周质量报告》栏目播出"胶囊里的秘密",部分胶囊厂被曝光使用工业明胶制作药用胶囊,并出售给各大制药企业,而这些制药企业没能尽到对药品原料把关的责任,将这些毒胶囊制成各种重金属铬超标的胶囊产品。L药业集团股份有限公司名列其中,其生产的羚羊感冒胶囊所用胶囊含铬量被检出为 4.44 mg/kg,为 2010 年版《中国药典》中规定含铬量上限 2 mg/kg 的两倍多。节目播出后立即在全国引起强烈反响,成为公共舆论的关注热点。2012年4月15日至5月1日,涉及问题胶囊的舆情持续发酵,新闻媒体不断跟踪调查爆料,在网络社区、论坛中引发持续热议。

二、案例特点

（一）持续时间长,媒体参与度广,社会影响大

1. 新闻专题置顶报道

新浪、搜狐、网易、腾讯等主要门户网站,以及新华网、人民网等主要新闻网站在 4 月 15 日央视刊播"胶囊里的秘密"后,立即以专题形式持续报道问题胶囊事件。从事发至 4 月 23 日,相关的专题一直置顶新闻头条,热度持续不退。

2. 央视连线报道

从事发当天下午开始,央视直播连线的卫星车一直驻扎在 L 县,相关工作人员一直到 4 月 23 日才离开 L 县。央视著名新闻节目主持人白岩松、张泉灵等相继对问题胶囊新闻进展进行播报、点评。4 月 15 日 16 时 30 分,央视在首次和现场采访记者李晶晶连线播报事

件进展后,后续报道和现场连线多达 7 次,内容涉及车辆频繁进入工厂内运输纸箱货物、对犯罪嫌疑人采取刑事强制措施、对生产线和原料成品仓库进行查封、100 批次成品胶囊的"铬"含量检测、对监管部门责任人问责等情况。

3. 媒体云集现场

据不完全统计,舆情暴发期间,赴 L 县采访的媒体记者共达 52 家、106 人次。从 4 月 16 日起,22 家媒体、33 名记者就集中赶赴 L 县采访报道,直至 5 月 1 日,前来报道问题胶囊的媒体记者才全部撤离 L 县。

(二) 热点转换速度快,新闻关注度高,应对难度大

问题胶囊舆情在半个月内热点多次切换,向上涉及明胶企业,向下涉及制药企业,消费终端涉及广大病患人员,事件焦点始终在各个相关群体间游走。

1. 新闻热点涉及面广

根据舆情监测分析平台的分析,新闻主题关注度最集中的是"央视曝光质量门利好两家明胶公司",其新闻报道数量和传播流量值达到 1 082 篇,在整个新闻主题报道中排名第一。药企是此次新闻主题关注的焦点,以"L 药业等药企胶囊产品涉嫌铬超标被紧急叫停""9 家药企13 个批次胶囊铬超标停售使用""L 药业官网被黑"等为主题的新闻报道数量和传播流量值分别达到 1 013 篇、386 篇、211 篇,在整个新闻主题报道中分别排名第二、第四和第五位。

2. 舆论热点转换快,舆情应对难

问题胶囊事件在 4 月 15 日央视《每周质量报告》播出之后,17 日的舆论集中在"刑拘22 人"上,18 日的舆论集中在"首批样品检测结果"和"100 批次中有 33 批样品重金属铬含量超标"上,20 日的舆论集中在"涉及问题胶囊的企业增加至 7 家""药监局局长停职接受检查"上,24 日的舆论集中在"涉及问题胶囊的八家企业年产能达到 225 亿粒""郑州水沟胶囊来自 L 县"上。

热点的不断切换增加了舆情应对工作的难度,舆论引导被新闻热点洪流裹挟着前行,新闻通稿的刊发很多情况下只能是对前一两天热点问题的被动说明和解释,难以发挥明显有效的引导作用。

(三) 舆情顺势发展,新媒体参与度低,未发生次生舆情

在此次舆情危机中,和其他处于舆情中心的地方相比,L 县对整个舆论把握有度,对次生的热点新闻应对得当,没有酝酿发展成为次生的大舆论。

1. 整个舆论顺时顺势发展,没有出现反复

从整个事件的舆情信息总量看,由于 L 县对舆论应对得当,信息的最大值出现在 4 月16 日,之后呈现单边下跌现象,没有产生次生舆论。

2. 有效应对针对胶囊产业的舆论热点

从不同阶段的舆情节点看,当每一次新闻报道热点针对 L 县胶囊产业的时候,L 县县委宣传部都能及时作出反应,发出自己的声音,以有效加强对舆论的引导。

3. 新媒体、自媒体参与度低

根据舆情采集系统的数据分析,论坛和博客等新兴媒体在舆情的膨胀发酵过程中参与

度低,涉及问题胶囊的博客数量只有 377 篇,占舆情总量的 1.1%。此外,境外媒体相关的报道只有 4 篇,基本没有参与事件的报道。

三、案例的经验得失与借鉴意义

问题胶囊事件发生后,当地政府立刻启动应急预案,迅速成立工作机构,积极争取上级部门的支持,通过主动发布信息、真诚沟通媒体、收集研判舆情,使舆论逐步趋于理性和平静。

(一) 迅速启动应急预案

接到央视新闻频道《每周质量报告》即将播出问题胶囊事件的通知后,L县立刻启动突发公共事件新闻应急处置预案,并及时向上级市委宣传部汇报。舆情引导组第一时间制定了新闻应对工作方案,组建了媒体接待小组、新闻通稿小组、舆情监测小组、后勤保障小组,按照"导向正确,以人为本,及时准确,公开透明"的总体要求,坚持事件处置与新闻报道、新闻发布、网上舆论引导同步安排、同步推进的原则,迅速开展各项工作。

(二) 正面对接央视记者

节目播出同时,央视记者分两路赶赴L县县政府和曝光企业,观察当地的反应动向。L县媒体接待小组及时赶到县政府与央视记者做好沟通对接工作,建议相关部门立刻赶赴曝光企业现场,控制企业现场和相关人员。随即,媒体接待小组陪同央视记者赶赴A镇采访曝光企业的现场查封工作,协调药监局新闻发言人第一时间在现场接受央视的连线采访,发出了职能部门的正面声音。当晚,L县媒体接待小组主动沟通央视记者,以现场记者口播形式连线播出了县委常委扩大会议精神,及时向全国人民进行了表态。

(三) 正确接待新闻记者

问题胶囊事件被央视曝光后,新华社、中新社、东方卫视、南方都市报等来自全国各地的 52 家媒体、106 人次先后赶赴L县进行采访报道,给L县的媒体记者接待工作带来了空前的压力和挑战。L县媒体接待小组按照统一要求,抽调有关人员,在县城和A镇成立媒体接待中心,按照开放与有序并重、服务与管理并举的原则,确保每位记者有专人接待、引导和服务,有力保证了采访活动的有序开展,以及新闻通稿、背景资料的有效传递。

(四) 全面收集舆情信息

L县借助网络舆情监测系统,利用各类搜索引擎,扩大舆情收集范围,加大舆情收集力度,全面收集了解国内重要报纸、电视台、新闻网站、论坛的最新宣传报道情况和舆论动向,并安排专人收集电视媒体、博客、微博的相关舆情,及时对各类媒体报道、网络信息作出分析研判,梳理热点难点敏感点,分析舆情走势,预测报道方向,整理编印了 20 多期舆情专报,为事件的有效处置提供了决策依据。

(五) 及时发布权威信息

L县紧跟事件的处置步伐,全面分析新闻媒体和网络舆论动向,新闻通稿组紧紧把握案件处置进展这条主线,组织撰写新闻通稿,并通过央视、新华社、中新社等主流媒体及时发布,主动抢占话语权。同时,L县通过 QQ、电子邮箱等渠道同步向其他媒体提供权威信息,构建全媒体的信息发布体系,掌握了信息发布的主导权。

(六) 努力开展网络引导

在整个事件的舆论应对系统中,面对题为"L县涉问题胶囊8家企业年产225亿粒胶囊""被遗弃空壳胶囊已清理,现场扒出火车票和销售员名片"等不实报道以及恶搞微博"吃毒胶囊再吃点蜜饯可以毒攻毒"等恶意炒作行为,L县舆情监测小组一方面积极与有关媒体沟通协调,对不实报道公开澄清、消除影响,利用多种传播渠道厘清网络谣言等不实信息,另一方面及时查明情况、核实信息,摒弃掩耳盗铃式的媒体管控和舆情应对做法,利用官方微博和新闻媒体及时正面回应,并组织网评员对网易、腾讯、新浪等网站上的相关信息及时作出回复,开展正面引导。

(七) 积极寻求上级支持

事件发生后,当地政府立即向上级市委宣传部和省委宣传部汇报,并请求上级帮助。市委宣传部领导多次带领市外宣处、网宣处相关人员赶赴L县,帮助其分析研判舆情,指导新闻媒体不得炒作,快速协调跨地区媒体撤离L县采访,并及时撰写通稿,指点舆论引导工作。在上级宣传部门的大力支持和帮助下,L县的舆论应对工作更加有序有力,确保了事件的稳步妥善解决。

四、案例的启示

(一) 将应对舆情能力纳入领导干部的选拔标准

在网络技术迅速发展的今天,任何邻避危机事件的发生都不可能脱离新闻媒体的关注报道。因此,各级政府应当顺应全媒体时代的发展大势,转变舆情处置理念,切实提升舆情应对能力,以便更好地适应全媒体语境,进行科学有效的媒介化舆情信息风险管理。各级政府应当将舆情信息风险管理纳入机关干部日常学习的必修内容范围,通过学分制考核等方式提升政府工作人员的媒介素养和舆情应对能力,避免出现"拒绝采访""害怕、回避记者"等与目前全媒体传播形态不匹配、不适应的情况。

政府部门要建立长效机制,由主要领导带头学习全媒体传播理论与实践,切实形成党员干部常学舆情应对与媒体关系处理的执政氛围,将舆情应对与媒体关系处理能力作为干部提拔的一项重要能力要求进行考核。

(二) 重视信息公开,配置新闻舆论应对队伍

突发性公共事件一旦发生,涉事部门的新闻发言人作为向外宣传情况、回答提问的公共关系人员,显得尤为关键。配备一支政治性强、业务精、能力全的新闻舆论应对队伍,对保证突发性公共事件新闻舆论应对工作的成功开展相当重要。各政府部门和各重要单位建立健全新闻发言人制度,必须配备一名由分管领导担任的新闻发言人,专门负责单位新闻发布有关工作,并保证工作的相对稳定性和独立性。

值得指出的是,突发性公共事件新闻舆论应对工作是一项涵盖面很广的复杂工作,只有全面收集掌握网络舆情动态,切实开展网络舆论引导工作,才可能保证整个新闻舆论应对工作的全面性、准确性和权威性。只有配备强大的网络发言人队伍,才可能实现对网络

舆论的有效把握和引导。政府部门在实践中至少应确保每个关键窗口配备一名网络评论员，倡导在单位内建设网络评论员队伍，积极在重要网站论坛形成影响力。

（三）构建网络舆情应对机制，优化推进公务微博、微信建设

网络舆情处置是应对邻避危机事件的重要组成部分。危机事件处置部门应在第一时间整合部门资源，以联席会议等形式共同研判舆情、商讨对策、出台措施，敏锐发现和整理网络舆情信息，建立系统的、科学的、合理的正确甄别筛选、协调落实和动态跟踪工作机制。由于新媒体平台传播快、覆盖广、影响大、社会渗透力强，在移动互联网时代，只有用好政务新媒体，才能在化解舆情危机中取得事半功倍的效果。政府部门可以通过开通微博、微信、客户端抢占网上舆论新阵地，建立健全公务微博开通管理制度，加强信息发布、政策解读和公众关切的回应工作。

（四）提高应急预案的实效性和针对性，注重与"意见领袖"的沟通交流

越来越多的单位将舆情应对与媒体关系处理列入邻避危机事件应急预案，但很多只是流于形式，各单位在实践中须提高其实效性和针对性，强调信息共享制度，以便在第一时间启动舆情应急预案，做到早发现、早报告、早处置。当地政府应依据事发单位为舆情应对第一责任的原则，明确宣传部门指导协助相关单位做好舆情应对工作，同时重视对新媒体意见领袖的扶植与培养，积极倡导理性客观的全媒体舆论氛围。突发热点事件发生后，相关部门应及时与这些意见领袖互动，使其从专业角度对事件进行正面引导，消除社会负面影响，最大限度地降低社会风险。

本 章 小 结

（1）社会风险是指社会损失的不确定性。社会风险的特征包括：在空间维度上，现代社会风险有很强的扩张性；在时间维度上，现代社会风险有很强的延续性；现代社会的风险不是突发的，而是一个长期积累的过程；所有类型的风险都有可能演变为社会风险。社会风险包括由经济全球化引发的社会风险（经济全球化风险）、重大社会风险和由生态问题引发的社会风险（生态风险）。社会风险的表现形式为社会损失。

（2）经济全球化风险是指在以西方发达国家为主导的经济全球化过程中，由于资本主义固有的矛盾扩展到全球，从而造成重大社会问题并引发全球性的经济金融危机的风险。经济全球化风险包括失业风险、贫富分化加剧风险、金融风险。影响经济全球化风险的因素有比较优势、要素禀赋、科技水平、教育水平。

（3）重大社会风险是指发生在社会层面，可能诱发政治风险进而危害国家安全的风险。重大社会风险包括社会民生风险、社会心理风险、意识形态风险、社会稳定风险。重大社会风险的管理方法有探寻经济复苏路径、制定社会建设发展战略、健全意识形态工作机制、完善社会治安防控机制等。

（4）生态风险主要是指自然或人类活动的干扰可能对生态系统的结构和功能所产生的不利影响。生态风险具有不确定性、内在价值性、客观性的特点。生态风险带来的挑战包括经济发展压力、经济承受压力、人们对生态环境质量的期望压力。

关键概念索引

社会风险 社会损失 经济全球化风险 失业风险 贫富分化加剧风险 重大社会风险
社会民生风险 社会心理风险 心理疾病风险 心理歧视风险 社会心态风险
意识形态风险 社会稳定风险 生态风险 商值法 暴露—反映法 遗传修饰生物体法

复习思考题

1. 简述社会风险的概念及特征。
2. 简述社会风险的本质。
3. 简述经济全球化风险的表现形式。
4. 简述影响经济全球化风险的因素。
5. 简述重大社会风险的概念。
6. 简述重大社会风险的管理方式。
7. 简述生态风险的特点。
8. 简述生态风险带来的挑战。

参 考 文 献

[1] 许谨良.风险管理[M].5 版.北京:中国金融出版社,2015.

[2] 徐爱荣,凌云.保险理财学[M].上海:立信会计出版社,2018.

[3] 王晓群.风险管理[M].上海:上海财经大学出版社,2002.

[4] 顾孟迪,雷鹏.风险管理[M].北京:清华大学出版社,2005.

[5] 刘新立.风险管理[M].2 版.北京:北京大学出版社,2014.

[6] 王周伟.风险管理[M].2 版.北京:机械工业出版社,2017.

[7] 卓志.风险管理理论研究[M].北京:中国金融出版社,2006.

[8] 宋明哲.现代风险管理[M].北京:中国纺织出版社,2003.

[9] 孙立新.风险管理原理、方法与应用[M].北京:经济管理出版社,2014.

[10] 赵国庆,刘立安.金融风险管理[M].北京:经济科学出版社,2016.

[11] 刘海龙,王惠.金融风险管理[M].北京:中国财政经济出版社,2009.

[12] 银行业专业人员职业资格考试研究中心.银行业专业实务银行管理[M].上海:立信会计出版社,2016.

[13] 陆静.金融风险管理[M].北京:中国人民大学出版,2015.

[14] 彻诺拜,维特夫,法伯兹.操作风险:新巴塞尔协议资本要求、模型与分析指南[M].龙海明,译.大连:东北财经大学出版社,2010.

[15] 周晔.金融风险度量与管理[M].北京:首都经济贸易大学出版社,2010.

[16] 赵玉洁.金融风险管理[M].北京:对外经济贸易大学出版社,2015.

[17] 李仁真.国际经济法[M].武汉:武汉大学出版社,2011.

[18] 余伯明.国外巨灾保险模式分析与我国巨灾保险体系构建[J].生产力研究,2009(13).

[19] 赵汴.美国农业巨灾保险的经验及其启示[J].广东农业科学,2010.

[20] 安娜·彻诺拜,法兰克·法伯兹.操作风险[M].大连:东北财经大学出版社.2010.

[21] 李子耀,陈华,台风巨灾风险分析与控制研究——以深圳市为例[J].区域金融研究,2018(7):61-69.

[22] 黄英君.社会风险管理:框架、风险评估与工具运用[J].管理世界,2013(09):176-177.

[23] 冯必扬.社会风险:视角、内涵与成因[J].天津社会科学,2004(02):73-77.

[24] 林中建.现代风险社会的生成机理及新时代中国应对方略[J].中共太原市委党校学报,2021(04):60-63.

[25] 龚维斌.当代中国社会风险的产生、演变及其特点——以抗击新冠肺炎疫情为例[J].中国特

色社会主义研究,2020(01):17-25.

[26] 胡守勇.后疫情时代的重大社会风险及其防范[J].攀枝花学院学报,2021,38(04):53-61.

[27] 冯必扬.社会风险与风险社会关系探析[J].江苏行政学院学报,2008(05):76-81.

[28] 刘革,邓庆彪,蔡耀星.基于PSR模型的我国社会重大风险评估体系研究[J].财经理论与实践,2021,42(05):34-41.

[29] 周维.中国对外贸易结构影响因素的理论与实证研究[D].长沙:中南大学,2005.

[30] 刘世豪.区块链技术的社会风险研究[D].昆明:云南师范大学,2021.

[31] 董向东,王文行,杜慧珺.生态风险初探[J].甘肃农业,2021,No.531(09):42-45.

[32] 张思锋,刘晗梦.生态风险评价方法述评[J].生态学报,2010,30(10):2735-2744.

[33] 刘挺.经济全球化与社会风险[M].北京:社会科学文献出版社,2007.

[34] 顾金喜,胡健.生态风险治理数字化转型的路径探析[J].中共天津市委党校学报,2021,23(01):46-54.

[35] 董向东,王文行,杜慧珺.生态风险初探[J].甘肃农业,2021,531(09):42-45.

[36] 吴涛,周佳雯.社会风险治理的本土实践与启示——以金属污染事件为例[J].中国浦东干部学院学报,2018,12(04):131-136.

[37] 许叶颖,杨娟,汪妍,等.美国农业收入保险对中国农业保险高质量发展的借鉴作用研究[J].中国农学通报,2021,37(34):153-158.